......あたって

本書は，銀行業務検定試験「金融商品取引３級」の受験参考書として刊行されたものです。過去の試験問題については『金融商品取引３級問題解説集』（銀行業務検定協会編）に収録されておりますが，本書は，試験問題を解くための必要知識について簡潔に解説し，試験合格に向けてのサポート役として活用していただくことを第一義に編集されています。

多くのリスク性商品を取り扱う金融機関の行職員にとって，その商品の販売・勧誘に際してのさまざまな法規制，特に金融商品取引法に関する知識の習得は，日常業務の遂行において必要不可欠なものです。

銀行業務検定試験「金融商品取引３級」は，金融商品取引法を中心とした金融商品の販売・勧誘等に必要な知識の習得度を判定しようとするものです。日頃の研鑽の成果を試すものとして，ぜひチャレンジすることをお勧めします。

本書を『金融商品取引３級問題解説集』と併せて活用し，銀行業務検定試験「金融商品取引３級」に合格され，日常業務において一層ご活躍されることを祈念してやみません。

2024年２月

経済法令研究会

目　　次

刊行にあたって
学習にあたって　(9)
「金融商品取引３級」出題範囲　(10)
「金融商品取引３級」過去４回の出題項目　(11)

第１編　金融商品取引法

第１　証券取引法改正と金融商品取引法制定の経緯

1　金融商品取引法の成立および施行……………………………　2
2　金商法制定の背景……………………………………………　3
3　金商法の考え方………………………………………………　3
4　金商法制定に伴う廃止法律，改正法律……………………　4
5　最近の金商法改正……………………………………………　5

第２　有価証券・デリバティブ取引の定義

1　金商法の適用対象……………………………………………　7
2　有価証券の定義………………………………………………　7
3　デリバティブ取引の定義……………………………………　10

第3　企業内容等の開示

1　企業内容等の開示規制の概要……………………………… 12
2　発行市場における開示規制………………………………… 14
3　発行開示書類の届出義務違反または不実の発行開示による法令上の責任…………………………………………… 30
4　流通市場における開示規制………………………………… 30
5　継続開示義務違反または不実の継続開示と法令上の責任…… 33
6　その他の企業内容等の開示………………………………… 34
7　不実のその他の企業内容等の開示に関する法令上の責任…… 35
8　英文開示制度………………………………………………… 36
9　適時開示……………………………………………………… 37

第4　公開買付けに関する開示

1　公開買付規制………………………………………………… 38
2　公開買付規制が適用される有価証券………………………… 38
3　公開買付けの手続によらなければならない取引……………… 39
4　株券等所有割合の算定……………………………………… 40
5　公開買付けの手続…………………………………………… 42
6　公開買付けの取引規制……………………………………… 44
7　発行者による上場株券等の公開買付け………………………… 50
8　民事責任，刑事責任および課徴金制度………………………… 50

第5　大量保有報告制度

1　大量保有報告制度の概要および制度趣旨……………………… 51
2　提出先と公衆閲覧…………………………………………… 52

3　対象となる有価証券……………………………………………… 53
4　提出義務者………………………………………………………… 53
5　５％ルールで開示を求められる情報…………………………… 55
6　特 例 制 度 ……………………………………………………… 56
7　刑事責任および課徴金制度……………………………………… 57

第6　金融商品取引業

1　は じ め に ……………………………………………………… 58
2　金融商品取引業の種類…………………………………………… 59
3　金融商品取引業者の行う兼業…………………………………… 68
4　金融商品取引業以外の業務（金融商品仲介業）・金融サービス仲介業……………………………………………………… 72
5　金融商品取引業の参入要件……………………………………… 74
6　金融商品取引業者に対する組織上の規制……………………… 80
7　金融機関の有価証券関連業……………………………………… 82

第7　金融商品取引業者に対する行為規制

1　行為規制全般……………………………………………………… 88
2　金融商品取引業者一般に課される行為規制…………………… 89
3　各金融商品取引業の行為規制の特則…………………………… 110
4　登録金融機関に対する行為規制………………………………… 127
5　特定投資家制度…………………………………………………… 131
6　金融商品仲介業者に対する行為規制…………………………… 140
7　監　督……………………………………………………………… 143

第8　信用格付業者に対する規制

1　信用格付業者の登録…………………………………………… 146
2　信用格付業者の業務に関する規制…………………………… 147
3　信用格付業者に関する監督規制……………………………… 149
4　無登録業者による信用格付を利用した勧誘の制限………… 150

第9　有価証券取引に関する規制

1　不公正行為の禁止……………………………………………… 151
2　風説の流布，偽計，暴行または脅迫の禁止………………… 153
3　相場操縦行為等の禁止………………………………………… 155
4　発行会社による相場操縦行為の禁止………………………… 159
5　安定操作の禁止………………………………………………… 161
6　その他の相場操縦行為規制…………………………………… 162
7　インサイダー取引規制………………………………………… 165
8　金融商品取引業者に対する規制……………………………… 178
9　短期売買の規制………………………………………………… 179
10　その他の詐欺的行為の禁止 ………………………………… 180
11　無登録業者による広告・勧誘行為の禁止および未公開有価証券の売付け等の効果 ……………………………… 182

第10　証券外務員制度

1　外務員の意義…………………………………………………… 184
2　外務員の登録…………………………………………………… 188
3　外務員の権限…………………………………………………… 189
4　外務員に対する監督上の処分………………………………… 189

第11　金融商品取引所

1　金融商品取引所とは…… 190
2　金融商品取引所の２つの形態…… 192
3　会員または取引参加者の範囲…… 193
4　取引所の自主規制業務…… 194
5　株式会社金融商品取引所の主要株主規制…… 196
6　取引所の相互乗入れ…… 197
7　金融商品取引清算機関…… 197

第12　金融ＡＤＲ制度

1　概　要…… 199
2　金融商品取引業者等の指定紛争解決機関との契約締結義務… 199
3　紛争解決機関の指定…… 200
4　指定紛争解決機関の業務…… 201
5　指定紛争解決機関に対する監督…… 205

第２編　金融サービスの提供に関する法律

1　はじめに…… 208
2　説明義務…… 211
3　断定的判断の提供の禁止…… 215
4　損害賠償…… 216
5　勧誘方針の策定…… 218
6　金融サービス仲介業の登録制度…… 219

第3編　金融商品の勧誘・販売

第1　全般的事項

1　はじめに……………………………………………… 224
2　消費者契約法………………………………………… 224
3　犯罪による収益の移転防止に関する法律………… 234
4　私的独占の禁止および公正取引の確保に関する法律
　～不公正な取引（優越的地位の濫用等）………… 242
5　フィデューシャリー・デューティーとスチュワード
　シップ・コード……………………………………… 242

第2　投資信託

1　はじめに……………………………………………… 247
2　投資信託・投資法人の定義………………………… 248
3　投資信託・投資法人の運営の仕組み……………… 254
4　公募と私募，発行開示規制………………………… 261
5　投資制限……………………………………………… 276
6　運用ルール…………………………………………… 283
7　販売ルール…………………………………………… 283
8　運用報告……………………………………………… 293
9　投資信託に係る顧客資産の保全…………………… 305
10　振替制度 …………………………………………… 306
11　投資信託の適時開示 ……………………………… 306

第3　保　険

1　はじめに …………………………………………………… 309
2　保険募集 …………………………………………………… 309
3　保険契約 …………………………………………………… 315
4　販売ルール………………………………………………… 320

学習にあたって

本書は，銀行業務検定試験「金融商品取引３級」受験のための参考書です。本試験の問題は，「基本知識」を問うものとしての四答択一式（30問）と，事例付四答択一式（10事例20問）の合計50問の出題となっています。

「基本知識」の出題については，大きく「金融商品取引法の基本知識」「金融商品販売知識」の２つの分野に，また「金融商品販売知識」は，さらに「金融商品全般」「投資信託」「保険」「その他金融商品」に分かれています。一方，技能・応用編となる「事例」問題についても，大きくは「市場に関する規制」「金融商品販売に関する規制」の２つの分野に分かれ，さらに「金融商品販売に関する規制」は「投資信託」「保険」「デリバティブ預金」の各商品にかかる出題となっています。

過去４回の出題傾向をみますと，本書の第１編第７「金融商品取引業者に対する行為規制」，第３編第２「投資信託」，第３編第３「保険」にかかる出題のウェイトが特に高くなっており，ほぼ毎回問われている分野・内容も存在します。

受験対策としては，本書の記述内容を基礎としつつ，『金融商品取引３級問題解説集』（銀行業務検定協会編）を併用して，出題頻度の高い分野およびその問われている内容を十分にチェックするよう心がけてください。

本試験の過去問題に何度もあたることで，問われやすい問題への理解は一層深まることでしょう。

地道な日々の研鑽こそが，目標達成へと繋がります。

「金融商品取引３級」出題範囲

Ⅰ　金融商品取引法等の基礎知識

金融商品取引業の業務分類と範囲／特定投資家と一般投資家／集団投資スキーム／適格機関投資家等特例業務／開示規制／公開買付（ＴＯＢ）制度／株券等の大量保有報告制度　等

Ⅱ　金融機関のリスク性商品

外貨預金／デリバティブ／デリバティブ預金　等

Ⅲ　金融機関が販売・仲介できるリスク性商品

投資信託／変額保険／外貨建て保険／国債／地方債／株式／信託受益権　等

Ⅳ　リスク性商品取扱いに関する行為規制

標識掲示義務／広告規制／誠実公正義務／契約内容等の事前書面交付義務／契約締結時の書面交付義務／契約締結後の取引報告書交付義務／適合性の原則／不招請勧誘の禁止／再勧誘の禁止／損失補てんの禁止／クーリング・オフ／最良執行義務／金融サービス提供法の規定／弊害防止措置　等

Ⅴ　罰則規定

不公正取引／風説の流布／偽計／相場操縦／インサイダー取引／重要事項に虚偽記載のある有価証券届出書等の提出／有価証券届出書等の不提出　等

●金融商品取引３級・過去４回の出題項目

2023年（第155回）

【基本知識】
最近の金融関連法令等の改正等
証券市場の仕組み
金融商品取引法の定義規定
有価証券の募集等
ディスクロージャー制度
金融商品取引業
公開買付・大量保有報告制度
インサイダー取引規制
商品・サービスに係る重要な情報およびその提供方法
外務員制度
金融商品取引業者に対する一般的行為規制
金融商品取引業者に対する勧誘規制
契約締結前交付書面，契約締結時等交付書面
金融サービスの提供に関する法律
消費者契約法
犯罪収益移転防止法
預金との誤認防止措置
投資信託の分配金規制
投資信託の委託会社の役割と業務
投資信託の届出
投資信託振替制度
投資信託の目論見書の記載事項
投資信託の適時開示
適格機関投資家私募投資信託
保険募集指針の策定・公表
法令等遵守統括責任者，法令等遵守責任者の任命・配置
非公開情報の取扱い
顧客保護を図るための留意点および特定保険契約における適合性の原則
保険募集・募集関連行為と保険募集人資格
意向把握・確認義務

【技能・応用】
特定投資家制度
特定投資家に対して適用除外となる行為規制
投資信託委託会社の運用や議決権行使
投資信託委託会社の義務等
コーポレートガバナンス・コード
コーポレートガバナンス・コード
投資信託の運用報告書
運用報告書（全体版）の交付
投資信託財産の保全
投資者保護基金
トータルリターン通知制度
トータルリターン通知制度
保険募集制限先規制およびタイミング規制

保険募集制限先規制およびタイミング規制の対象商品
構成員契約規制の内容
構成員契約規制の対象商品
クーリング・オフの内容
クーリング・オフの対象商品
デリバティブを内包する預金に関するガイドライン
デリバティブ預金の勧誘・販売

2022年（第152回）

【基本知識】
最近の金融関連の法令改正および制度改正事項
証券市場の仕組み
有価証券の募集等
有価証券の募集等
ディスクロージャー制度
公開買付制度等
金融商品取引業
金融商品取引業者等の規制等
商品・サービス等に係る重要な情報
外務員制度等
金融商品取引業者に対する行為規制
金融商品取引業者に対する勧誘規制
契約締結前交付書面，契約締結時等交付書面
金融サービスの提供に関する法律
消費者契約法
犯罪収益移転防止法
預金との誤認防止措置
販売会社の役割
投資信託の運用
投資信託約款
投資信託振替制度
運用報告書
投資信託に関する規制
投資信託のトータルリターン通知制度
高齢者に対する保険募集
法令等遵守統括責任者・法令等遵守責任者
生命保険の販売資格
構成員契約規制
生命保険契約の責任開始期（日）
クーリング・オフ

【技能・応用】
特定投資家制度
特定投資家に対して適用除外となる行為規制
インサイダー取引規制
インサイダー取引規制
スチュワードシップ・コードとコーポレートガバナンス・コード
スチュワードシップ責任
目論見書，契約締結前交付書面の交付義務
交付目論見書の必要記載事項
届出の効力発生
投資信託の新商品の勧誘時期
分散投資規制
特化型ファンドの取扱い
情報提供・重要情報シート関係
契約締結前交付書面

意向把握・確認義務
意向把握・確認義務の適用除外
セーフティネット(契約者保護機構)
セーフティネット
デリバティブを内包する預金に関するガイドライン
デリバティブ預金の勧誘・販売

2021年(第149回)

【基本知識】
最近の金融関連法令の改正事項
証券市場の仕組み
金融商品取引法の定義規定
有価証券の募集等
ディスクロージャー制度
公開買付制度
有価証券の取引等に関する規制
金融商品取引業
商品・サービス等に係る重要な情報
外務員制度
金融商品取引業者に対する行為規制
金融商品取引業者に対する勧誘規制
契約締結前交付書面,契約締結時等交付書面
金融商品販売法
消費者契約法
犯罪収益移転防止法
預金との誤認防止措置
受託会社の役割
投資信託の乗換え勧誘
公募投資信託の商品分類
目論見書の記載事項
適格機関投資家私募投資信託
分散投資規制
保険募集指針
特定保険契約における適合性原則
金融商品取引法の規制が準用されない事項
保険契約者保護機構
高齢者に対する保険募集
外貨建保険販売資格
店頭デリバティブ取引
【技能・応用】
特定投資家制度
特定投資家に対して適用除外となる行為規制
インサイダー取引規制
インサイダー取引規制(公表措置など)
スチュワードシップ・コード
コーポレートガバナンス改革
投資信託販売時の禁止行為
損失補填の禁止
投資信託の広告規制
投資信託の広告規制
投資信託の共通KPI
投資信託の共通KPI指標
保険募集制限先規制の対象商品
タイミング規制
構成員契約規制の対象
構成員契約規制
クーリング・オフ
クーリング・オフ可能な時期
デリバティブを内包する預金に関す

るガイドライン
デリバティブ預金の勧誘・販売

2020年（第147回）
※10月に特別実施

【基本知識】
最近の金融関連法令等の改正事項
証券市場の仕組み
有価証券の定義
金融商品取引法の定義規定
有価証券の募集等
ディスクロージャー制度
公開買付・大量保有報告制度
金融商品取引業
外務員制度
登録金融機関の有価証券関連業
金融商品取引業者に対する行為規制
金融商品取引業者に対する勧誘規制
契約締結前交付書面，契約締結時等交付書面
金融商品販売法
消費者契約法
犯罪収益移転防止法
預金との誤認防止措置
委託会社の業務
投資信託の運用
取引報告書，取引残高報告書
投資信託の届出
投資信託の評価・計理
投資信託の広告規制
保険募集指針
クーリング・オフ
情報提供義務
構成員契約規制
契約概要
高齢者に対する保険募集
店頭デリバティブ取引

【技能・応用】
特定投資家制度
特定投資家に対して適用除外となる行為規制
インサイダー取引規制
インサイダー取引規制の対象
顧客本位の業務運営に関する原則
利益相反の適切な管理
投資信託の乗換え勧誘に該当する行為
投資信託の乗換え勧誘規制
レバレッジ投資信託
レバレッジ投資信託の販売規制
高齢顧客への勧誘による販売に係るガイドライン
高齢顧客への勧誘による販売に係るガイドライン
保険募集制限先規制
保険募集制限先規制，タイミング規制，融資担当者分離規制
外貨建て保険取扱いの対応
外貨建て保険取扱いの対応
意向把握義務
意向確認書面
デリバティブを内包する預金に関するガイドライン
特定預金等契約に関する誇大広告禁止

第 1 編

金融商品取引法

第１
証券取引法改正と金融商品取引法制定の経緯

銀行業務検定試験　過去の出題
…2023年（第155回）・問１
…2022年（第152回）・問１
…2021年（第149回）・問１
…2020年（第147回）・問１

1 金融商品取引法の成立および施行

金融商品取引法（以下「金商法」という）は，2006（平成18）年６月７日に成立，同月14日に公布され，いくつかの段階的施行を経て，2007（平成19）年９月30日に全面施行されました。

同法は，1948（昭和23）年制定の証券取引法（以下「証取法」という）を全面的に改正するものであり，規制対象を伝統的な有価証券からリスクのある一定の金融商品に拡げつつ（第１編第２），有価証券に関する開示規制（第１編第３），公開買付規制（第１編第４）および大量保有報告制度（第１編第５）を整備し，また，金融商品取引業者等の登録･監督等の業規制（第１編第６）や，金融商品取引業者の販売勧誘等に関する行為規制（第１編第７）を定め，さらに，不公正取引の禁止（第１編第９）のほか証券外務員制度（第１編第10）や金融商品取引所（第１編第11）をも包括的にカバーするものです。

金商法制定の背景

改正の背景としては，以下のものが挙げられます。

① デリバティブ等の金融技術（イノベーション）の発展により，既存の利用者保護の制度ではカバーすることができない金融商品が出現して，利用者に被害が生じる実態が発生してきたこと

② 業態別の縦割り型規制のもとで，ある金融商品がどの法律，どの監督官庁の所管か明確でないために，有効な規制がなされないことにより投資家保護が十分に図れず，あるいは，法的取扱いの不安定さにより新商品開発の動きが阻害されるという弊害が発生してきたこと

③ 「貯蓄から投資へ」の流れを受け，公正かつ円滑な資本市場を確保し，市場の信頼性・効率性・透明性を向上することが課題となっていたこと

④ 金融・資本市場のグローバル化のなかで，わが国の市場としての競争力を高めるために，そのインフラ整備を進める必要があったこと

3 金商法の考え方

金商法は，従来の証取法の基本的枠組みを維持しつつ，規制の「横断化」および「柔軟化」を図ることを主たる目的とします。

(1) 規制の「横断化」

縦割り規制の弊害への対応として，規制の「横断化」が図られています。具体的には，業規制が適用される者として「金融商品取引業者」を定め，さらに「第一種金融商品取引業」，「第二種金融商品取引業」，「投資助言・代理業」および「投資運用業」の４類型に区分しました（第１編第６）。

⑵　規制の「柔軟化」

業規制の「柔軟化」を図るべく，上記「金融商品取引業者」の４類型に応じた業規制（参入規制，財産規制，主要株主規制，業務範囲規制）を定めました。また，投資家の性質に応じた行為規制の「柔軟化」を実現するために「特定投資家」の概念を設け（第１編第７），投資者保護ルール（第１編第７）の適用において一定の区別をしました。

さらに，金商法は，従来の証取法での規制が十分でなかった部分につき“抜け穴”をふさぐ趣旨で，以下のとおり各制度につき規定の新設または見直しを行っています。

①　投資ファンド等に対する規制の強化（第１編第２，６）

②　開示制度の見直し（第１編第３）

③　公開買付制度，大量保有報告制度の見直し（第１編第４，５）

④　金融商品取引所制度の見直し（第１編第11）

4　金商法制定に伴う廃止法律，改正法律

規制の横断化を企図する金商法の制定により，同法に組み込まれる形で，「外国証券業者に関する法律」，「有価証券に係る投資顧問業の規制等に関する法律」，「抵当証券業の規制等に関する法律」および「金融先物取引法」が廃止されました。

また，投資性の強い一定の商品を対象として金商法が採用する利用者保護ルールと同様の規制を行うべく，「銀行法」，「長期信用銀行法」，「信用金庫法」，「中小企業等協同組合法」，「信託業法」，「保険業法」，「商品取引所法」および「不動産特定共同事業法」が金商法を準用する形で一部改正され，その他にも「商品投資に係る事業の規制に関する法律」など多くの関係法律が一部改正されています。

5 最近の金商法改正

⑴　令和４年金商法改正

2022（令和４）年には，同年５月18日公布の「公認会計士法及び金融商品取引法の一部を改正する法律」により，公認会計士法および金融商品取引法等の改正が行われました。会計監査の信頼性の確保ならびに公認会計士の一層の能力発揮および能力向上を図り，もって企業財務書類の信頼性を高めるため，上場会社等の監査に係る登録制度の導入，監査法人の社員の配偶関係に基づく業務制限の見直し，公認会計士の資格要件の見直し等の措置を講ずる必要があることが，改正の理由とされています。

金融商品取引法の一部改正においては，同法193条の２第１項・２項関係の改正が行われ，上場会社等は，その財務計算に関する書類および内部統制報告書について，上場会社等監査人名簿に登録を受けた公認会計士または監査法人の監査証明を受けなければならないこととされました。

なお，2022（令和４）年６月１日公布の「消費者契約法及び消費者の財産的被害の集団的な回復のための民事の裁判手続の特例に関する法律の一部を改正する法律」により，消費者契約法につき，契約の取消権の追加，解約料の説明の努力義務，免責の範囲が不明確な条項の無効，事業者の努力義務の拡充等に関する改正が行われ，また，消費者裁判手続特例法につき，対象範囲の拡大，和解の早期柔軟化，消費者に対する情報提供方法の充実，特定適格消費者団体を支援する法人を認定する制度の導入等に関する改正が行われました。

⑵　令和５年金商法改正

2023（令和５）年には，同年11月20日成立の「金融商品取引法等の一部を改正する法律」により，金融商品取引法，金融サービスの提供に関する法律（同法律の題名を「金融サービスの提供に関する法律」に改める），投資信託及び投資法人に関する法律，不動産特定共同事業法，銀行法等の一部改正が行われました。わが国の金融および資本市場をめぐる環境変化に対応し，金融サービスの顧客等の利便の向上および保護を図るため，顧客等の最善の利益を勘案しつつ，誠実かつ公正に業務を遂行すべき義務の規定の整備，顧客等への契約締結前の説明義務等に係る規定の整備，インターネットを用いてファンド形態で出資を募り企業等に貸し付ける仕組みを取り扱う金融商品取引業者に係る規制の整備等の措置を講ずる必要があることが，改正の理由とされています。

金融商品取引法の一部改正においては，①有価証券とみなされる権利の範囲の見直し，②四半期報告書制度廃止，③ソーシャルレンディング等のファンドに関する規定の整備，④標識に記載すべき事項のインターネットによる公表の義務付け等，⑤登録金融機関業務として行うことができる金融商品取引業の範囲の見直し，⑥誠実公正義務の削除，⑦契約締結前等の顧客への情報の提供等に関する規定の整備，⑧インサイダー取引や開示書類の虚偽記載等の違反行為をした者に対する課徴金納付命令に係る審判手続のデジタル化，⑨その他所要の規定の整備が行われています。

この改正法は，原則として，公布の日から起算して１年を超えない範囲内において政令で定める日から施行することとされています。

第2 有価証券・デリバティブ取引の定義

銀行業務検定試験－過去の出題
…2023年（第155回）・問3
…2022年（第152回）・問3
…2021年（第149回）・問3
…2020年（第147回）・問3，問4

1 金商法の適用対象

金商法は，有価証券の取引とデリバティブ取引を適用対象とします。

2 有価証券の定義

有価証券の定義は，①証券・証書が発行されている権利と，②証券・証書が発行されていない権利（みなし有価証券）に分けて規定されています。

なお，金商法の適用にあたっては，証券・証書が発行されている権利と，証券・証書が発行されていない権利（みなし有価証券）という分類はあまり重要ではなく，むしろ，①証券・証書が発行されている権利，および，その各有価証券に表示されるべき権利について当該権利を表示する有価証券が発行されていないものを包含する「第一項有価証券」，ならびに，②証券・証書が発行されていない権利のうち，金商法２条２項各号に定める信託受益権や集団投資スキーム持分等の権利を包含する「第二項有価証券」

という２つの概念のほうがより重要なものとなっています。

たとえば，後述するとおり，第一項有価証券と第二項有価証券とでは，有価証券の募集・売出しの定義が異なります。この第一項有価証券と第二項有価証券の違いに基づく法律上の取扱いの違いについては，本書において繰り返し紹介されますので念頭に置いておいてください。

以下では，①証券および証書が発行されている権利ならびに②証券・証書が発行されていない権利のそれぞれの内容を説明します。

(1)　証券・証書が発行されている権利

証券・証書が発行されている権利は，以下のとおりです（金商法２条１項各号）。

① 国債証券
② 地方債証券
③ 特別の法律により法人の発行する債券（④および⑪を除く）
④ 資産の流動化に関する法律（以下「資産流動化法」という）に規定する特定社債券
⑤ 社債券
⑥ 特別の法律により設立された法人の発行する出資証券（⑦，⑧および⑪を除く）
⑦ 協同組織金融機関の優先出資に関する法律に規定する優先出資証券
⑧ 資産流動化法に規定する優先出資証券，新優先出資引受権を表示する証券
⑨ 株券・新株予約権証券
⑩ 投資信託及び投資法人に関する法律（以下「投信法」という）に規定する投資信託・外国投資信託の受益証券
⑪ 投信法上の投資法人の投資証券，新投資口予約権証券，投資法人債券，外国投資証券
⑫ 貸付信託の受益証券
⑬ 資産流動化法に規定する特定目的信託の受益証券

⑭　信託法に規定する受益証券発行信託の受益証券
⑮　コマーシャルペーパー（CP）
⑯　抵当証券
⑰　外国証券・証書で①～⑨まで，および⑫～⑯までの性質を有するもの（⑱を除く）
⑱　外国貸付債権信託の受益証券
⑲　オプション証券・証書
⑳　預託証券・証書
㉑　政令で指定する証券・証書

㉑の政令で指定する証券・証書とは，譲渡性預金の預金証書のうち外国法人が発行するものおよび学校法人債券または債権証書をいいます。

(2)　証券・証書が発行されていない権利

上記(1)記載の各有価証券に表示されるべき権利について，当該権利を表示する有価証券が発行されていない場合でも，当該権利が有価証券とみなされます（金商法２条２項前段）。

また，特定電子記録債権，すなわち電子記録債権（電子記録債権法２条１項に規定する電子記録債権をいう）のうち，流通性その他の事情を勘案し，社債券その他の金商法２条１項各号に掲げる有価証券とみなすことが必要と認められるものとして政令（2024（令和６）年２月現在では，政令による指定はなされていない）で定めるものは，有価証券とみなされます（金商法２条２項中段）。さらに，証券・証書に表示されるべき権利以外の権利のうち，以下の各権利が有価証券とみなされます（金商法２条２項後段各号）。

①　信託の受益権
②　外国信託の受益権
③　合名会社・合資会社の社員権（政令で定めるものに限る）・合同会社の社員権
④　外国法人の社員権で③の性質を有するもの

⑤　集団投資スキーム持分
⑥　外国集団投資スキーム持分
⑦　特定電子記録債権・政令で指定する権利

⑦の政令で指定する権利とは，金商法施行令に定める内容の学校法人等に対する貸付けに係る金銭債権をいいます。

集団投資スキーム持分とは，民法上の組合，商法上の匿名組合，投資事業有限責任組合契約に関する法律上の投資事業有限責任組合，有限責任事業組合契約に関する法律上の有限責任事業組合，社団法人の社員権，その他の権利であって，出資または拠出をした金銭（または金銭に類するもの）を充てて行う事業から生ずる収益の配当・財産の分配を受けることができる権利をいいます。ただし，①出資者の全員が出資対象事業に関与するもの，②出資者がその出資または拠出した額を超えて配当または財産の分配を受けないもの，③保険契約・共済契約・不動産特定共同事業契約に基づく権利（トークン化された不動産特定共同事業契約に基づく権利を除く）は集団投資スキーム持分に該当しません。

3　デリバティブ取引の定義

デリバティブ取引とは，市場デリバティブ取引，店頭デリバティブ取引または外国市場デリバティブ取引をいいます。これらの各取引の基本となる「デリバティブ取引」は，いずれも，大別して，金融商品および金融指標の先物取引，オプション取引およびスワップ取引ならびにクレジットデリバティブ取引を指し，取引が金融商品市場および外国金融商品市場で行われるか（市場デリバティブ取引および外国市場デリバティブ取引）または金融商品市場および外国金融商品市場によらないで行われるか（店頭デリバティブ取引）によって区別されています。

金融商品とは，デリバティブ取引の原資産となるものとして，以下に掲げるものをいいます（金商法２条24項）。

①　有価証券 ②　預金契約に基づく債権その他の権利または当該権利を表示する証券もしくは証書であって政令で定めるもの（外国為替および外国貿易法に規定する所定の支払手段，証券および債権） ③　通貨 ③の②　暗号資産（資金決済に関する法律２条５項に規定する暗号資産をいう） ③の③　商品（商品先物取引法に規定する商品のうち，当該商品に係る市場デリバティブ取引により当該商品の適切な価格形成が阻害されるおそれがなく，かつ，取引所金融商品市場において当該商品に係る市場デリバティブ取引が行われることが国民経済上有益であるものとして政令で定めるもの） ④　同一の種類のものが多数存在し，価格の変動が著しい資産のうち政令で定めるもの（2024（令和６）年２月時点では，政令による指定はなされていない） ⑤　上記①，②，③の②および④のうち内閣府令で定めるものについて，金融商品取引所が，市場デリバティブ取引を円滑化するため，利率，償還期限その他の条件を標準化して設定した標準物

また，金融指標とは以下に掲げるものをいいます（金商法２条25項）。

①　金融商品の価格・利率等 ②　気象の観測の成果に係る数値 ③　その変動に影響を及ぼすことが不可能もしくは著しく困難であって，事業者の事業活動に重大な影響を与える指標または社会経済の状況に関する統計の数値のうち政令で定めるもの（商品指数であって，商品以外の物品の価格に基づいて算出されたものを除く） ④　上記①，②または③に基づいて算出した数値

以上の定義によれば，外国為替証拠金取引などの金融デリバティブ取引のみならず，天候デリバティブなどの取引も金商法の適用対象となります。

第３ 企業内容等の開示

銀行業務検定試験ー過去の出題
…2023年（第155回）・問4，問5
…2022年（第152回）・問4，問5
…2021年（第149回）・問4，問5
…2020年（第147回）・問5，問6

金商法上，企業内容等の開示，公開買付けに関する開示，株券等の大量保有の状況に関する開示の３つが情報開示制度の中心に据えられています。ここでは，企業内容等の開示規制を説明することを目的としており，まず❶において，企業内容等の開示規制の概要を説明したうえで，❷以下において，発行市場における開示と流通市場における開示とに分けて，企業内容等の開示規制の詳細について説明します。

1 企業内容等の開示規制の概要

企業内容等の開示規制は，発行市場における開示規制と流通市場における開示規制とに大別することができます。

発行市場における開示規制とは，株券や社債券などの有価証券について，募集や売出しを行う際に課せられる規制をいいます。詳しくは後述しますが，有価証券の「募集」とは，新たに発行される有価証券の取得の申込みの勧誘のうち法令の定める要件に該当するものをいい（金商法２条３項），有価証券の「売出し」とは，すでに発行された有価証券の売付けの申込みまたはその買付けの申込みの勧誘のうち法令の定める要件に該当するものをいいます（金商法２条４項）。

有価証券の募集または売出しを行うためには，原則として，発行会社があらかじめ有価証券届出書（または発行登録書）を内閣総理大臣に提出していなければなりません（金商法４条１項，23条の３）。また，この届出がその効力を生じるまで（発行登録書が提出されている場合には，当該発行登録書が効力を生じ，かつ，発行登録追補書類が提出されるまで）は，有価証券を募集または売出しにより取得させ，または売り付けることはできません（金商法15条１項，23条の８）。

金商法は，有価証券届出書を含む企業内容等の開示に関する開示書類の提出先を内閣総理大臣としていますが，内閣総理大臣は開示書類を受理する権限を金融庁長官に委任しています（金商法194条の７第１項）。さらに，金融庁長官は企業内容等の開示に関する開示書類のうち，たとえば，有価証券届出書，発行登録書，有価証券報告書，半期報告書，臨時報告書，自己株券等取得状況報告書（外国会社報告書を含む）等の主要なものについては，提出者の国籍および資本金の額によって関東財務局長または本店もしくは主たる事務所の所在地を管轄する財務（支）局長に委任しています（金商法194条の７第６項，同法施行令39条）。

以上の発行市場における開示規制に対して，流通市場における開示規制とは，すでに流通している有価証券について当該有価証券の発行会社により行われる情報の開示に関する規制をいいます。その発行する有価証券について法令で定める一定程度の流通が認められる会社は，各事業年度ごとに，有価証券報告書および半期報告書を内閣総理大臣に提出して，当該会社が属する企業集団および当該会社の経理の状況その他の公益または投資者保護のために必要かつ適当なものとして内閣府令で定める事項を開示する必要があります（金商法24条１項，24条の５第１項，24条の４の７第１項）。

また，当該会社が発行者である有価証券の募集または売出しが外国において行われるときその他公益または投資者保護のため必要かつ適当なものとして内閣府令で定める事項が生じたときは，遅滞なく臨時報告書を提出する必要があります（金商法24条の５第４項）。

なお，有価証券であっても，①国債証券，②地方債証券，③特別の法律により法人の発行する債券，④特別の法律により法人の発行する出資証券，⑤貸付信託の受益証券，⑥集団投資スキーム持分等（主として有価証券に対する投資を行うものを除く），⑦政府保証債等については，発行市場における開示規制，流通市場における開示規制のいずれも免除されています（金商法３条）。それぞれ，元利金の支払について債務不履行の懸念がないこと，特別法の適用により投資者の保護が図られていること，流動性が低いこと（⑥の場合）等がその理由とされています。

 2 発行市場における開示規制

株券や社債券などの有価証券について，募集や売出しが行われるとき，投資家は，金商法に定められた開示規制に従って発行会社により提供された情報をもとに投資判断をすることになります。発行会社から提供される情報の内容が真実と異なると正しい投資判断が阻害されることはいうまでもありませんが，発行会社ごとに情報の提供の程度が著しく異なる場合や，開示の様式が異なる場合にも投資商品間の比較をすることが難しくなることもまた，投資者にとって望ましくありません。

そこで，金商法は，提供すべき情報の内容およびこれに加えて開示書類の様式までも内閣府令において定めることにより，個々の発行会社により開示される情報を投資者の投資判断に利用しやすいものにすることを確保しようとしています。発行市場における投資家に対する情報の提供は，有価証券届出書，発行登録書，発行登録追補書類，目論見書などによって行うことが義務付けられています。以下，これらの書類について説明していきます。

⑴　有価証券届出書

有価証券の募集または売出しは，原則として，発行者が当該有価証券の募集または売出しに関し内閣総理大臣に届出（＝有価証券届出書の提出）をしているものでなければ，することができないとされています（金商法４条１項）。有価証券届出書の提出の要否を検討するうえで，まず「募集」および「売出し」の概念について理解しておく必要があります。

①　募　集

有価証券の「募集」とは，新たに発行される有価証券の取得の申込みの勧誘（これに類するものとして内閣府令で定めるもの（「取得勧誘類似行為」，後述））のうち，50名以上の者を勧誘の相手方として行われるものを基本形としています。ただし，50名以上の者を勧誘の相手方とする場合であっても有価証券の「募集」とならない場合もありますし，逆に50名未満の者を勧誘の相手方とする場合であっても有価証券の「募集」に該当する場合もあります（詳細は後述）。

かかる有価証券の「募集」の定義は，勧誘がなされる有価証券が金商法２条１項各号に定めるものまたは同条２項の規定により有価証券とみなされる有価証券表示権利（第一項有価証券）である場合のものです。勧誘の対象となる有価証券が金商法２条２項後段各号に定める信託受益権，社員持分，集団投資スキーム持分等の証券または証書に表示されるべき権利以外の権利（第二項有価証券）である場合には，「募集」の定義は変わってきます（第二項有価証券に関する「募集」の定義の説明は後述）。

なお，令和元年６月７日公布の令和元年金商法改正により，電子記録移転権利，すなわち，特定電子記録債権もしくは金商法２条２項後段各号に定める権利のうち，電子情報処理組織を用いて移転することができる財産的価値（電子機器その他の物に電子的方法により記録されるものに限る）に表示されるもの（流通性その他の事情を勘案して内閣府令で定めるものは除かれる）についても，第一項有価証券に含まれることになりました。これによって，これまで第二項有価証券として取り扱われていた権利のうち流通可能なデジタルトークンに表示されるものは，第一項有価証券として取り扱われます。

第一項有価証券の「募集」の基本形は，新たに発行される第一項有価証券の取得の申込みの勧誘のうち，50名以上の者を勧誘の相手方として行われるものをいいます（金商法２条３項１号，同法施行令１条の５）。ただし，勧誘対象者のうち，有価証券に対する投資に係る専門的知識および経験を有する適格機関投資家（金融商品取引業者，投資信託委託会社，投資法人，銀行，保険会社等の有価証券投資に関する専門的知識および経験を有するプロの投資家として「金商法第２条に規定する定義に関する内閣府令（以下「定義府令」という）10条」に定める者をいう）は，個人投資家等の一般投資家と比較して金商法による厚い保護の必要性が高くありません。

このため，当該有価証券を取得した適格機関投資家から適格機関投資家以外の者に対する譲渡制限が付されているなど，適格機関投資家以外の者に対する譲渡が行われるおそれが少ない場合として政令で定める場合（金商法施行令１条の４）には，これらの適格機関投資家は50名の計算に含めないこととされています。すなわち，49名の一般投資家および50名の適格機関投資家を新規発行の第一項有価証券の取得の申込みの勧誘の相手方とするような場合には，「50名以上の者を勧誘の相手方として行われるもの」には該当しないことになります。ただし，すでに述べたとおり，50名未満の者を勧誘の相手方とする場合であっても，第一項有価証券の「募集」に該当する場合があります。すなわち，勧誘の相手方が50名未満の場合であっても，勧誘がなされる第一項有価証券が取得者から多数の者に譲渡されるおそれが少ないものとして政令（金商法施行令１条の７）で定める場合（かかる要件に基づく私募は，一般的に少人数私募と呼ばれているが，詳細は後述）でない限り，第一項有価証券の「募集」に該当することになります。また，取得勧誘類似行為が含まれることとされています。

以上のとおり，「募集」の概念については法律の定めが少々複雑になっており，学習を始めた誰もが最初にぶつかる難しいポイントであるといえます。次の②に説明する私募に該当する以外は，すべて「募集」に該当することになります。

② **募集の例外（私募）**

新たに発行される第一項有価証券の取得の申込みの勧誘（以下「取得勧誘」という）の相手方が50名以上となる場合であっても，勧誘の相手方が適格機関投資家のみである場合で，かつ，適格機関投資家以外の者に対する譲渡制限が付されているなど，適格機関投資家以外の者に対する譲渡が行われるおそれが少ない場合として政令で定める場合（金商法施行令１条の４）には，「募集」には該当せず（金商法２条３項２号イ），有価証券届出書の提出は要求されません。この要件に基づく私募は，一般的にプロ私募と呼ばれています。

また，勧誘の相手方が50名未満（かかる人数は，当該有価証券と同一の有価証券の取得勧誘等が３か月以内になされている場合には，それらの取得勧誘等の相手方の人数と通算することになる（金商法施行令１条の６））であり，①において説明した少人数私募に該当する場合にも，「募集」には該当しないため，有価証券届出書の提出は要求されません。

以上に加え，第一項有価証券については，取得勧誘について以下の要件をすべて満たす場合にも「募集」に該当しないため，有価証券届出書の提出が要求されません（特定投資家向け私募）。

① 当該取得勧誘が，特定投資家のみを相手方として行われる場合であること ② 当該取得勧誘が，金融商品取引業者等（金融商品取引業者または登録金融機関）に委託することによって行われ，または金融商品取引業者等によって自己のために行われるものであること（注1） ③ 特定投資家等以外の者に譲渡されるおそれが少ないものとして政令で定める場合（金商法施行令１条の５の２第２項）（注2）

（注1）②の要件は，当該取得勧誘の相手方が国，日本銀行または適格機関投

資家である場合には適用されません。

（注2）③の例として，「当該有価証券を取得しようとする者が取得した当該有価証券を特定投資家以外の者に譲渡を行わない旨その他内閣府令で定める事項（定義府令11条の２）を定めた譲渡にかかる契約を締結することを取得の条件として取得勧誘が行われること」があります。

なお，第二項有価証券については，特定投資家向け私募およびプロ私募の制度は設けられていません。「特定投資家」の範囲については，第１編第７❺「(2)　**特定投資家の範囲**」で詳述します。上記③の特定投資家等とは，特定投資家または一定の非居住者（外為法６条１項６号に規定する非居住者のうち，金商法施行令１条の５の２第１項に定める者に限る）のことをいいます。一定の非居住者が含まれているのは，外国の投資ファンド等の外国投資家による取引を促進することも望まれるためです。

プロ私募や特定投資家向け私募が行われる場合には，有価証券を取得しようとする投資者に対して，有価証券届出書が提出されていないこと，適格機関投資家（プロ私募の場合）または特定投資家以外の者への譲渡が禁止されていることその他内閣府令で定める事項を告知することが義務付けられています（金商法23条の13)。このような告知制度により，発行開示のなされていない有価証券が適格機関投資家または特定投資家の間でのみ流通することを確保し，一般投資家の保護を図っています。

③　売出し

第一項有価証券の「売出し」とは，既発行の第一項有価証券の売付けの申込みまたは買付けの申込みの勧誘（取得勧誘類似行為に該当するもののほか，内閣府令で定めるものを除く。後述）のうち，50名以上の者を相手方として行うものを基本形としています（金商法２条４項)。

この点，「取得勧誘類似行為に該当するものその他内閣府令で定めるもの」は，売付けの申込みまたはその買付けの申込みの勧誘（以下「売付け勧誘等」という）に該当しないとされ，その結果，「売出し」に該当しないことになります。「取得勧誘類似行為」とは，たとえば株券の発行者が会社法199条1項の規定に基づいて行う自己株券の売付けの申込みまたはその買付けの申込みの勧誘等をいいます（定義府令9条)。なお，取得勧誘類似行為は売付け勧誘等に該当しないとされるものの，前述のとおり，募集に該当する点に注意する必要があります。

また，法令に基づく気配値の通知・公表等も，「売付け勧誘等」に該当しません（定義府令13条の2）し，取引所金融商品市場における有価証券の売買およびこれに準ずる取引その他の政令で定める取引に係るもの（金商法2条4項柱書）は，「売付け勧誘等」には該当しますが「売出し」には該当しません。具体的には，取引所金融商品市場における有価証券の売買のほか，店頭売買有価証券市場における有価証券の売買，当該有価証券の公正な価格形成および流通の円滑化を図るために行われる金融商品取引業者等または特定投資家間の売買等が定められています。ただし，50名以上の者を勧誘の相手方とする場合であっても有価証券の「売出し」とならない場合もありますし，逆に，50名未満の者を勧誘の相手方とする場合であっても有価証券の「売出し」に該当する場合もあります。

第一項有価証券の「募集」と同様に，50名以上か否かは，有価証券の取得者の数ではなく，売付けの申込みまたは買付けの申込みの勧誘の対象者の数をカウントすることとされています。

この点，勧誘対象者のうち，有価証券に対する専門的知識および経験を有する適格機関投資家は，個人投資家等の一般投資家と比較して金商法による厚い保護の必要性が高くありません。このため，当該有価証券を取得した者が適格機関投資家以外の者に譲渡を行わない旨を定めた譲渡に係る契約を締結することを取得の条件として売付け勧誘等が行われることなど，適格機関投資家以外の者に譲渡されるおそれが少ないものとして政令で定める場合（金商法施行令1条の7の4）には，これらの適格機関投資家は50名の計算に含めないこととされています（募集の場合とほぼ同様)。

ただし，すでに述べたとおり，50名以上の者を勧誘の相手方とする場合であっても「売出し」とならない場合もあります。逆に，勧誘の相手方が

50名未満の場合であっても，勧誘がなされる第一項有価証券が，取得者から多数の者に譲渡されるおそれが少ないものとして政令（金商法施行令１条の８の４）に定める場合（かかる要件に基づく私売出しは，一般的に「少人数私売出し」と呼ばれている。詳細は後述）でない限り，第一項有価証券の「売出し」に該当することになります。

④　売出しの例外（私売出し）

第一項有価証券の売付けの申込みまたはその買付けの申込みの勧誘（以下「売付け勧誘等」という）の相手方が50名以上となる場合であっても，勧誘の相手方が適格機関投資家のみである場合で，かつ，適格機関投資家以外の者に対する譲渡が行われるおそれが少ない場合として政令で定める場合（金商法施行令１条の７の４）には「売出し」には該当せず（金商法２条４項２号イ），有価証券届出書の提出は要求されません。この要件に基づく私売出しは，一般的に「適格機関投資家私売出し」と呼ばれています。

また，勧誘の相手方が50名未満（この人数は，当該有価証券と同一の有価証券の売付け勧誘等が１か月以内になされている場合には，それらの売付け勧誘等の相手方の人数と通算することになる（金商法施行令１条の８の３））であり，③において説明した「少人数私売出し」に該当する場合にも「売出し」に該当しないため，有価証券届出書の提出は要求されません。

以上に加え，第一項有価証券については，売付け勧誘等（すでに発行された有価証券の売付けの申込みまたはその買付けの申込みの勧誘のこと）について，以下の要件をすべて満たす場合には，「売出し」には該当しないため，有価証券届出書の提出は要求されません。

①　当該売付け勧誘が，特定投資家のみを相手方として行われること

②　当該売付け勧誘等が，金融商品取引業者等（金融商品取引業者または登録金融機関）に委託することによって行われ，または金融商品取引業者等によって自己のために行われるものであること(注1)

③　特定投資家等以外の者に譲渡されるおそれが少ないものとして

政令で定める場合（金商法施行令１条の８の２）（注2）

（注1）②の要件は，当該売付け勧誘等の相手方が国，日本銀行または適格機関投資家である場合には適用されません。

（注2）③の例として，「当該有価証券の買付けを行おうとする者が買い付けた当該有価証券を特定投資家以外の者に譲渡を行わない旨その他内閣府令で定める事項（定義府令13条の５）を定めた譲渡に係る契約を締結することを買付けの条件として売付け勧誘等が行われること」があります。

ただし，「売出し」に該当する場合であっても，後で説明するとおり，すでに発行開示がなされている有価証券について売出しをする場合や外国証券売出し（後述）の場合には有価証券届出書の提出を要しないことになっているなど，必ずしも金商法上有価証券届出書の提出義務が生じるわけではありません。「募集」または「売出し」に該当するか否かと，有価証券届出書の提出が必要であるか否かは別問題として分けて考えることが必要です（有価証券届出書の提出が免除される例外的場合の詳細については後述）。

⑤　第二項有価証券の「募集」および「売出し」

すでに述べたように，信託受益権，社員持分，集団投資スキーム持分等の第二項有価証券については，第一項有価証券とは別の「募集」および「売出し」の定義が用いられています。

まず，第二項有価証券の「募集」とは，その取得勧誘に応じることにより500名以上の者が当該取得勧誘に係る有価証券を所有することになる場合をいいます（金商法２条３項３号，同法施行令１条の７の２）。第二項有価証券の「売出し」とは，その売付け勧誘等（売付けの申込みまたは買付けの申込みの勧誘のこと）に応じることにより500名以上の者が当該売付け勧誘等に係る有価証券を所有することになる場合をいいます（金商法２条４項３号，同法施行令１条の８の５）。

第一項有価証券の「募集」または「売出し」と異なる点は，①勧誘対象者の数をカウントするのではなく，有価証券を所有することになる取得者の数をカウントすること，②50名ではなく500名を基準としていることにあります。このような違いを設けている理由としては，第一項有価証券と比べると流動性が乏しいことが挙げられます。

⑥　有価証券届出書の提出が義務付けられない場合

以下に定める場合には，有価証券の「募集」または「売出し」に該当する場合であっても，有価証券届出書の提出の必要がありません。

イ　譲渡制限が付されているストック・オプションの発行者である会社が，当該会社もしくはその完全子会社または完全孫会社の役員または従業員のみに対して，当該ストック・オプションの募集または売出しをする場合（金商法４条１項１号）……発行会社もしくはその完全子会社または完全孫会社の役員または従業員は，通常，当該発行会社の会社情報を容易に得ることができる立場にあることを根拠としています。

ロ　組織再編成により有価証券が発行される場合のうち，消滅会社が非開示会社である場合または存続会社が開示会社である場合（金商法４条１項２号）……消滅会社が開示会社であり，かつ存続会社が非開示会社である場合には，投資者が取得する存続会社の会社情報は公開されていないことになるため，有価証券届出書の提出による情報開示を要することになります。このことの裏返しで，消滅会社が非開示会社である場合または存続会社が開示会社である場合には，有価証券届出書の提出義務は課せられないことになります。

ハ　既開示有価証券の売出し（金商法４条１項３号）……この場合には，当該会社の情報はすでに開示されていることになるため重ねての情報開示を求められません。

ニ　外国証券売出し（金商法４条１項４号）……外国ですでに発行された有価証券またはこれに準ずるものとして政令で定める有価証券（具体的には，国内ですでに発行された有価証券でその発行の際にその有価証券発行勧誘等が国内で行われなかったものをいいます（金商法施行令２条の12の２））の売出し（金融商品取引業者等が行うものに限る）のうち，国内における当該有価証券に係る売買価格に関する情報を容易に取得することができることその他の政令で定める要件（金商法施行令２条の12の３）を満たすものについては，有価証券届出書の提出義務が課せられないとされています。

外国有価証券について，国内外において十分に投資情報が周知されている流通市場がある場合については，投資家が自ら投資判断に要する情報を取得することができるため，発行体の法定開示義務を免除し，売出人において簡易な情報提供を行えば足りるとするものです。後述するとおり，売出人は外国証券情報の提供・公表義務を負うことになります（金商法27条の32の２第１項本文）。

外国証券の売出しを行う者が金融商品取引業者等に限定されているのは，後に述べる「外国証券情報」の提供・公表が投資家に対して確実になされることを確保することを主な目的としています。

国内における当該有価証券に係る売買価格に関する情報を容易に取得することができることその他の政令で定める要件（金商法施行令２条の12の３）として，たとえば外国国債の場合には，以下の要件が定められています（同条１号）。

① 国内における当該外国国債に係る売買価格に関する情報をインターネットの利用その他の方法により容易に取得することができること

② 当該外国国債または当該外国国債の発行者が発行する他の外国国債の売買が外国において継続して行われていること

③ 当該外国国債の発行者の財政に関する情報その他の発行者に関する情報（日本語または英語で記載されたものに限る）が当該発行者その他これに準ずる者により公表されており，かつ，国内においてインターネットの利用その他の

方法により当該情報を容易に取得することができること

ホ　発行価額または売出価額の総額が１億円未満の募集または売出し（金商法４条１項５号）……発行価額または売出価額の総額が１億円未満と大きくない場合には，投資者を害するおそれが強くないにもかかわらず，発行開示の義務を課すとすれば発行会社の負担が非常に重くなるため，有価証券届出書の提出義務が課せられません。ただし，１億円未満となる場合であっても，当該有価証券の発行価額または売出価額の総額に，当該募集または売出しを開始する前１年以内に行われた募集または売出しに係る有価証券の発行価額または売出価額の総額を合算した合計金額が１億円以上となる場合（企業内容等の開示に関する内閣府令（以下「開示府令」という）２条５項２号）や，同一の種類の有価証券でその発行価額または売出価額の総額が１億円未満である２組以上の募集または売出しが並行して行われ，かつ，これらの募集または売出しに係る有価証券の発行価額または売出価額の総額の合計額が１億円以上となる場合におけるそれぞれの募集または売出し（開示府令２条５項４号）等，個々の募集または売出しの規模を小さくして回数を繰り返す場合等には，発行開示規制の趣旨が没却されるため，有価証券届出書の提出義務は免除されないことになっています。

⑦　有価証券通知書

なお，上記⑥に述べたいずれかの事由に該当することにより，有価証券届出書の提出義務がない場合であっても，上記⑥ハの既開示有価証券の売出しのうち，当該有価証券の発行者その他の内閣府令で定める者（開示府令４条４項）（有価証券の発行者，売出しの対象有価証券の所有者のうち発行者の子会社または主要株主等，売出しの対象有価証券を他の者に取得させることを目的として上記の者から当該有価証券を取得した金融商品取引業者等，当該有価証券の売出しに係る引受人が定められています）が行う場合や，募集または売出しについて発行価額または売出価額の総額が1,000万円超１億円未満である場合等においては，内閣総理大臣に対して有価証券通知書を提出する必要があります（金商法４条６項，開示府令４条４項）。有価証券通知書は，公衆の縦覧に供されるものではないため，投資者への情報開示を目的にするものではなく，有価証券の発行等の状況を当局が把握するための制度です。

⑧　簡易な有価証券届出書の様式

有価証券届出書の提出が義務付けられる場合でも，募集または売出しの対象となる有価証券が広汎に流通しており，かつ一定期間以上の継続開示がなされている場合には，投資家は当該有価証券に関する情報を比較的入手しやすいことから，以下のような内容の簡易な有価証券届出書を利用して募集または売出しをすることが認められています。

イ　少額募集

有価証券の募集または売出しのうち，発行価額または売出価額の総額が５億円未満のものについては，有価証券届出書の企業情報（当該会社の商号，当該会社の属する企業集団および当該会社の経理の状況その他事業の内容に関する重要な事項その他の公益または投資者保護のため必要かつ適当なものとして内閣府令（開示府令８条）で定める事項をいう）を簡略化することが認められています（金商法５条２項）。

ロ　組込方式

１年以上継続して有価証券報告書を提出している発行会社は，直近の有価証券報告書およびその添付書類ならびにその提出以後に提出される半期報告書ならびにこれらの訂正報告書の写しを有価証券届出書に綴じ込むことにより，企業情報の記載に代えることができます。

企業情報を一から作成するよりは，有価証券届出書の準備を省力化することができるといわれています。綴じ込むといっても，有価証券届出書の提出はEDINETを通じた電子的な提出方法によることになりますので，実際には，証券情報を中心とする有価証券届出書とともに有価証券報告書等をEDINETを通じて提出するという方法によることになります。

後で説明する目論見書は，有価証券届出書をベースとして作成されます。目論見書については，文字どおり，有価証券報告書等を綴じ込む形で作成されます。

ハ　参照方式

１年以上継続して有価証券報告書を提出しており，かつ，その会社の上場している株式の年間取引額が一定の額を超える場合やその会社が本邦において過去５年間に発行または交付した社債の総額が一定の額を超える場合等（金商法５条４項，開示府令９条の４）には，有価証券届出書に直近の有価証券報告書およびその添付書類ならびにその提出以後に提出される半期報告書および臨時報告書ならびにこれらの訂正報告書を参照すべき旨を記載することにより，企業情報の記載に代えることができます。

参照方式の有価証券届出書による場合には，直近の有価証券報告書等を綴じ込むことも必要ないため，目論見書の厚さを相当減らすことができ，印刷費用の削減につながります。

⑵　発行登録書および発行登録追補書類

参照方式の有価証券届出書を利用することができる会社は，発行登録制度を利用することができます。発行登録制度においては，内閣府令で定めるところにより，募集または売出しを予定している期間（１年または２年），募集または売出しを予定している有価証券の種類および発行予定額（１億円以上）または発行残高の上限，当該有価証券について引受けを予定する金融商品取引業者または登録金融機関のうち主たるものの名称その他の事項で公益または投資者保護のため必要かつ適当なものとして内閣府令で定めるものを記載した発行登録書を内閣総理大臣に提出して，当該有価証券の募集または売出しを登録することになります。

かかる発行登録をしている発行会社は，その後発行登録追補書類を提出するだけで，有価証券届出書を提出しなくても，即日，有価証券を売り付けることができるようになります（金商法23条の３）。

有価証券届出書を利用する場合には，有価証券届出書の提出により有価証券の募集または売出し（勧誘）を開始することはできるものの，当該有価証券届出書の効力が発生するまで（原則として有価証券届出書の提出から中15日経過した後，効力が発生する（金商法８条１項））は，当該有価証券を投資家に取得させることができないのに対して，発行登録制度を利用する場合には，かかる待機期間を設ける必要がない分，有価証券の募集または売出しの機動性を確保できます。

(3) 目論見書

以上のとおり，有価証券の募集または売出しを行う場合には，原則として有価証券届出書を提出するか発行登録をしていることが発行会社に義務付けられますが，投資家は必ずしも公衆の閲覧に供されているこれらの書類を見るとは限りませんし，有価証券の募集または売出しについて，法律上，有価証券届出書の提出が義務付けられない場合には，開示資料を読むことすらできないことになります。

そこで，金商法は，投資者が確実に投資判断に必要な情報を受領することを確保することで投資者保護を図るため，既開示有価証券の売出しで当該有価証券の発行者その他の内閣府令で定める者が行う場合（開示府令４条４項）（有価証券の発行者等の者が定められています）および１億円以上の募集または売出しを行う場合には，目論見書を作成し，有価証券の取得までに投資者に対してこれを交付することを義務付けています（金商法13条１項一文）。

基本的に，目論見書は有価証券届出書または発行登録書および発行登録追補書類の内容を基礎として作成されます。なお，目論見書の具体的な記載事項は，法令において定められています（金商法13条２項・３項，23条の12第２項，開示府令12条～14条・14条の13）。

(4) ライツ・オファリングに係る例外

ライツ・オファリングとは，株式会社の株主全員に対して新株予約権の無償割当てをすることによって行う増資方法をいいます。第三者割当増資や公募増資を行った場合には，既存株主の株式保有割合が低下しますが，ライツ・オファリングでは，既存株主に対してそれぞれの株式保有割合に応じて新株予約権を付与することになるため，より既存株主の権利を公平に取り扱うことができる方法と期待されています。

もっとも，ライツ・オファリングによる増資は，手続負担が重いこと，および長期間を要すること等の問題点が指摘されてきました。これらの問題点を解決するために，金商法では，ライツ・オファリングに関し，一定の規制の緩和が認められています。

具体的には，ライツ・オファリングにおける新株予約権の募集に関しては，当該新株予約権証券が金融商品取引所に上場されており，またはその発行後，遅滞なく上場されることが予定されている場合には，目論見書の作成・交付に代えて，当該新株予約権証券に関して有価証券届出書の提出を行った旨その他内閣府令で定める事項を当該届出を行った後，遅滞なく日刊新聞紙に掲載することで足るとされています（金商法13条１項ただし書）。したがって，発行会社は，ライツ・オファリングを実施する場合であっても，既存株主全員に対して目論見書を交付することは不要です。

また，一定の日において株主名簿に記載され，または記録されている株主に対して有価証券の募集または売出しを行う場合には，原則として当該日の25日前までに当該募集または売出しに関する有価証券届出書を提出しなければなりませんが，ライツ・オファリングにおける新株予約権の無償割当てであって，当該新株予約権証券が取引所金融商品市場において売買されることとなる場合には，当該規制の対象外とされており，期間の短縮化が図られています（金商法４条４項ただし書，開示府令３条５号）。

⑸　特定証券情報等の提供または公表

特定投資家向け取得勧誘を行うためには，有価証券届出書の提出は要求されませんが，代わりに，有価証券の発行者が特定証券情報（有価証券およびその発行者に関して投資者に明らかにされるべき基本的な情報として内閣府令で定めるもの（証券情報等の提供又は公表に関する内閣府令２条））を当該勧誘が行われる時までに投資者に提供しまたは公表している場合でなければ，行うことができません。

⑹　外国証券情報の提供・公表義務

金融商品取引業者等は，金商法４条１項４号に該当する有価証券の売出し（以下「外国証券売出し」という）により当該有価証券を売り付ける場合には，当該有価証券および当該有価証券の発行者に関する情報として内閣府令で定める情報（以下「外国証券情報」という）を当該有価証券の売付けの前または同時に相手方に提供し，または公表しなければならないこととされています（金商法27条の32の２第１項本文）。このような売出しについては，有価証券届出書の提出は免除されているものの，これに代わって外国証券情報の提供・公表が有価証券の売付けを行う金融商品取引業者等に義務付けられているわけです。外国証券情報の内容は，有価証券届出書と比較して簡略化されたものとして，有価証券の種類に応じて決められています（証券情報等の提供又は公表に関する内閣府令12条，別表）。

この点，たとえば，外国証券売出しに係る有価証券の「発行者」が当該発行者の他の有価証券について有価証券報告書を提出しており，かつ，当該売出し外国証券に関する所定の証券情報を提供し，または公表する場合など内閣府令で定める場合に該当する場合には，外国証券売出しを行う金融商品取引業者等は，外国証券情報の提供・公表義務を免除されることとされています（金商法27条の32の２第１項ただし書，証券情報等の提供又は公表に関する内閣府令13条）。つまり，外国有価証券に係る情報が国内でどの程度アクセスできるかに応じて，外国証券情報について開示を簡略化し，または開示を免除するという方策が採られているといえます。

外国証券情報の交付または公表は，外国証券情報を記載した書面の交付，ファクシミリ装置を用いた送信，電子メールまたはインターネットその他の電気通信回線を用いた送信，外国証券情報が公表されているホームページアドレスに関する情報の提供または公表の方法によって行う必要があります（金商法27条の32の２第３項，証券情報等の提供又は公表に関する内閣府令17条）。

3 発行開示書類の届出義務違反または不実の発行開示による法令上の責任

以上の有価証券届出書または発行登録書等の開示書類におけるディスクロージャーが不完全または不十分である場合には，投資家の適切な投資判断を妨げることになるため，適正なディスクロージャーを担保することを目的として，不実のディスクロージャーを行った者をはじめとする関係当事者に民事責任および刑事責任を負担させる規定が金商法において設けられており，また課徴金が課されることとなっています。

4 流通市場における開示規制

金商法は，有価証券の募集または売出しのとき（発行市場における開示）だけでなく，有価証券が流通市場において取引される際にも投資者が適切に投資判断をすることを可能にし，投資者の保護を図るため，有価証券の発行者に対して継続的に発行者自身の情報を開示することを強制しています。具体的には，有価証券報告書または半期報告書を定期的に提出することが要求されており，一定の事由が生じた場合において臨時報告書を提出することが要求されています。

また，特定投資家向け有価証券の発行者または金商法27条の31に従って特定証券情報の提供もしくは公表を行った発行者は，事業年度ごとに１回以上，特定有価証券の所有者に対し，発行者に関する情報として内閣府令で定める情報（証券情報等の提供又は公表に関する内閣府令７条）を提供し，または公表しなければならないとされています（金商法27条の32）。

以下，これらの書類ごとにその提出義務の内容を説明していきます。

(1)　有価証券報告書

①　有価証券報告書の提出を義務付けられる場合

発行する有価証券が以下のいずれかに該当する場合には，発行者は，有価証券報告書およびその添付書類の提出義務を負います（金商法24条１項）。

イ　金融商品取引所に上場されている有価証券（同項１号）

ロ　イに準ずるものとして政令で定める有価証券（店頭売買有価証券）（同項２号，金商法施行令３条）

ハ　その募集または売出しにつき有価証券届出書または発行登録追補書類を提出した有価証券（同項３号）

ニ　最近５事業年度のいずれかの末日におけるその所有者が1,000名以上である有価証券（株券，株券を信託財産とする有価証券信託受益証券および株券に係る預託証券に限られる。集団投資スキーム持分等（主として有価証券に対する投資を行うもの）および電子記録移転権利については，当該事業年度末におけるその所有者数）（同項４号）

②　有価証券報告書の提出義務の終了

上記ハの有価証券の発行者については，当該発行者の直近５事業年度のすべての末日における当該有価証券（株券に限られる。ただし，外国の者が発行する株券類似の有価証券を含む）の所有者の数が300名未満，かつ，内閣府令（開示府令15条の３）で定めるところにより内閣総理大臣の承認を受けたときには，有価証券報告書の提出義務がなくなります（金商法24条１項ただし書）。

上記ニの有価証券の発行者については，当該発行者の会社の資本金の額が当該事業年度の末日において５億円未満である場合，または，当該事業年度の末日における当該有価証券の所有者の数が300名未満である場合には，有価証券報告書の提出義務がなくなります（金商法24条１項ただし書)。

また，上記ハまたはニの有価証券の発行者については，政令（金商法施行令４条）で定めるところにより内閣総理大臣の承認を受けたときには，有価証券報告書の提出義務がなくなります（金商法24条１項ただし書)。

③　有価証券報告書の提出時期

有価証券報告書は，各事業年度経過後３か月以内（外国会社の場合は６か月以内。やむを得ない理由により当該期間内に提出できないと認められる場合には，内閣府令（開示府令15条の２，15条の２の２）で定めるところにより，あらかじめ内閣総理大臣の承認を受けた期間内）に提出する必要があります（金商法24条１項，同法施行令３条の４)。

なお，有価証券報告書の提出義務がなかった発行者が，株券を上場するなどして上記イ～ハまでの要件を満たす有価証券の発行者となった場合には，各要件を満たすこととなった日の属する事業年度の直前の事業年度の有価証券報告書を遅滞なく提出する必要があります（金商法24条３項)。

④　有価証券報告書の記載内容

有価証券報告書には，当該会社の属する企業集団の状況，当該会社の経理の状況その他事業の内容に関する重要な事項その他の公益または投資者保護のため必要かつ適当なものとして内閣府令（開示府令15条）で定める事項を記載する必要があります。

⑵　半期報告書

有価証券報告書の提出義務者は，事業年度開始日以後６か月間の企業集団および経理の状況等を記載した半期報告書およびその添付書類を，当該期間経過後45日（非上場会社については３か月以内）の期間内（やむを得ない理由により当該期間内に提出できないと認められる場合には，あらかじめ内閣総理大臣の承認を受けた期間内）に，内閣総理大臣に提出する必要があります（金商法24条の５第１項）。

⑶ 臨時報告書

有価証券報告書の提出義務者は，その会社が発行者である有価証券の募集または売出しが外国において行われるとき，その他公益または投資者保護のため必要かつ適当なものとして内閣府令（開示府令19条）に定める場合に該当することとなったときは，臨時報告書およびその添付書類を遅滞なく内閣総理大臣に提出する必要があります（金商法24条の５第４項）。

⑷ 訂正報告書

提出した有価証券報告書および添付書類について，訂正すべき事項があるとき，形式上の不備もしくはその書類に記載すべき重要な事項の記載が不十分であると認められるとき，または，重要な事項について虚偽の記載がありまたは記載すべき重要な事項もしくは誤解を生じさせないために必要な重要な事実の記載が欠けていることを発見した場合には，訂正報告書を提出しなければなりません（金商法24条の２，７条，９条１項，10条１項）。半期報告書および臨時報告書についても同様です（金商法24条の４の７第４項，24条の５第５項）。

⑸ 訂正発行者情報

提出した発行者情報に訂正すべき事項があるときは，訂正発行者情報を投資家に対して提供または公表しなければならないとされています（金商法27条の32第３項）。

5 継続開示義務違反または不実の継続開示と法令上の責任

発行開示の場合と同様，継続開示の場合においても，不実のディスクロージャーを行った者をはじめとする関係当事者に民事責任または刑事責任を負わせ，また課徴金を課すことにより，適正なディスクロージャーを担保する規定が金商法において定められています。

 その他の企業内容等の開示

以上の主要な企業内容等の開示規制のほか，自己株券買付状況報告書，上場会社の親会社についての親会社等状況報告書，確認書，内部統制報告書等を公衆の閲覧に供することにより，投資者の投資判断に必要な情報を追加的に提供するための制度が設けられています。以下順次説明します。

⑴ 自己株券買付状況報告書

上場会社・店頭登録会社は，市場での自己株式の取得に関する総会決議を行った場合には，自己株券買付状況報告書を一定期間ごとに内閣総理大臣に提出し，買付状況などの情報を開示する必要があります（金商法24条の６)。自己株式の買付けは，市場取引の需給関係に影響を及ぼし，場合によっては発行済株式総数の減少等を伴うことから，投資者の判断に供するためその情報を定期的に開示させることを目的としています。

⑵ 親会社等状況報告書

有価証券報告書提出会社のうち上場会社または店頭登録会社の議決権の過半数を所有している会社等（親会社等）は，当該親会社等の事業年度ごとに，当該事業年度経過後３か月以内に当該親会社等の株式の所有者別状況，大株主の状況，役員の状況，計算書類その他公益または投資者保護のため必要かつ適当な事項を記載した親会社等状況報告書を，内閣総理大臣に提出する必要があります（金商法24条の７)。

わが国では，従来，他の会社の子会社となっている会社が株式を公開する例が多いにもかかわらず，当該子会社の経営に重大な影響を及ぼす親会社の情報が投資者に十分公開されておらず，そのことが問題視され，設け

られた制度です。

⑶　確 認 書

有価証券報告書提出会社のうち上場会社および店頭登録会社等の政令（金商法施行令４条の２の５）で定めるものは，有価証券報告書の記載内容が適正であることを確認する旨を記載した確認書を当該有価証券報告書と併せて提出する必要があります（金商法24条の４の２第１項）。従来から，証券取引所は，同趣旨の確認書の提出を上場会社に対して求めてきましたが，これを法律上の義務に引き上げたものです。

⑷　内部統制報告書

上場会社は，事業年度ごとに，有価証券報告書と併せて，当該会社の属する企業集団および当該会社に係る財務計算に関する書類の適正性を確保するために必要なものとして内閣府令で定める体制（財務計算に関する書類その他の情報の適正性を確保するための体制に関する内閣府令３条）について，内閣府令で定めるところにより評価した内部統制報告書およびその添付書類を内閣総理大臣に提出する必要があります（金商法24条の４の４第１項）。なお，上場会社以外の継続開示会社は内部統制報告書を任意に提出することができます（金商法24条の４の４第２項）。作成された内部統制報告書については，公認会計士・監査法人による監査を受けなければなりません（金商法193条の２第２項）。

7　不実のその他の企業内容等の開示に関する法令上の責任

以上の開示書類についても，有価証券届出書や有価証券報告書と同様，適正なディスクロージャーを担保するために不実のディスクロージャーを行った者をはじめとする関係当事者の民事責任および刑事責任を負わせる規定が金商法に設けられています。

8 英文開示制度

前記❹および❻に記載の書類の一部について，その提出義務を負う外国会社は，金融庁長官が公益または投資者保護に欠けることがないものとして認める場合には，それぞれの書類の提出に代えて，外国において開示が行われているそれぞれの書類に類する書類であって英語で記載されたものを提出することが認められています。具体的には，有価証券報告書（金商法24条８項）および半期報告書（金商法24条の５第７項）について，このように英文開示をすることが認められています。

また，外国会社は，臨時報告書（金商法24条の５第15項），親会社等状況報告書（金商法24条の７第５項），確認書（金商法24条の４の２第６項）および内部統制報告書（金商法24条の４の４第６項）についても，金融庁長官が公益または投資者保護に欠けることがないものとして認める場合には，それぞれの書類の提出に代えて，それぞれの書類に記載すべき事項を記載した書類であって英語で記載されたものを提出することが認められています（それぞれの書類に類する書類につき外国において開示が行われている必要はありません）。

さらに，発行開示規制に係る書類である有価証券届出書についても，金融庁長官が公益または投資者保護に欠けることがないものとして認める場合には，英文開示が認められています（金商法５条６項）。有価証券届出書の英文開示を行う場合には，外国会社は，有価証券届出書の提出に代えて，金商法５条１項１号に掲げる事項（募集または売出しに関する事項。いわゆる証券情報）について日本語で記載した書類と，外国において開示が行われている参照書類または有価証券届出書に類する書類であって英語で記載されているものを提出する必要があります。証券情報については，投資家の投資判断に直接影響を及ぼす重要な情報であることから，英文開示を行う場合であっても，日本語により作成されていることが必要とされています。

なお，有価証券届出書につき英文開示を行った場合には，目論見書についても同様に英文開示を行うことになり，その具体的な記載事項は，法令において定められています（金商法13条２項・３項，開示府令12条以下）。

9 適時開示

以上のような，金商法に基づく発行開示・継続開示規制のほか，有価証券を上場する金融商品取引所の主導により，適時開示規制がなされます。金融商品取引所は，上場証券の発行者に対して，投資判断によって重要な会社情報が生じた場合に直ちにその内容を開示する義務を課し，有価証券を上場する金融商品取引所において有価証券の取引を行う投資者の保護を図っています。

各金融商品取引所では，適時開示（タイムリー・ディスクロージャー）に関する規則を制定して，上場会社に適用しています。このような，適時開示規則によって，①投資者にとって重要な会社情報を臨時報告書による開示と併行して適時に開示させることで，投資者への合理的な投資判断資料の提供を確保すること，および，②発行会社に重要な情報を速やかに公表させることで，インサイダー情報を有する内部者によるインサイダー取引を未然に防止することを実現することを図っています。

適時開示規則の詳細な内容は，非常に細目にわたることとなるため，説明は割愛します。

第4
公開買付けに関する開示

銀行業務検定試験－過去の出題
…2023年（第155回）・問7
…2022年（第152回）・問6
…2021年（第149回）・問6
…2020年（第147回）・問7

1 公開買付規制

公開買付けとは，多数の者に対して公告により株券等の買付け等の申込みまた売付け等の申込みの勧誘を行い，取引所金融商品市場外で株券等の買付け等を行うものをいいます（金商法27条の２第６項）。

公開買付規制は，市場外取引は不透明になりやすいこと，公開買付けは支配権の取得を目的とするため株価に大きな影響を与えることから，株主が公開買付けに際して，買付けに応じるべきか否かを合理的に判断できるようにし，また株主が公正かつ平等に扱われることを確保するために，買付者に対して一定の情報開示やルールの遵守を義務付ける制度です。

2 公開買付規制が適用される有価証券

公開買付規制が適用される対象は，株券・新株予約権付社債券その他の有価証券で政令で定めるもの（以下「株券等」という）について有価証券報告書を提出しなければならない発行者またはプロ向けの取引所市場に上場している有価証券（特定上場有価証券）の発行者の株券等です。

株券等の内容は，具体的には以下のとおりです（金商法施行令６条１項）。

①　株　券 ②　新株予約権証券 ③　新株予約権付社債券 ④　①～③の性質を有する外国法人の発行する証券・証書 ⑤　投資証券等および新投資口予約権証券等 ⑥　有価証券信託受益証券で，受託有価証券が上記の有価証券であるもの ⑦　預託証券で，①～⑤の有価証券に係る権利を表示するもの

3　公開買付けの手続によらなければならない取引

公開買付けが必要とされる場合は，以下のとおりです。

①　60日間で11名以上の者から市場外で株券等を買い付け，買付け後に株券等所有割合が５％を超える場合（金商法27条の２第１項１号） ②　60日間で10名以内の者から市場外で株券等を買い付け，買付け後に株券等所有割合が３分の１を超える場合（同項２号） ③　取引所の立会外取引によって株券等を買い付け，買付け後に株券等所有割合が３分の１を超える場合（同項３号） ④　３か月以下の期間内に株券等の買付けまたは新規発行取得により10％超の株券等の取得を行う場合，かつ，取引所の立会外取引または市場外における株券等の取得が５％超含まれる場合において，当該取得後に株券等所有割合が３分の１を超える場合（同項４号，同法施行令７条２項～４項） ⑤　株券等についてすでに公開買付けが行われている場合におい

て，当該株券等の発行者以外の者（当該株券等の株券所有割合が３分の１を超える者に限る）が，当該公開買付けの期間内に，当該株券等につき５％超の買付けを行う場合（同項５号，同法施行令７条５項・６項）

⑥　金商法施行令６条の２第２号および第３号に掲げる取引による買付け等で，買付け後に株券等所有割合が３分の１を超える場合（同項６号，同法施行令７条７項１号）（いわゆるPTS取引による買付け等）

⑦　株券等の取得を行う者の特別関係者が行う株券等の買付けおよび新規発行取得を当該株券等取得者が行う株券等の買付けおよび新規発行取得とみなした場合において金商法27条の２第１項４号を適用することとした場合に，同号に掲げる株券等の買付け等（同項６号，同法施行令７条７項２号）

4 株券等所有割合の算定

公開買付けが必要になるか否かの判断基準となる株券等所有割合の計算は，以下の方法により行われます（金商法27条の２第８項，同法施行令９条の２，発行者以外の者による株券等の公開買付けの開示に関する内閣府令（以下「公開買付府令」という）６条）。

株券等所有割合

$$= \frac{\text{買付者の所有株券等に係る議決権数＋特別関係者の所有株券等に係る議決権数}}{\text{対象者の総株主の議決権の数＋買付者および特別関係者の所有潜在株式（注）に係る議決権の数}}$$

（注）新株予約権や新株予約権付社債等議決権付株式に転換しうる権利をいいます。

また，以下に定める各場合も「所有に準ずるもの」（金商法27条の２第１項１号，同法施行令７条１項）として，当該株券等にかかる議決権数が株券等所有割合の計算に加味されることになります。

①　売買その他の契約に基づき株券等の引渡請求権を有する場合
②　金銭の信託契約その他の契約または法律の規定に基づき，株券等の発行者である会社の株主としての議決権を行使することができる権限または当該議決権の行使について指図を行うことができる権限を有する場合
③　投資一任契約その他の契約または法律の規定に基づき，株券等に投資するのに必要な権限を有する場合
④　株券等の売買の一方の予約を行っている場合
⑤　株券等の売買に係るオプションの取得を行っている場合（当該オプションの行使により当該行使をしたものが当該売買において買い主としての地位を取得する場合に限る）
⑥　社債券を取得している場合（当該社債券に係る権利として当該社債券の発行者以外の者が発行者である株券等により償還される権利を取得するものに限る）

なお，「特別関係者」とは，以下の「形式基準」または「実質基準」のいずれかを満たす者をいいます。

【形式基準】（金商法27条の2第7項1号）

株券等の買付け等を行う者と，株券の所有関係，親族関係その他政令で定める特別の関係にある者

①　公開買付者が個人の場合：その者の親族（配偶者および一親等内の者をいう），特別資本関係（総株主の議決権の20％以上の議決権に係る株式または出資を自己または他人の名義をもって所有する関係をいう。以下同じ）にある法人等およびその役員（金商法施行令9条1項）

②　公開買付者が法人の場合：その法人の役員，その法人が特別資本関係を有する法人等（買付け等により特別資本関係を有することとなる場合を除く）およびその役員，その法人に対して特別資本関係を有する個人および法人ならびにその役員（金商法施行令9条2項）

【実質基準】（金商法27条の２第７項２号）

買付者との間で，株券等を共同して取得し，譲渡し，もしくは議決権等の株主権を行使すること，または買付け後に相互に当該株券等を譲渡し，もしくは譲り受けることを合意している者

 公開買付けの手続

公開買付けを実施するためには，金商法に定められた各手続を遵守する必要があります。以下に説明します。

⑴　公開買付開始公告

公開買付けを行おうとする者は，当該公開買付けについて，公開買付者の氏名または名称および住所または所在地，公開買付けの目的，買付け等の価格，買付予定の株券等の数，買付け等の期間等を電子公告または時事に関する事項を掲載する日刊新聞紙により公告しなければなりません。この場合，当該買付け等の期間が30営業日よりも短いときは，金商法27条の10第３項の規定により当該買付け等の期間が延長されることがある旨を当該公告において明示しなければなりません（金商法27条の３第１項）。

⑵　公開買付届出書の提出

公開買付開始公告を行った者は，当該公開買付開始公告を行った日に，①買付け等の価格，買付予定の株券等の数，買付け等の期間，買付け等に係る受渡しその他の決済および公開買付者が買付け等に付した条件，②当該公開買付開始公告をした日以後において当該公開買付けに係る株券等の買付け等を公開買付けによらないで行う契約がある場合には，当該契約の内容，③公開買付けの目的，公開買付者に関する事項その他の内閣府令で定める事項を記載した書類および内閣府令で定める添付書類（公開買付届出書）を内閣総理大臣に提出しなければなりません（金商法27条の３第２項）。

実際には，権限の委任により関東財務局長に提出することとされています（金商法施行令40条）。

(3) 公開買付説明書

公開買付者は，公開買付届出書に記載すべき事項から公衆の縦覧に供しないこととされた一定の事項を除いたもの等を記載した公開買付説明書を作成し，株券等の売付け等を行おうとする者に対し，あらかじめまたは同時に交付しなければなりません（金商法27条の９第１項・２項，公開買付府令24条１項・４項）。

(4) 対象者の意見表明等

公開買付けについて，対象者（公開買付けに係る株券等の発行会社）がいかなる意見を有しているかは，株主・投資者が的確な投資判断を行ううえで重要な情報であり，特に敵対的 TOB 等の場面において，公開買付者と対象者との間で主張と反論が株主・投資者に見える形で展開されることにより，より正しい判断を確保できるようになります。また，対象者による意見表明に際して，意見表明報告書の中で公開買付者に対して質問する機会が付与されています。公開買付者は，対象者から当該質問を受けた場合には，対質問回答報告書の提出義務を負うことになります。

公開買付けに係る対象者は，公開買付開始公告が行われた日から10営業日内に，当該公開買付けに関する意見その他の内閣府令で定める事項を記載した書類（意見表明報告書）を内閣総理大臣に提出する必要があります（金商法27条の10第１項）。実際には，権限の委任により関東財務局長に提出することとされています（金商法施行令40条）。なお，意見表明報告書を提出したうえで，当該報告書において理由を付し，意見表明自体を留保するという対応も可能とされています。

意見表明報告書には，当該公開買付けに関する意見のほか，①公開買付者に対する質問，②公開買付期間の延長の請求に関する事項を記載することができます（金商法27条の10第２項)。

⑸　公開買付者による質問への回答

意見表明報告書の中で公開買付者に対する質問（金商法27条の10第２項１号）が記載されている場合には，公開買付者は，当該意見表明報告書の写しの送付を受けた日から５営業日内に，対質問回答報告書を内閣総理大臣に対して提出する必要があります（金商法27条の10第11項)。実際には，権限の委任により関東財務局長に提出することとされています（金商法施行令40条)。当該質問に対して回答する必要がないと認めた場合には，その旨およびその理由を記載するという対応も可能とされています（同11項)。

⑹　公開買付期間終了の通知

公開買付期間が終了したときは，遅滞なく応募株主等に通知書を送付しなければなりません（金商法27条の２第５項，同法施行令８条５項１号)。

⑺　公開買付報告書の提出等

公開買付者は，公開買付期間の末日の翌日に，政令で定めるところにより，公開買付けの結果を公告し，または公表する必要があります（金商法27条の13第１項)。また，かかる公告または公表を行った日に，当該公告または公表の内容その他内閣府令で定める事項を記載した公開買付報告書を内閣総理大臣に提出する必要があります（金商法27条の13第２項)。

6　公開買付けの取引規制

公開買付けは非常に大きな規模で行われるため，投資家間で不平等な取引がなされた場合には，投資家は非常に大きな不利益を被る可能性があります。また，公開買付けが行われる場合，対象となる有価証券の時価が上昇することが多いことから，相場操縦に利用するために公開買付けが濫用されるおそれがあります。

以上のとおり，公開買付けは投資家の利益に重大な影響を及ぼすため，投資家間の不平等な取扱いを禁止し，公開買付制度の濫用を防止するための取引規制が金商法に規定されています。以下に説明します。

(1) 買付期間

公開買付けによる株券等の買付け等は，公開買付開始公告を行った日から20営業日以上60営業日以内で買付け等の期間を定めて行わなければなりません（金商法27条の2第2項，同法施行令8条1項）。一度定めた公開買付期間を短縮することはできず（金商法27条の6第1項3号），また公開買付期間を60営業日を超えて延長することはできません（金商法施行令13条2項2号）。なお，公開買付期間が30日よりも短く設定された場合，対象者は，意見表明報告書において延長することを請求できることとされており，かかる請求により公開買付期間は30営業日まで一律に延長されます（金商法27条の10第3項，同法施行令9条の3第6項）。その場合，対象者は，公開買付開始公告の開始日から10営業日の期間の末日の翌日までに，延長後の買付け等の期間その他内閣府令で定める事項を公告しなければなりません（金商法27条の10第4項，同法施行令13条の2第1項）。

(2) 買付価格

公開買付けを行う場合には，その買付価格は均一の条件であることを要し（金商法27条の2第3項），また，金銭以外のものを買付けの対価とするときは，その交換比率や差金についても均一であることを要します（金商法施行令8条2項）。ただし，公開買付者が応募株主等に複数の種類の対価を選択させる場合には，選択することができる対価の種類をすべての応募株主等につき同一とし，かつ，それぞれの種類ごとに当該種類の対価を選択した応募株主等について均一にしなければなりません（金商法施行令8条3項）。

(3) 別途買付けの禁止

公開買付けと別途の買付けを認めると，特定の株主等から株式等を高く買い付けるなどして，株主等を平等に取り扱うことを要求する公開買付けの制度趣旨に反することから，公開買付者等は，公開買付期間中においては，公開買付けによらないで当該公開買付けの対象者の株券等の買付け等を行ってはならないものとされています（金商法27条の５）。

ただし，以下の各場合においては，別途買付けが例外的に許容されます。

① 当該株券等の買付け等を公開買付けによらないで行う旨の契約を公開買付開始公告を行う前に締結している場合で，公開買付届出書において当該契約があることおよびその内容を明らかにしている場合（金商法27条の５第１号）

② 公開買付者との間に株式の所有関係・親族関係等の特別関係のある者（金商法27条の２第７項１号）が，公開買付者との間で，取得対象株券等の権利を共同行使することを合意している者（同項２号）に掲げる者に該当しない旨の申出書を作成し，関東財務局長に提出した場合（金商法27条の５第２号）

③ 新株予約権の行使による買付け等をする場合等政令に定める場合（金商法27条の５第３号）

(4) 買付条件の変更の制限

公開買付者は，公開買付期間中に，変更される買付条件等，変更の理由等の所定の事項を公告したうえで買付条件の変更を行うことができます（金商法27条の６第２項）。この場合には，訂正届出書を提出する必要があります（金商法27条の８第２項）。

しかし，公開買付者は，①買付け等の価格の引下げ，②買付予定の株券等の減少，③買付け等の期間の短縮，または，④その他政令で定める買付条件等の変更（イ．応募株券等の数の合計が買付予定の株券等の数に満たないときは，応募株券等の全部の買付けをしないことを定めた場合において買付予定の株券等の数を増加すること，ロ．公開買付期間を60営業日以上に延長すること，ハ．買付け等の対価の種類を変更すること，または，ニ．公開買付けの撤回の条件を変更すること）を行うことを禁止されています（金商法27条の6第1項）。これらの場合に買付条件等の変更を認めると，実質的に公開買付けの撤回等を認めるのと同様の結果となるためです。とはいえ，買収防衛策の発動などにより株式分割や新株または新株予約権の発行がなされ，株式が希釈化した場合には，買収費用が著しく増加することになりますし，次の(5)に説明する公開買付けの撤回等が認められるとしても，一から公開買付けをやり直すことは公開買付者にとって経済的・手続的に大きな負担を課すことになります。

そこで，金商法は，公開買付開始公告および公開買付届出書において公開買付期間中に対象者が株式の分割その他の①政令で定める行為を行ったときは②内閣府令（公開買付府令19条）で定める基準に従い，買付け等の価格の引下げを行うことがある旨の条件を付した場合には，買付け等の価格の引下げを行うことを認め，当事者の利害関係を調整しています（金商法27条の6第1項1号かっこ書）。

たとえば，株式等の分割がなされた場合であれば，当初の買付価格を当該株式分割により1株に対して発行する株式数で除した金額を下限として買付価格の引下げをすることができます。また，株主等に対する株式または新株予約権の割当てがなされた場合には，当初の買付価格を［1＋当該割当てにより1株に対して割り当てる株式または新株予約権の数］で除した金額を下限として買付価格の引下げをすることができます。

具体的には，1株を5株とする株式分割または1株に対して4株を割り当てる新株発行の場合，いずれの場合においても買付価格を5分の1に引き下げることができることになります。

⑸　公開買付けの撤回の制限

公開買付者は，公開買付開始公告をした後においては，公開買付けにかかる申込みの撤回および契約の解除を行うことができません（金商法27条の11第１項）。

ただし，①公開買付者が公開買付開始公告および公開買付届出書において，対象者もしくはその子会社（会社法２条３号に規定する子会社をいう）の業務もしくは財産に関する重要な変更その他の公開買付けの目的の達成に重大な支障となる事情として政令に定める事由（かかる撤回条件の詳細は，金商法施行令14条において規定されている。また，撤回条件を一定の重要な場合に限定する「軽微基準」が，公開開示府令26条に定められている）が生じたときは公開買付けの撤回等をすることがある旨の条件を付した場合，または②公開買付者に関し破産手続開始の決定その他の政令で定める重要な事情の変更が生じた場合には，公開買付けの撤回を行うことができます（金商法27条の11第１項ただし書）。

公開買付けの撤回等を行おうとする場合には，公開買付期間の末日までに，当該公開買付けの撤回等を行う旨およびその理由等を公告または公表する必要があります。また，当該公告または公表を行った日に，内閣総理大臣に公開買付撤回届出書を提出する必要があります（金商法27条の11第３項）。

⑹　応募株主等による契約の解除

応募株主等は，公開買付期間中においては，いつでも当該公開買付けにかかる契約の解除をすることができます（金商法27条の12第１項）。かかる解除に対して，公開買付者は，当該契約の解除に伴う損害賠償または違約金の支払を請求することができないとされています（金商法27条の12第３項）。

(7) 受渡し・決済

買付け等にかかる受渡しその他の決済は，買付期間が終了した後，遅滞なく行わなければなりません（金商法施行令８条５項２号)。公開買付者は，公開買付けの撤回をしない限り，公開買付期間中における応募株券等の全部について，受渡しその他の決済を行わなければなりません（金商法27条の13第４項)。

ただし，公開買付開始公告および公開買付届出書において，応募株券等の数の合計が買付予定の株券等の数の全部またはその一部としてあらかじめ公開買付開始公告および公開買付届出書において記載された数に満たないときは，応募株券等の全部の買付け等をしない旨の条件を付していた場合（金商法27条の13第４項１号)，ならびに応募株式等の数の合計が買付予定の株券等の数を超えるときは，その超える部分の全部または一部の買付等をしない旨の条件を付していた場合（同項２号）には，この限りではありません。

また，公開買付開始公告および公開買付届出書において，応募株券等の数の合計が買付予定の株券等の数を超えるときは，その超える部分の全部または一部の買付け等をしない旨の条件を付していた場合（金商法27条の13第５項）には，按分比例で買付けを行えば足りるものとされています。

しかし，買付け後の株券等所有割合が３分の２（金商法施行令14条の２の２）以上となる場合には，按分比例での買付けでは足りず，公開買付期間中における応募株券等の全部について，受渡しその他の決済を行わなければならないことになります。これは，株券等所有割合が３分の２を超える場合に不安定な立場に置かれる少数株主を保護する必要があるためです。

 発行者による上場株券等の公開買付け

発行会社が自己株式を取得する場合において，株主平等原則違反，インサイダー取引，相場操縦等の弊害を防ぐために，上場株券等の当該上場株券等の発行者である会社が，取引所金融商品市場外における買付け等のうち，会社法156条１項の規定による買付け等の金商法27条の22の２第１項各号に掲げるものに該当するものを行う場合には，原則として公開買付けによらなければならないとされています（金商法27条の22の２第１項）。

8 民事責任，刑事責任および課徴金制度

公開買付けが適正に行われることを確保するために，以上のような規定に違反した者に対する民事責任および刑事責任ならびに課徴金に関する規定が金商法に定められています。

第５ 大量保有報告制度

銀行業務検定試験－過去の出題
…2020年（第147回）・問7

1 大量保有報告制度の概要および制度趣旨

上場会社等の株券等を発行済株式総数等の５％を超えて保有する者（大量保有者）は，一定の事項を記載した報告書（大量保有報告書）を大量保有者となった日から５営業日以内に内閣総理大臣に提出しなければならないとされています（金商法27条の23第１項）。また，大量保有者は，大量保有者になった日の後に，株券等保有割合が１％以上増加しまたは減少した場合（保有株券等の総数の増加または減少を伴わない場合を除く）その他大量保有報告書に記載すべき重要な事項の変更があった場合には，その日から５営業日以内に，変更内容を記載した変更報告書を内閣総理大臣に提出しなければならないとされています（金商法27条の25第１項本文）。

大量保有報告書または変更報告書を提出した者は，記載内容が事実と異なっている場合や，重要な事項または誤解を与えないために記載が必要な事項について，記載が不十分であったり欠缺があったりする場合には，訂正報告書を提出しなければならないとされています（金商法27条の25第３

項)。これらのルールは,「５％ルール」と通称されています。

発行会社の株式等を大量に保有している者が誰かという情報は，①会社の支配権に対する影響（経営権への参画，買い占めた株式を発行会社側に高値で肩代わりさせる（グリーンメーラー）など，目的により影響が異なる)，②株式の市場価格や市場における需給関係に対する影響（特定の者が大量に株式を保有している場合には，価格決定がその者の行動に大きく影響される）という点において，投資者にとって重要な情報となります。

2 提出先と公衆閲覧

大量保有に関する開示書類（大量保有報告書，変更報告書，訂正報告書）は，すでに述べたとおり，金商法上内閣総理大臣に提出することとされていますが，実際には権限の委任により財務局長等に提出することとされています（金商法施行令41条，株券等の大量保有の状況の開示に関する内閣府令（以下「大量保有府令」という）19条)。

これらの書類を提出した者は，遅滞なく，その写しを発行会社，当該株券等の上場する金融商品取引所（上場株券等の場合)，金融商品取引業協会（店頭売買の株券等の場合）に送付しなければならないとされています（金商法27条の27)。ただし，これらの書類の開示をEDINETを使用して行った場合には，写しを送付する必要はありません（金商法27条の30の６第１項・３項)。

提出されたこれらの書類は，受理日（訂正報告書の場合には，訂正の対象となった大量保有報告書または変更報告書の受理日）から５年間，関東財務局，発行会社の本店または主たる事務所の所在地を管轄する財務局等と提出者の本店または主たる事務所の所在地を管轄する財務局等とともに，当該金融商品取引所（上場株券等の場合）または金融商品取引業協会（店頭売買の株券等の場合）において，その写しが公衆の縦覧に供せられることになります（金商法27条の28，大量保有府令20条，21条)。

3 対象となる有価証券

大量保有者が報告しなければならない有価証券の発行者は，株券関連有価証券（株券，新株予約権証券，新株予約権付社債券または外国法人の発行する証券または証書で，以上に掲げる有価証券の性質を有するもの）を金融商品取引所に上場しているか店頭登録している有価証券の発行者に限られます（金商法27条の23第１項，同法施行令14条の４第２項）。

そして，報告対象となる有価証券の範囲は，①株券（議決権のない株式に係る株券を除く），②新株予約権証券および新株予約権付社債券（新株予約権として議決権のない株式のみを取得する権利のみを付与されているものを除く），③投資証券等，および，④外国法人の発行する証券または証書で，以上に掲げる有価証券の性質を有するもの等に限られています（金商法27条の23第１項・２項，同法施行令14条の５の２）（以下「株券等」という）。

大量保有報告制度の趣旨の１つは，株券等の大量保有による会社の支配権への影響力の有無を開示することですから，発行会社に対する議決権を有する有価証券か，将来議決権を有する有価証券に転化しうるものが対象となり，単なる社債券等や議決権のない株式に係る株券のように，議決権と関係のない有価証券は対象から外されています。

4 提出義務者

大量保有報告書を提出する義務を負うのは，株券等の保有割合が５％を超えた大量保有者です。ただし，株式の消却その他の理由により発行済株式総数が減少した結果，保有割合が５％を超えた場合等，保有株券等の数に増加がない場合には，大量保有報告書の提出義務は生じません（金商法27条の23第１項ただし書）。

(1) 大量保有者

大量保有者か否かは，所有名義にかかわらず実質的に判断されるものとされており，具体的には以下の者を指すとされています。

① 自己または他人（仮設人を含む）の名義をもって株券等を所有する者

② 売買その他の契約に基づき株券等の引渡請求権を有する者等（金商法27条の23第３項柱書）

③ 金銭の信託契約その他の契約または法律の規定に基づき，株券の発行者である会社の株主としての議決権を行使することができる権限または当該議決権の行使について指図を行うことができる権限を有する者（④に該当する者を除く）であって，当該会社の事業活動を支配する目的を有する者（金商法27条の23第３項１号）

④ 投資一任契約その他の契約または法律の規定に基づき，株券等に投資をするのに必要な権限を有する者（金商法27条の23第３項２号）

(2) 株券等保有割合

株券等保有割合は，自己および共同保有者の保有株券等の総数に，自己および共同保有者の潜在株式（新株予約権証券や新株予約権付社債券等の目的となる株式，大量保有府令５条）を加算した数（分子）を，当該発行会社の発行済株式総数に自己および共同保有者の潜在株式数を加算した数（分母）で除して得た割合をいい，その計算式は以下のとおりとなります。

$$\text{株券等保有割合}(\%) = \frac{\text{保有株券の総数（自己および共同保有者分）} + \text{潜在株式数（自己および共同保有者分）}}{\text{発行済株式総数} + \text{潜在株式数（自己および共同保有者分）}} \times 100$$

共同保有者の保有分も加算されるのは，株券等の買集めは，複数の者が共同して行うことが少なくないので，会社への影響力の有無の開示という観点から，まとめて捕捉し，規制の実効性を確保する必要があるためです。共同保有者に該当することになれば，各自がそれぞれ開示義務を負うことになります。

共同保有者には，実質共同保有者とみなし共同保有者とがあります。

実質共同保有者とは，①ある会社の株券を他の保有者と共同して取得すること，あるいは譲渡することを合意している場合の当該他の保有者，または，②議決権などの株主としての権利を行使することを他の保有者と合意している場合の当該他の保有者をいいます（金商法27条の23第５項）。

みなし共同保有者とは，株式の所有関係，親族関係等の関係にある他の保有者をいいます（金商法27条の23第６項本文，同法施行令14条の７）。

なお，発行者自身が保有する自己株式は株券等保有割合の計算における保有株券の総数には含まれません。

5　５％ルールで開示を求められる情報

大量保有報告書および変更報告書において開示が求められる事項は，以下のとおりです。

①　発行会社に関する事項

②　提出者に関する事項

　イ　提出者の概要

　ロ　保有目的（純投資，政策投資，経営参加，支配権の取得等）

　ハ　提出者の保有株券等の内訳

　ニ　最近60日間の取得または処分の状況

　ホ　当該株券等に関する担保契約等重要な契約

　へ　保有株券等の取得資金（取得資金の内訳，借入金の内訳，借入先の名称等）

③　共同保有者に関する事項

なお，内閣総理大臣は，大量保有報告書または変更報告書に係る訂正報告書の提出命令を発した場合には，当該提出命令に係る縦覧書類について，その全部または一部を公衆の縦覧に供しないものとすることができるとされています（金商法27条の28）。

6 特例制度

証券会社，銀行，信託会社，保険会社等の機関投資家は，大量に株券等の売買を行うことを業務の一部としており，これらの者にも一般投資家と同様に大量保有報告書の提出を求めると，業務に著しい支障を及ぼす可能性が高いと思われます。

そこで，これら証券会社等は，１か月につき２回到来する基準日に株券等保有比率が５％を超えるか否かを調査し，超えた場合には，当該基準日から５営業日以内に大量保有報告を提出すればよいとされています（金商法27条の26第１項）。その後は，基準日に１％以上の増減があった場合その他の大量保有報告書に記載すべき重要な事項の変更があった場合に当該基準日から５営業日以内に変更報告書を提出することになります（金商法27条の26第２項）。

かかる特例制度が適用されるのは，当該大量保有者が，①あらかじめ「基準日の届出書」を財務局長等に提出しており，②会社の事業活動に重大な変更を加え，または重大な影響を及ぼす行為として政令で定めるもの（重要提案行為等）を行うことを保有目的とせず（金商法27条の26第１項），かつ，③保有割合が10％を超えない場合（大量保有府令12条）に限られます。

基準日とは，毎月２回以上設けられる日の組合せのうちから株券等の保有者が内閣総理大臣に届出をした日とされています（金商法27条の26第３項）。

刑事責任および課徴金制度

大量保有報告書制度においても，適正な報告書提出を担保するために，刑罰および課徴金に係る規定が設けられています。

第6
金融商品取引業

銀行業務検定試験ー過去の出題
…2023年（第155回）・問6，問17
…2022年（第152回）・問7，問8，問17
…2021年（第149回）・問7，問8，問17
…2020年（第147回）・問8，問10，問17

1　はじめに

金商法制定の背景としては，①既存の利用者保護法制の対象とならない新たな金融商品が次々と販売されるに至り，詐欺的な販売を規制して利用者保護を図る必要性が高まったこと，②金融機関が提供する商品も，利用者のニーズに応じて既存の複数の業法にまたがるものも見られるなど，金融サービスの融合化が進んできていること，また，③利用者に自己責任を問う前提として，業者と利用者の情報格差を可及的に解消する必要が高まったこと，が挙げられます。これらを背景に，幅広い金融商品について包括的かつ横断的な利用者保護の枠組みを整備し，利用者保護を拡充することをも目的として金商法が制定されました。

金商法は，上記観点から，旧証取法の対象業務であった証券業以外に，金融先物取引業，証券投資顧問業，投資信託委託業等の業種も規制対象とします。具体的には，規制対象となる主たる業務を包括的に「金融商品取引業」と定義し，さらに，取扱商品や業務内容に応じて，①第一種金融商品取引業，②第二種金融商品取引業，③投資助言・代理業，④投資運用業の４種類に区分しています。

なお，金商法の定めは業規制に限られませんが，業規制としても，金融商品取引業のほかに金融商品仲介業，登録金融機関が行う有価証券関連業につき規定しています。

2 金融商品取引業の種類

(1) 第一種金融商品取引業

第一種金融商品取引業は，以下の行為のいずれかを業として行うことをいいます（金商法28条１項）。流通性の高い有価証券に関する販売・勧誘，引受け，募集・売出しの取扱い等が挙げられています。

以下の業務は，多数の者が取引・権利の確保，高い専門性，損失に耐えうる財産的基盤が要求されることから，後述するように，これに相応した参入規制が課されています。

① 有価証券（金商法２条２項後段各号に規定する，電子記録移転権利以外のいわゆるみなし証券を除く）についての次の行為

イ　売買・市場デリバティブ取引・外国市場デリバティブ取引

ロ　売買・市場デリバティブ取引・外国市場デリバティブ取引の媒介，取次ぎまたは代理

ハ　次に掲げる取引の委託の媒介，取次ぎまたは代理

a. 取引所金融商品市場における有価証券の売買・市場デリバティブ取引

b. 外国金融商品市場における有価証券の売買・外国市場デリバティブ取引

ニ　有価証券等清算取次ぎ

ホ　売出しまたは特定投資家向け売付け勧誘

ヘ　募集・売出しの取扱いまたは私募もしくは特定投資家向け売付け勧誘の取扱い（注1）

② 商品関連市場デリバティブ取引に関する次の行為

イ　商品関連デリバティブ取引の媒介，取次ぎもしくは代理

ロ　商品関連市場デリバティブ取引の委託の媒介，取次ぎもしくは代理

ハ　有価証券等清算取次ぎ

③ 店頭デリバティブ取引に関する次の行為

イ　店頭デリバティブ取引またはその媒介，取次ぎもしくは代理（以下「店頭デリバティブ取引等」という）

ロ　店頭デリバティブ取引についての有価証券等清算取次ぎ

④ 以下のいずれかの行為

イ　有価証券の元引受けであって，損失の危険の管理の必要性の高いものとして政令で定めるもの（注2）

ロ　有価証券の元引受けであって，イに掲げる以外のもの

ハ　有価証券の引受けであって，元引受け以外のもの

⑤ 私設取引システムの運営（注3）

⑥ 以下のいずれかの行為

イ　顧客から金銭または証券もしくは証書の預託を受けること

ロ　社債等の振替を行うために口座の開設を受けて社債等の振替を行うこと

（注1）適格投資家向け投資運用業を行うことにつき登録を受けた金融商品取引業者が，投資一任契約に基づき，以下に掲げる有価証券に表示される権利を有する者から出資または拠出を受けた金銭その他の財産の運用を行う権限の全部の委託を受けた者である場合に，適格投資家（金商法29条の５第４項に掲げる者を除く）を相手方として行う当該有価証券の私募の取扱い（当該有価証券がその取得者から適格投資家以外の者に譲渡されるおそれが少ないものとして政令で定めるものに限る）を行う業務については，第一種金融商品取引業ではなく，第二種金融商品取引業とみなされます（金商

法29条の５第２項)。

① 投資信託及び投資法人に関する法律に規定する投資信託または外国投資信託の受益証券

② 投資信託及び投資法人に関する法律に規定する投資証券もしくは投資法人債券または外国投資証券

③ 信託法に規定する受益証券発行信託または外国受益証券発行信託の受益証券

④ 金商法２条１項21号に掲げる有価証券のうち，金商法２条８項14号または15号に規定する政令で定める権利を表示するもの

⑤ 上記①から④の各有価証券に表示されるべき権利であって，金商法２条２項の規定により有価証券とみなされるもの

(注2) 元引受契約（有価証券の募集もしくは売出しまたは特定投資家向け取得勧誘もしくは特定投資家向け売付け勧誘に際して締結する契約であって，当該有価証券を取得させることを目的として当該有価証券の発行者もしくは所有者（金融商品取引業者および登録金融機関を除く）から当該有価証券の全部もしくは一部を取得し，もしくは当該有価証券の全部もしくは一部につき他にこれを取得する者がいない場合に，その残部を発行者もしくは所有者から取得することを内容とするもの，または当該有価証券が新株予約権証券である場合において，新株予約権証券を取得した者が当該新株予約権証券の全部もしくは一部につき新株予約権を行使しないときに当該行使しない新株予約権に係る新株予約権証券を発行者もしくは所有者から取得して自己もしくは第三者が当該新株予約権を行使することを内容とするものをいう）の締結に際し，有価証券の発行者または所有者と当該元引受契約の内容を確定するための協議を行うもの（引受総額が100億円を超える場合において他の者（資本金の額，基金の総額または出資の総額が30億円以上である者に限る）と共同して当該協議を行うものであって，当該引受総額のうち自己の行う有価証券の引受けにかかる部分の金額が100億円以下である場合，および引受総額が100億円以下である場合において当該協議を行う場合を除く）が指定されています（金商法施行令15条，金融商品取引業等に関する内閣府令（以下「業府令」という）４条)。引受リスクをコントロールするために，有価証券の投資価値および市況の分析能力，損失に耐えうる財産的基盤が要求されます。

(注3) 有価証券の売買またはその媒介，取次ぎもしくは代理であって，電子情報処理組織を使用して，同時に多数の者を一方の当事者または各当事

者として次に掲げる売買価格の決定方法またはこれに類似する方法により行うものをいいます（金商法２条８項10号）。いわゆる「PTS 業務」といわれているものです。

① 競売買の方法（有価証券の売買高が政令で定める基準を超えない場合に限る）
② 金融商品取引所に上場されている有価証券について，当該金融商品取引所が開設する取引所金融商品市場における当該有価証券の売買価格を用いる方法
③ 店頭売買有価証券について，当該登録を行う認可金融商品取引業協会が公表する当該有価証券の売買価格を用いる方法
④ 顧客の間の交渉に基づく価格を用いる方法
⑤ ①～④までに掲げるもののほか，内閣府令（定義府令17条）で定める方法

(2) 第二種金融商品取引業

第二種金融商品取引業とは，以下の行為のいずれかを業として行うことをいいます（金商法28条２項）。主たるものとして，集団投資スキーム持分等の自己募集，みなし有価証券の売買等，有価証券関連市場デリバティブ取引以外の市場デリバティブ取引等が挙げられます。

なお，①発行者自身による勧誘（自己募集）の場合には，仲介業者としての高度の専門性・財産的基盤は要求されないこと，また，②みなし有価証券や有価証券に関連しないデリバティブ取引については，有価証券と比較して流動性が低いことから，❺で後述するように第一種金融商品取引業よりも緩和された参入規制が課されています。

① 次に掲げる有価証券の募集・私募（金商法２条８項７号）（以下「集団投資スキーム持分等の自己募集」という）
　イ　委託者指図型投資信託の受益証券
　ロ　外国投資信託の受益証券
　ハ　抵当証券

ニ　外国または外国の者が発行する証券・証書で抵当証券の性質を有するもの

ホ　前記イもしくはロの有価証券に表示されるべき権利またはハもしくはニの有価証券のうち内閣府令で定めるもの（現在の定義府令では指定がされていない）

ヘ　集団投資スキーム持分，外国法令に基づく権利で集団投資スキーム持分に類するもの

ト　前記イ～へのほか政令で定める有価証券（注1）

②　電子記録移転権利以外の金商法２条２項により有価証券とみなされる同項各号に掲げる権利についての以下の行為

イ　売買・市場デリバティブ取引・外国市場デリバティブ取引

ロ　売買・市場デリバティブ取引・外国市場デリバティブ取引の媒介，取次ぎ，代理

ハ　取引所金融商品市場における売買・市場デリバティブ取引の委託の媒介，取次ぎ，代理

ニ　外国金融商品市場における売買・外国市場デリバティブ取引の委託の媒介，取次ぎ，代理

ホ　有価証券等清算取次ぎ

ヘ　有価証券の売出し

ト　募集・売出しの取扱い，私募の取扱い

③　「⑴第一種金融商品取引業」の①②および前記②以外の次の行為

イ　市場デリバティブ取引・外国市場デリバティブ取引

ロ　市場デリバティブ取引・外国市場デリバティブ取引の媒介，取次ぎ，代理

ハ　次に掲げる取引の委託の媒介，取次ぎまたは代理

a. 取引所金融商品市場における市場デリバティブ取引

b. 外国金融商品市場における外国市場デリバティブ取引

ニ　有価証券等清算取次ぎ

④　その他政令で定める行為（注2）（金商法２条８項18号）

（注1）次に掲げるもの（その発行者が当該有価証券に係る信託の受託者とされる者を除く）であって，商品投資または金商法施行令37条１項２号イ～ホに掲げるいずれかの物品の取得（生産を含む）をし，譲渡し，使用をし，もしくは使用をさせることにより運用することを目的とするものに該当するもの（金商法施行令１条の９の２）。

① 受益証券発行信託の受益証券

② 外国または外国の者の発行する証券または証書で，受益証券発行信託の受益証券の性質を有するもの

③ ①②に掲げる有価証券に表示されるべき権利であって，金商法２条２項の規定により有価証券とみなされるもの

④ 金商法２条２項の規定により有価証券とみなされる以下のもの

a. 信託受益権

b. 外国の者に対する権利で信託受益権の性質を有するもの

（注2）有価証券の募集または私募を行った者による当該行為に係る以下の有価証券の転売を目的としない買取りが指定されています（金商法施行令１条の12）。

① 委託者指図型投資信託の受益証券

② 外国投資信託の受益証券

③ 前記①②の権利を表示する証券が発行されていないもので，金商法２条２項により有価証券とみなされるもの

(3) 投資助言・代理業

投資助言・代理業は，以下の各行為のいずれかを業として行うことをいいます（金商法28条３項）。

① 投資顧問契約に基づき，次に掲げるものに関して助言を行うこと（金商法２条８項11号）

イ 有価証券の価値等（有価証券の価値，有価証券関連オプションの対価の額または有価証券指標の動向をいう）

ロ 金融商品の価値等（金融商品の価値，オプションの対価の額または金融指標の動向をいう。以下同じ）の分析に基づく投資判断（投資の対象となる有価証券の種類，銘柄，数および価格ならびに売買

の別，方法および時期についての判断または行うべきデリバティブ取引の内容および時期についての判断をいう）

② 投資顧問契約・投資一任契約の締結の代理または媒介（金商法２条８項13号）

⑷ 投資運用業

投資運用業は，以下の各行為のいずれかを業として行うことをいいます（金商法28条４項）。

① 投資一任契約や投資法人との資産運用委託契約を締結し，当該契約に基づき，金融商品の価値等の分析に基づく投資判断に基づいて有価証券・デリバティブ取引に係る権利に対する投資として，金銭その他の財産の運用（その指図を含む。以下同じ）を行うこと（金商法２条８項12号）

② 金融商品の価値等の分析に基づく投資判断に基づいて有価証券・デリバティブ取引に係る権利に対する投資として，投資信託または外国投資信託の受益証券（受益証券に表示される権利を含む）を有する者から拠出された金銭その他の財産の運用を行うこと（金商法２条８項14号，同法施行令１条の11）

③ 金融商品の価値等の分析に基づく投資判断に基づいて主として有価証券・デリバティブ取引に係る権利に対する投資として，次の権利の保有者から出資・拠出された金銭その他の財産の運用を行うこと（金商法２条８項15号）

イ　受益証券発行信託の受益証券，外国または外国の者の発行する証券・証書でその性質を有するもの

ロ　信託の受益権，外国の者に対する権利でその性質を有するもの

ハ　集団投資スキーム持分，外国法令に基づく権利で集団投資スキームに類するもの

ニ　その他政令で定める権利（現在の法令では指定されていない）

なお，後述のとおり（❺金融商品取引業の参入要件(1)⑤），投資運用業の登録を受けようとする者に関しては，厳格な最低資本金および純財産額要件，ならびに組織要件等の登録拒否要件が定められていますが，プロの投資家に対する投資運用業である適格投資家向け投資運用業については登録拒否要件が緩和されています。

適格投資家向け投資運用業に該当するためには，①すべての運用財産の投資主が適格投資家（金商法29条の５第４項に掲げる者を除く）のみであること，および②すべての運用財産の総額が投資運用業の実態およびわが国の資本市場に与える影響その他の事情を勘案して政令で定める金額（200億円（金商法施行令15条の10の５））を超えないものであることが必要です（金商法29条の５第１項）。

適格投資家とは，以下のものをいいます（金商法29条の５第３項）。

> ①　特定投資家
>
> ②　その知識，経験および財産の状況に照らして特定投資家に準ずる者として内閣府令で定める者（業府令16条の６）
>
> 一　地方公共団体
>
> 二　金融商品取引業者等
>
> 三　ファンド資産運用等業者（金商法施行令17条の12第１項５号）
>
> 四　資本金額が5,000万円以上である法人
>
> 五　純資産額が5,000万円以上である法人
>
> 六　企業年金基金（保有する資産の合計額が100億円以上）
>
> 七　保有する資産の合計額が１億円以上かつ証券口座開設後１年を経過した個人
>
> 八　これらの者に準ずる者として業府令233条の２第４項に定める者
>
> 九　取得する出資対象事業持分に係る私募または私募の取扱いの相手方であって，投資に関する知識および経験を有する者（業府令16条の６第２号）

③　金融商品取引業者（金商法29条の登録を受けようとする者を含む）と密接な関係を有する者（金商法施行令15条の10の7）

一　当該金融商品取引業者の役員

二　当該金融商品取引業者の使用人

三　当該金融商品取引業者の親会社等

四　一ないし三に定める者に準ずる者として業府令16条の5の2に定める者

(5)　投資助言・代理業と投資運用業について

投資助言・代理業と投資運用業とを区別するための概念として，「投資顧問契約」と「投資一任契約」が挙げられます。

「投資顧問契約」は，金商法上，「当事者の一方が，相手方に対して，有価証券の価値等または金融商品の価値等に関し，口頭，文書その他の方法により助言を行うことを約し，相手方がそれに対して報酬を支払うことを約する契約」(金商法2条8項11号)と定義されます。受任者が，投資に関して助言を行うにとどまり，投資判断自体を行うわけではないのが特徴です。

これに対して，「投資一任契約」は，「当事者の一方が，相手方から，金融商品の価値等の分析に基づく投資判断の全部または一部を一任されるとともに，当該投資判断に基づき当該相手方のため投資を行うのに必要な権限を委任されることを内容とする契約」（金商法2条8項12号ロ）と定義されます。受任者が，単なる助言にとどまらず，投資判断自体を行い，かつ，自ら投資家に代わって投資を行うことを特徴とします。また，「一任」という言葉が示すとおり，受任者に一定の裁量が与えられています。

 金融商品取引業者の行う兼業

金融商品取引業者は，上記の金融商品取引業に加えて，一定の付随業務を行うことができ，さらに，届出または承認を受けることにより一定の他の業務を行うこともできます。

⑴　第一種金融商品取引業者・投資運用業者の付随業務

第一種金融商品取引業者および投資運用業者は，金融商品取引業以外に，次の各行為を業として行うことその他の「金融商品取引業に付随する業務」を行うことができます（金商法35条１項）。「金融商品取引業に付随する業務」は，付随業務と呼ばれ，第一種金融商品取引業者または投資運用業者は，別段の届出や認可等を必要とすることなしに，かかる業務を行うことができます。

①　有価証券の貸借，その媒介・代理
②　信用取引に付随する金銭の貸付け
③　顧客から保護預りをしている有価証券を担保とする金銭の貸付けのうち，内閣府令で定めるもの（業府令65条）
④　有価証券に関する顧客の代理
⑤　投資信託委託会社の投資信託の受益証券の収益金，償還金もしくは解約金の支払または当該有価証券に係る信託財産に属する有価証券その他資産の交付に係る業務の代理
⑥　投資証券または投資法人債券の金銭の分配，払戻金もしくは残余財産の分配または利息もしくは償還金の支払に関する業務の代理
⑦　累積投資契約（注1）の締結のうち，内閣府令で定めるもの（注2）
⑧　有価証券に関連する情報の提供・助言（金商法２条８項11号に掲げる行為に該当するものを除く）
⑨　他の金融商品取引業者等の業務の代理

⑩　登録投資法人の資産の保管
⑪　他の事業者の事業の譲渡，合併，会社の分割，株式交換または株式移転に関する相談または仲介
⑫　他の事業者の経営に関する相談
⑬　有価証券関連デリバティブ取引以外の，通貨その他のデリバティブ取引に関連する一定の資産（暗号資産を除く）の売買，その媒介・取次ぎ・代理
⑭　譲渡性預金その他金銭債権（有価証券に該当するものを除く）の売買またはその媒介，取次ぎもしくは代理
⑮　投信法の特定資産（宅地建物その他の資産（注3）を除く）その他政令で定める資産に対する投資として運用財産を運用する業務
⑯　顧客から取得した当該顧客に関する情報を当該顧客の同意を得て第三者に提供することその他当該金融商品取引業者の保有する情報を第三者に提供することであって，当該金融商品取引業者の行う金融商品取引業の高度化または当該金融商品取引業者の利用者の利便の向上に資するもの
⑰　当該金融商品取引業者の保有する人材，情報通信技術，設備その他の当該金融商品取引業者の行う金融商品取引業に係る経営資源を主として活用して行う行為であって，地域の活性化，産業の生産性の向上その他の持続可能な社会の構築に資するものとして内閣府令で定めるもの

（注1）金融商品取引業者（有価証券等管理業務を行う者に限る）が顧客から金銭を預かり，当該金銭を対価としてあらかじめ定めた期日において当該顧客に有価証券を継続的に売り付ける契約をいいます。

（注2）有価証券の買付けの方法として，当該有価証券の種類および買付けのための預り金の充当方法を定めていること等の要件のすべてに該当しているものをいいます（業府令66条）。

（注3）商品先物取引法２条１項に規定する商品，および投資信託及び投資法人に関する法律施行令３条10号に規定する商品投資にかかる権利が該当します（金商法施行令15条の25）。

(2) 第一種金融商品取引業者・投資運用業者の届出業務

上記に加え，第一種金融商品取引業者および投資運用業者は，内閣総理大臣に届け出ることによって，以下の業務（いわゆる「届出業務」）を行うことができます（金商法35条２項・３項）（注）。

（注）投資型クラウドファンディング（ベンチャー企業等と投資者をインターネット上で結び付け，多数の者から少額ずつ資金を集める仕組み）の利用促進のため，少額の投資型クラウドファンディング（発行総額１億円未満，投資者（特定投資家を除く）１人当たりの投資額50万円以下のもの）のみを取り扱う第一種金融商品取引業者については，兼業規制が緩和され，届出をせずに以下の届出業務を行うことができます。

① 商品先物取引法２条21項に規定する商品市場における取引等に係る業務
② 商品の価格その他の指標に係る変動，市場間の格差等を利用して行う取引として内閣府令で定めるものに係る業務（①を除く）（注1）
③ 貸金業（貸金業法２条１項）その他金銭の貸付，金銭の貸借の媒介に係る業務
④ 宅地建物取引業（宅地建物取引業法２条２号）または宅地・建物の賃貸に係る業務
⑤ 不動産特定共同事業（不動産特定共同事業法２条４項）
⑥ 商品投資に係る事業の規制に関する法律２条１項に規定する商品投資により，または価格の変動が著しい物品もしくはその使用により得られる収益の予測が困難な物品として政令（注2）で定めるもの（同項３号に規定する指定物品を除く）の取得（生産を含む）をし，譲渡をし，使用をし，もしくは使用をさせることにより，他人のため金銭その他の財産の運用を行う業務（①および②を除く）
⑦ 有価証券またはデリバティブ取引に係る権利以外の資産に対する投資として運用財産の運用を行う業務

⑧　その他内閣府令で定める業務（注3）

（注1）①外国商品市場取引および②店頭商品デリバティブ取引が指定されています（業府令67条）。

（注2）商品先物取引法２条１項に指定する商品（金商法施行令15条の26）

（注3）①金地金の売買またはその媒介，取次ぎもしくは代理にかかる業務，②組合契約，匿名組合契約，貸出参加契約等の締結またはその媒介，取次ぎ，もしくは代理にかかる業務，③算定割当量に関する売買およびデリバティブ取引ならびにこれらの取引の媒介，取次ぎもしくは代理にかかる業務などが規定されています（業府令68条）。

(3)　第一種金融商品取引業者・投資運用業者の承認業務

上記に加え，第一種金融商品取引業者と投資運用業者は，内閣総理大臣の承認を受けることを条件として，内閣総理大臣の承認を受けた業務（いわゆる「承認業務」）を行うことができます（金商法35条４項）（注）。内閣総理大臣が承認を拒否できるのは，以下の場合に限定されています（金商法35条５項）。

（注）少額の投資型クラウドファンディングのみを取り扱う第一種金融商品取引業者については，承認を受けることは不要です。

①　その業務が公益に反すると認められるとき ②　その業務によって生じる損失の危険の管理が困難であるため，投資者の保護に支障を生ずると認められるとき

(4)　第二種金融商品取引業者または投資助言・代理業者の兼業

第一種金融商品取引業者および投資運用業者は，兼業制限を受け，上記(1)～(3)までに述べたとおり，特に規定された場合にのみ兼業が可能となります。これに対し，第二種金融商品取引業または投資助言・代理業のみを行う金融商品取引業者については，兼業制限はなく，金商法上の届出や承認を必要とせずに他の業務を兼業することができます（金商法35条の２第

１項)。

ただし，兼業する当該他の業務について，許認可等が必要であれば，かかる許認可等を取得する必要があります（金商法35条の２第２項。なお，これは第一種金融商品取引業者または投資運用業者が金商法の範囲で兼業をする場合も同様です（金商法35条７項））。

 金融商品取引業以外の業務（金融商品仲介業）・金融サービス仲介業

金融商品仲介業とは，金融商品取引業者（第一種金融商品取引業者または投資運用業を行う者に限る）または登録金融機関（金商法33条の２の登録を受けた銀行，協同組織金融機関その他の金融機関をいう）の委託を受けて，次に掲げる行為（投資運用業を行う者が行う投資顧問契約および投資一任契約の締結の媒介を除く）のいずれかを当該金融取引業者または登録金融機関のために行う業務をいいます（金商法２条11項)。金融商品取引業の定義には含まれません。

①　有価証券の売買の媒介（私設取引システム（PTS）を使用した有価証券の媒介を除く） ②　次に掲げる取引の委託の媒介 イ　取引所金融商品市場における有価証券の売買または市場デリバティブ取引 ロ　外国金融商品市場における有価証券の売買または外国市場デリバティブ取引 ③　有価証券の募集もしくは売出しの取扱いまたは私募もしくは特定投資家向け勧誘等の取扱い ④　投資顧問契約または投資一任契約の締結の代理または媒介

銀行，協同組織金融機関その他政令で定める金融機関（保険会社，証券金融会社など（金商法施行令１条の９））以外の者（個人または法人のいずれも可能）で，金融商品仲介業を営もうとする者は，内閣総理大臣の登録を

受けることを要します（金商法66条）。

金融商品仲介業者には，後記第7で詳述する金融商品取引業者の行為規制と同様の行為規制が課せられ，標識掲示等義務（金商法66条の8），名義貸しの禁止（金商法66条の9），広告等の規制（金商法66条の10），商号等の明示（金商法66条の11），金銭等の預託の禁止（金商法66条の13），損失補てん等の禁止・適合性の原則（金商法66条の15），不招請勧誘・再勧誘の禁止（金商法66条の14）などの行為規制が課されます。

また，「金融サービスの提供及び利用環境の整備に関する法律」では，金融サービス仲介業が規定されています。従前は，株式等の有価証券についての仲介は金融商品仲介業者，預金，借入等に関する契約に関する仲介は銀行代理業者，生命保険や損害保険についてはそれぞれの保険代理店と，それぞれの代理業者が各関連法令に従い登録を受けて仲介業を行っていたものの，それらすべての登録を受けて，金融サービスをワンストップで提供する仲介業者は限定的でした。利用者の就労や世帯の状況が多様化する中で，多種多様な金融サービスがワンストップで提供され，利用者が自らに適した金融サービスを選択しやすくすべきという考え方から，同法では，金融サービス仲介業の1つの登録を受けることで，銀行，証券，保険それぞれの分野の金融サービスについて仲介が行うことができるようになりました。

具体的には，「金融サービス仲介業」とは，「預金等媒介業務」，「保険媒介業務」，「有価証券等仲介業務」または「貸金業貸付媒介業務」のいずれかを業として行うことをいいますが，顧客に対し高度に専門的な説明を要する金融サービスは取り扱うことはできません（金融サービスの提供に関する法律11条1項）。これら高度に専門的な説明を要する金融サービスについては，引き続き，金融商品仲介業その他の個別の仲介業の登録が必要となります。

 金融商品取引業の参入要件

金融商品取引業への参入には登録が必要であり（ただし，金融商品取引業に該当する行為のうち一部の特殊なものを行うためには，登録に加えて認可が必要とされる），金融商品取引業の各類型ごとに登録の要件が異なります。

(1) 登録制

金融商品取引業を行うためには，内閣総理大臣の登録を受ける必要があります（金商法29条）。

登録を受けるためには，登録申請書と添付書類を提出する必要があります（金商法29条の２）。登録申請書には，商号（名称または氏名）や資本金の額（法人の場合）および業務の種別等一定の事項を記載しなければなりません（金商法29条の２第１項）。

登録申請書に記載すべき業務の種別には，以下の５種類があります。

① 有価証券関連業務，店頭デリバティブ取引業務，有価証券引受業務，私設取引システム運営業務
② 有価証券等管理業務
③ 第二種金融商品取引業務
④ 投資助言・代理業
⑤ 投資運用業

なお，適格投資家向け投資運用業に該当する場合には，これに該当する旨を記載することも必要です（金商法29条の５第１項）。

また，添付書類として提出が必要なのは，以下の書類です（金商法29条の２第２項）。

① 金商法29条の４第１項各号（１号ニからへまで，４号ニおよび５号ハを除く）のいずれにも該当しないことを誓約する書面

②　業務の内容および方法として内閣府令で定めるもの（注1）を記載した書類その他内閣府令で定める書類（注2）

③　その他法人である場合においては，定款，登記事項証明書その他内閣府令で定める書類（最終の貸借対照表および損益計算書等（業府令10条））

（注1）業務運営に関する基本原則，業務執行の方法，業務分掌の方法，業として行う金融商品取引行為の種類，苦情の解決のための体制などを記載することが規定されています（業府令８条）。

（注2）業務に係る人的構成および組織等の業務執行体制を記載した書面，役員（法人の場合）または登録申請者（個人の場合）および重要な使用人の住民票の抄本，誓約書面等が指定されています（業府令９条）。

登録申請があった場合，金商法が各金融商品取引業の類型ごとに定める拒否理由に該当しない限り，申請者の登録が認められます（金商法29条の３第１項）。また，金融商品取引業を行おうとする者は，登録のほかに，金融商品取引業者として営業保証金の供託等の義務を負いますが，これについては後記第７に詳述します。

①　金融商品取引業に共通する登録拒否要件

金融商品取引業を行おうとする者に共通する登録拒否要件の主なものとして，イ．金融商品取引業者，信用格付業者または金融サービス仲介業者の登録等を取り消され，その取消しの日から５年を経過しない者である場合，ロ．登録取消処分前に廃止等の届出をした者について，当該届出の日から５年を経過しない者である場合，ハ．登録申請書もしくはこれに添付すべき書類もしくは電磁的記録のうちに虚偽の記載もしくは記録があり，もしくは重要な事実の記載もしくは記録が欠けているとき，ニ．金融商品取引業を適確に遂行するに足りる人的構成を有しない場合，ホ．法人の役員が心身の故障により金融商品取引業に係る業務を適正に行うことができない場合等が登録拒否要件として規定されています（金商法29条の４第１項）（注）。

②　第一種金融商品取引業の登録拒否要件

第一種金融商品取引業を行おうとする者に係る登録拒否要件の主なものとして，イ．最低資本金および純財産額要件（注1）（注2），ロ．自己資本規制比率要件（自己資本規制比率が120%を下回る場合（金商法46条の６）），ハ．組織要件（取締役会または委員会が設置された株式会社等ではないこと），ニ．人的構成要件（金融商品取引業を適確に遂行するに足りる人的構成を有しないこと），ホ．主要株主要件（主要株主が一定の欠格事由に該当すること），ヘ．他の金融商品取引業者が現に用いている商号と同一または誤認されるおそれのある商号であること，などが挙げられます。

（注1）原則は5,000万円ですが，以下の業務を行おうとする場合には，それぞれ以下の金額に満たないことをいいます（金商法施行令15条の７）。

①　有価証券の元引受けであって，損失の危険の管理の必要性の高いものとして政令で定める業務を行う場合：30億円

なお，政令で定める場合とは，元引受契約の締結に際し，有価証券の発行者または所有者と当該元引受契約の内容を確定するための協議を行うもの（業府令４条に定めるものを除く）が指定されています（金商法施行令15条）。

②　有価証券の元引受けであって，①以外の業務を行う場合：５億円

③　一定の店頭デリバティブ取引またはその媒介，取次ぎもしくは代理を行う場合：３億円

（注2）少額の投資型クラウドファンディングのみを取り扱う第一種金融商品取引業者および第二種金融商品取引業者については，登録に必要となる最低資本金・純財産額要件が第一種金融商品取引業者については1,000万円，第二種金融商品取引業者については500万円へと引き下げられています。これらの業者は，非上場株式の勧誘を行うことができますが，同時に，インターネットを通じた投資者に対する適切な情報提供や，ベンチャー企業等の事業内容のチェックが義務付けられます。

③　第二種金融商品取引業の登録拒否要件

第二種金融商品取引業を行おうとする者に係る登録拒否要件の主なものとして，イ．法人の場合は最低資本金および純財産額要件（1,000万円未満で

あること（金商法施行令15条の７第１項５号）），ロ．人的構成要件（金融商品取引業を適確に遂行するに足りる人的構成を有しないこと）などが挙げられます（注）。

なお，申請者が個人の場合には，金融商品取引業を開始する前に営業保証金として1,000万円を供託する必要があります（金商法31条の２第１項・２項・５項，同法施行令15条の12第１号）。

（注）第二種金融商品取引業について，国内拠点および国内における代表者の設置が義務付けられています。

④　投資助言・代理業に係る登録拒否要件

投資助言・代理業を行おうとする者に係る登録拒否要件としては，①に記載する登録拒否要件が存在するものの（金商法29条の４第１項），最低資本金および純財産額要件，自己資本規制比率要件，主要株主要件などは規定されていません。

なお，金融商品取引業を開始する前に営業保証金として500万円を供託する必要があります（金商法31条の２第１項・２項・５項，同法施行令15条の12第２号）。

⑤　投資運用業に係る登録拒否要件

投資運用業を行おうとする者に係る登録拒否要件の主なものとして，イ．最低資本金および純財産額要件（5,000万円未満であること（金商法施行令15条の７第１項４号）），ロ．組織要件（取締役会および監査役または委員会が設置された株式会社等ではないこと），ハ．人的構成要件（金融商品取引業を適確に遂行するに足りる人的構成を有しないこと），ニ．主要株主要件（主要株主が一定の欠格事由に該当すること），などが挙げられます（注）。

なお，適格投資家向け投資運用業については，登録拒否要件が緩和されています。具体的には，上記イ．最低資本金および純財産額要件が1,000万円に緩和されています（金商法施行令15条の７第１項７号）。また，組織要件については，監査役または委員会が設置された株式会社等ではない者に登録拒否要件が緩和されています（金商法29条の５第１項）。

（注）投資運用業について，国内拠点および国内における代表者の設置が義務付けられています。適格投資家向け投資運用業についても同様です。

(2) 認 可 制

金商法２条８項10号に規定する私設取引システムの運営を行おうとする者は，第一種金融商品取引業の登録を受ける必要がありますが，それに加えて，内閣総理大臣の認可が必要です（金商法30条１項）。

認可を申請するには，必要事項を記載した認可申請書と添付書類を提出しなければならず（金商法30条の３），添付書類には，損失の管理方法，業務分掌の方法等を記載する必要があります。

(3) 登録制度の特例－適格機関投資家等特例業務および海外投資家等特例業務

金商法は，登録制度の例外として，適格機関投資家等特例業務の規定を設けています（金商法63条）。

適格機関投資家を含む所定の投資家を相手方として，集団投資スキーム持分の私募などの一定の行為を行う場合においては，金融商品取引業者としての登録義務を課さず，届出のみで認めることとしています。かかる特例が認められる業務を「適格機関投資家等特例業務」といいます。

具体的には，以下の行為をいいます。

① 適格機関投資家等（注）を相手方として行う，集団投資スキーム持分（外国の法令に基づく集団投資スキームに類するものを含む。以下同じ）の私募

② 集団投資スキーム持分（同一の出資対象事業に係る当該権利を有する者が適格機関投資家等のみである場合に限る）を有する適格機関投資家等から出資・拠出を受けた金銭の運用

（注）適格機関投資家のみまたは適格機関投資家と少数（49人以下）の非適格機関投資家のみで構成されます。

適格機関投資家等特例業務を行う者は，あらかじめ内閣総理大臣に，商号（名称または氏名）や資本金の額（法人の場合）および業務の種別等一定の事項を届け出る必要があります（金商法63条２項）。

なお，金融商品取引業者等（金融商品取引業者および登録金融機関をいう。以下同じ）が適格機関投資家等特例業務を行うことが認められており，あらかじめその旨を内閣総理大臣に届け出ることが必要です（金商法63条の３第１項）。金融商品取引業者等が適格機関投資家等特例業務を行う場合には，一定の行為規制の適用が除外されています（金商法63条の３第３項）。

（注）2015（平成27）年６月３日に公布された金商法の改正により，投資家被害の増加に対応するため，適格機関投資家等特例業務に関する規制が見直され，投資家の範囲の限定，行為規制の拡充，届出事項および添付書類の拡充，欠格事由の導入等の規制強化が行われることになりました。

また，登録制度の例外として，海外投資家等特例業務の規定が設けられています（金商法63条の８）。これは，日本の資本市場の「国際金融センター」としての機能発揮に向け，主として海外のプロ投資家（外国法人や一定の資産を有する外国居住の個人）を顧客とするファンドの投資運用業者について，簡素な手続（届出）による参入制度を創設することを目的とするものです。

具体的には，①海外投資家等から出資された金銭の運用を行う行為（当該出資を受けた金銭の50％超が非居住者から出資を受けたものである場合に限る）および②この行為に関する海外投資家等を相手方とする募集または私募を行う場合においては，金融商品取引業者としての登録義務を課さず，届出のみで認めることとしています。

海外投資家等特例業務を行う者は，適格機関投資家等特例業務を営む場合と同様に，あらかじめ内閣総理大臣に，商号（名称または氏名）や資本金の額（法人の場合）および業務の種別等一定の事項を届け出る必要があります（金商法63条の９）。また，金融商品取引業者は，あらかじめ海外投資家等特例業務を行う旨を内閣総理大臣に届け出ることにより，海外投資家等特例業務を行うことができます（金商法63条の11）。

(4)　協会への加入

金商法では，金融商品取引業者が協会（認可金融商品取引業協会または認定金融商品取引業協会をいい，具体的には，金融商品取引業者が行う業務に応じて，日本証券業協会，第二種金融商品取引業協会，日本投資顧問業協会，投資信託協会等が該当します）に加入することは義務付けられていません。しかしながら，第一種金融商品取引業者，第二種金融商品取引業者および投資運用業者が協会に加入しない場合には，協会が定める自主規制に準ずる内容の社内規則の制定等の体制整備が義務付けられています。

6　金融商品取引業者に対する組織上の規制

(1)　主要株主規制

以下の会社（外国法人を除く）の議決権の20％以上（会社に対して重要な融資を行っている場合や，重要な技術を提供している場合等は15％（業府令15条））を保有する主要株主（金商法29条の４第２項）は，遅滞なく内閣総理大臣に対象議決権保有届出書を提出する必要があります（金商法32条１項）。

①　第一種金融商品取引業者

②　投資運用業者

対象議決権保有届出書には，対象議決権保有割合，保有目的その他内閣府令で定める事項（業府令37条）を記載する必要があります。また，金融商品取引業の一定の登録拒否理由に該当しないことを誓約する書面等を添付しなければなりません（金商法32条２項，業府令38条）。

また，当該主要株主が，会社の議決権の50％を超えて保有する特定主要株主（金商法32条４項）となったときは，遅滞なくその旨を内閣総理大臣に届け出なければなりません（金商法32条３項）。

⑵　兼職規制

第一種金融商品取引業者および投資運用業者の取締役および執行役は，他の会社の取締役，会計参与，監査役もしくは執行役に就任またはこれらの役職から退任した場合には，内閣総理大臣に届け出なければなりません（金商法31条の4第1項）。

また，第一種金融商品取引業者以外の有価証券関連業を行う金融商品取引業者の取締役または執行役は，親銀行等（金商法31条の4第3項），子銀行等（金商法31条の4第4項）の取締役，会計参与，監査役もしくは執行役に就任またはこれらの役職から退任した場合には，内閣総理大臣に届け出なければなりません（金商法31条の4第2項）。

かかる兼職規制の趣旨は，銀行業と金融商品取引業との分離を定める金商法33条1項の趣旨を具体化し，業者の人的構成面からもこれを維持するものです。

⑶　一定規模以上の第一種金融商品取引業者に対する連結規制・監督

①　一定規模以上の第一種金融商品取引業者に係る規制

総資産の額が政令で定める金額（金商法施行令17条の2の2）を超える第一種金融商品取引業者（特別金融商品取引業者）（外国法人を除く）は，連結規制・監督の対象となります。

具体的には，特別金融商品取引業者に該当することとなった日より2週間以内に内閣総理大臣に届け出たうえで（金商法57条の2第1項），親会社の商号または名称等を記載した書類など，当該特別金融商品取引業者の属する企業グループの状況に係る資料を提出しなければなりません（金商法57条の2第2項）。さらに，特別金融商品取引業者は，当該特別金融商品取引業者およびその子法人等に係る連結ベースでの，事業報告書の提出義務（金商法57条の3），説明書類の縦覧義務（金商法57条の4），ならびに連結自己資本比率の届出および縦覧義務（金商法57条の5）が課せられます。

②　一定規模以上の第一種金融商品取引業者の親会社に係る規制

内閣総理大臣は，特別金融商品取引業者の親会社が当該特別金融商品取引業者の経営管理を事業として行っている等の場合には，当該親会社を連結規制・監督の適用を受ける者（指定親会社）として指定することができます（金商法57条の12）。

指定親会社は，指定を受けた日から起算して政令で定める期間を経過する日までに，商号または名称等の必要事項を記載した書類を内閣総理大臣に届け出なければなりません（金商法57条の13）。さらに，最終指定親会社（指定親会社であって，その親会社のうちに当該指定親会社と同一の対象特別金融商品取引業者に係る指定親会社である会社がないもの）は，当該最終親会社およびその子法人等に係る連結ベースでの，事業報告書の提出義務（金商法57条の15），説明書類の縦覧義務（金商法57条の16），ならびに連結自己資本比率の届出および縦覧義務（金商法57条の17）が課せられます。

7　金融機関の有価証券関連業

(1)　銀証分離の原則

金商法では，銀行業と証券業を兼営してはならないという「銀証分離の原則」を採用し，２つの業務を分離して取り扱っています。具体的には，銀行，協同組織金融機関その他政令で定める金融機関（保険会社，証券金融会社など（金商法施行令１条の９））は，原則として有価証券関連業または投資運用業（注）を行うことが禁止されています（金商法33条１項）。

なお，ここでいう「有価証券関連業」とは，以下の行為のいずれかを業として行うことをいいます（金商法28条８項）。

①　有価証券の売買またはその媒介，取次ぎ（有価証券等清算取次ぎを除く）もしくは代理

②　取引所金融商品市場または外国金融商品市場における有価証券

の売買の委託の媒介，取次ぎまたは代理

③　市場デリバティブ取引のうち，金商法28条8項3号イからホに掲げる取引

④　店頭デリバティブ取引のうち，金商法28条8項4号イ（金商法施行令15条の2の行為を除く）からへに掲げる取引

⑤　外国金融商品市場において行う取引であって，上記③に掲げる取引と類似の取引

⑥　上記③から⑤に掲げる取引（「有価証券関連デリバティブ取引」という）の媒介，取次ぎ（有価証券等清算取次ぎを除く）もしくは代理または上記③もしくは⑤に掲げる取引の委託の媒介，取次ぎもしくは代理

⑦　有価証券等清算取次ぎであって，有価証券の売買，有価証券関連デリバティブ取引その他政令（金商法施行令15条の3）で定める取引に係るもの

⑧　(i)有価証券の引受け，(ii)有価証券の売出しもしくは特定投資家向け売付け勧誘または(iii)有価証券の募集・売出しの取扱いもしくは私募もしくは特定投資家向け売付け勧誘の取扱い

もっとも，原則として銀行業と証券業の兼営は禁止されているものの，種々の例外があり，実際上は，広範囲にわたる有価証券関連業務を行うことができます。上記の銀証分離の原則（金商法33条1項）の例外としては，以下の行為が認められています（金商法33条1項ただし書および同条2項）。

①　他の法律の定めるところにより投資の目的をもって行う場合

②　信託契約に基づいて信託をする者の計算において有価証券の売買または有価証券関連デリバティブ取引を行う場合

③　書面取次ぎ行為（勧誘等を行わずに，顧客の書面による注文を受けてその計算において有価証券の売買または有価証券関連デリバティブ取引を行うこと）

④　国債証券，地方債証券，資産の流動化に関する法律に規定する

特定社債券，短期投資法人債券等（金商法33条２項１号，同法施行令15条の17，業府令41条）に係る以下の行為

イ　有価証券の売買またはその媒介，取次ぎ（有価証券等清算取次ぎを除く）もしくは代理

ロ　有価証券の引受け

ハ　有価証券の売出しもしくは特定投資家向け売付け勧誘

ニ　有価証券の募集もしくは売出しの取扱いまたは私募もしくは特定投資家向け売付け勧誘の取扱い

⑤　投資信託の受益証券，外国投資信託の受益証券，投資証券，投資法人債券（短期投資法人債券を除く），外国投資証券に係る以下の行為

イ　有価証券の売買等

ロ　有価証券の募集の取扱いまたは私募の取扱い

⑥　外国の発行する証券または証書で国債証券の性質を有するものに係る以下の業務

イ　市場デリバティブ取引および外国市場デリバティブ取引ならびにこれらに係る媒介等

ロ　私募の取扱い

ハ　第一種金融商品取引業を行う金融商品取引業者の委託を受けて，当該金融商品取引業者のために行う有価証券の媒介等

⑦　上記④～⑥以外の有価証券，または電子記録移転権利であって政令で定めるもの以外の金商法２条２項の規定により有価証券とみなされる同項３号および４号に掲げる権利であって政令で定めるものに係る以下の業務

イ　私募の取扱い（株券および新株予約権等を除く）

ロ　第一種金融商品取引業を行う金融商品取引業者の委託を受けて，当該金融商品取引業者のために行う有価証券の売買の媒介等

⑧　以下の取引に係る店頭デリバティブ取引またはその媒介，取次

ぎ（有価証券等清算取次ぎを除く）もしくは代理

イ　④の有価証券に係る店頭デリバティブ取引

ロ　⑤～⑦の有価証券に係る店頭デリバティブ取引のうち決済方法が差金授受に限られているもの

⑨　有価証券の売買および有価証券関連デリバティブ取引等に係る有価証券等清算取次ぎ

（注）金融機関の信託業務の兼営等に関する法律により信託業務の認可を受けた者については，投資運用業を行うことが認められています（金商法33条の８）。

⑵　登録金融機関の業務範囲

銀行，協同組織金融機関その他政令で定める金融機関は，登録金融機関としての登録を受けて以下の業務を行うことができます（金商法33条の２）。

①　書面取次ぎ行為

②　上記⑴③～⑨に掲げる行為

③　デリバティブ取引等のうち有価証券関連デリバティブ取引等（注）以外のものまたは有価証券等清算取次ぎのうち有価証券の売買，有価証券関連デリバティブ取引その他政令（金商法施行令15条の３）で定める取引に係るもの以外のもの

④　有価証券の募集または私募集

⑤　有価証券等管理業務（またはこれに準ずる場合として政令で定める行為）

⑥　投資助言・代理業

（注）市場デリバティブ取引等，店頭デリバティブ取引等，外国市場デリバティブ取引のうち金商法28条８項３号～６号までに掲げる行為をいいます（金商法33条３項）。

⑶　登録金融機関としての登録

登録金融機関としての登録を受けようとする場合は，商号または名称，資本金等の額，役員の氏名等，本店所在地等の必要記載事項を記載した登録申請書を内閣総理大臣に提出しなければなりません（金商法33条の３）。

内閣総理大臣は，一定の登録拒否要件がある場合には登録を拒否しなければなりませんが（金商法33条の５），それ以外の場合には登録申請書の記載事項ならびに登録年月日および登録番号を金融機関登録簿に登録しなければなりません（金商法33条の４）。

⑷　預金等との誤認防止

上記⑶で述べたとおり，銀行は登録金融機関としての登録を受けることで有価証券管理業務を行うことができますが，この有価証券管理業務の１つに，投資信託や投資法人の投資証券等の募集または私募の取扱い等の業務があります（金商法33条の２第２号）。したがって，登録金融機関としての登録を受けた銀行は，投資信託や投資法人の投資証券等を販売することができることになります。

もっとも，投資信託や投資法人の投資証券等の商品は，銀行が従来取り扱ってきた元本保証のある預金とは異なり，元本割れのリスクのある金融商品ですので，銀行の顧客（投資家）がこれらの金融商品を元本保証のある預金等と誤認しないようにする措置が必要になります。

そこで，銀行法施行規則において，投資信託や投資法人の投資証券等の元本割れのリスクのある金融商品と預金等との誤認を防止するために詳細な説明・開示が要求されています。

具体的には，銀行の営業所において投資信託等の非預金商品を取り扱う場合には，顧客が預金等と誤認しないように，顧客に対し①預金等ではないこと，②預金保険の対象ではないこと，および，③元本保証がないこと等を説明しなければなりません（銀行法施行規則13条の５第１項・２項）。

さらに，当該非預金商品を特定の窓口で取り扱うとともに，当該窓口において，顧客の目につきやすい形で，上記の①預金等ではないこと，②預金保険の対象ではないこと，および，③元本保証がないことを掲示しなければなりません（銀行法施行規則13条の５第３項）。

なお，以上の預金等との誤認を防止するために要求される措置は，投資信託や投資法人の投資証券等と同様に元本割れのリスクのある変額保険等の募集等にも適用されます（銀行法施行規則13条の５第１項３号･２項･３項）。

第７ 金融商品取引業者に対する行為規制

銀行業務検定試験－過去の出題
…2023年（第155回）・問11，問12，問13，問31，問32，問49
…2022年（第152回）・問11，問12，問13，問31，問32
…2021年（第149回）・問11，問12，問13，問30，問31，問32
…2020年（第147回）・問11，問12，問13，問30，問31，問32，問50

1 行為規制全般

金融商品取引業者等が行う金融商品取引業に関して，金商法は一定の規制を課しています。これを，金融商品取引業者等に対する行為規制といいます。行為規制は，金融商品取引業者一般に課されるものと，投資助言業務，投資運用業務等を行う業者に課される特則とがあります。

金商法では，利用者保護ルールの徹底を図るべく，同じ経済的機能を有する金融商品には同じルールを適用することにより，金商法を金融商品の販売・勧誘に関する一般的な性格を有するものと位置づけ，既存の利用者保護法制の対象となっている金融商品についても，その行為規制や業態を問わず横断的に適用することとしています。

また，銀行業・保険業に関しては，金商法の規制が直接的には及ばず，預金・保険については依然として銀行法・保険業法の規制下にあるものの，商品の性質や経済的機能に鑑みて投資性が強いものについては，当該金融商品を規制する法令等において金商法を準用することにより，金商法の規制を適用することとしています。

2 金融商品取引業者一般に課される行為規制

(1) 標識の掲示等

金融商品取引業者等は，営業所または事務所ごとに，公衆の見やすい場所に，業府令71条で定める様式の標識を掲示する必要があります（金商法36条の2第1項）。また，ウェブサイトを開設し，商号その他の一定事項を公表することも必要です（金商法36条の2第2項）。

ここでいう，「営業所または事務所」とは，金融商品取引業を行うために開設された施設をいいます。また，金融商品取引業者等以外の者は，かかる標識またはこれに類似する標識を掲示することはできません。

(2) 名義貸しの禁止

金融商品取引業者等は，自己の名義をもって他人に金融商品取引業を行わせることができません（金商法36条の3）。

金融商品取引業を営むには内閣総理大臣の登録が必要であるところ（金商法29条），名義を貸すことを認めることは，かかる登録制を設けている法の趣旨を逸脱することとなるため，このような規制がなされています。

(3) 社債の管理の禁止

金融商品取引業者（有価証券関連業を行う者に限る。以下，本(3)において同じ）は，会社法702条に規定する社債管理者または担保付社債信託法2条1項に規定する信託契約の受託会社となることはできません（金商法36条の4第1項）。もっとも，金融商品取引業者は，他の法律の規定にかかわらず金商法上の引受人となることができます（金商法36条の4第2項）。

⑷　広告等の規制

①　広告に表示する事項

金融商品取引業者等が，その行う金融商品取引業の内容について広告等を行う場合には，以下の事項を表示しなければなりません（金商法37条１項）。

①　金融商品取引業者等の商号，名称，氏名 ②　金融商品取引業者等である旨および登録番号 ③　その行う金融商品取引業の内容に関する事項であって，顧客の判断に影響を及ぼすこととなる重要なものとして政令で定めるもの（注）

（注）金融商品取引契約に関して顧客が預託すべき委託証拠金その他の保証金等がある場合における金額または計算方法などが指定されています（金商法施行令16条）。

また，金融商品取引業者等は，自らが行う金融商品取引業に関して広告その他これに類似するものとして内閣府令で定める行為をするときは，金融商品取引行為を行うことによる利益の見込みその他内閣府令で定める事項について，著しく事実に相違する表示をし，または著しく人を誤認させるような表示をすることが禁止されています（金商法37条２項）。

②　広告等の方法

この規制が及ぶ広告等として，郵便，信書便，ファックス，電子メールやビラ，パンフレットを多数の者に配布する方法が規制対象として定められています（業府令72条）。ウェブサイトによる情報提供は，広告そのものと考えられ，規制が及ぶこととなります。

一方，法令等に基づき作成された書類を配布する方法やいわゆるアナリストレポートであっても，金融商品取引契約の締結の勧誘に使用しないものを配布する方法などは適用除外とされています。

③　広告等の表示方法

さらに，表示方法に関しても規制が課されており，金融商品取引業者等は，広告等をするときには金商法37条１項各号に掲げる事項を明確かつ正確に表示し，「指標の変動による損失を生ずるおそれ」および「元本超過損を生ずるおそれ」に関する事項（後記⑹③および④に掲げる事項）は，他の事項の表示の文字，数字のうち最も大きなものと著しく異ならない大きさで表示しなければならないこととされています（業府令73条）。

広告等をするにあたっては，常に誇大広告に該当するかどうかの問題が従来から指摘されていましたが，金商法においては，金融商品取引契約の解除に関する事項，金融商品取引契約にかかる損失の全部もしくは一部の負担または利益の保証に関する事項等の事項につき，誇大広告をすることが禁止されています（業府令78条）。

⑸　取引態様の事前明示義務

顧客から有価証券の売買や店頭デリバティブ取引の注文を受けた場合，金融商品取引業者等は，当該顧客に対して，自己が取引の相手方となって当該売買もしくは取引を成立させるのか（自己取引），それとも媒介・取次ぎ・代理して取引を成立させるのか（委託取引）を，あらかじめ明示しなければなりません（金商法37条の２）。

自己取引とするのか委託取引とするのかにつき，あらかじめ明示されていない場合，金融商品取引業者等が，ディーラーとブローカーの両方の立場にあるため，その時々の相場変動に乗じて，自己取引のほうが有利であれば自己取引，委託取引のほうが有利であれば委託取引とすることや，自己の損失を顧客に付け替えるといった弊害が予想されます。そういった弊害を防止するために，その取引態様をあらかじめ顧客に対して明示することが要請されています。

なお，当該規定に違反した場合であっても，取引自体は無効にならないとされています（東京地判昭和37・11・1）。

(6) 契約締結前の書面交付義務

金融商品取引業者等は，金融商品取引契約を締結しようとするときは，一定の場合を除き，あらかじめ顧客に対して次の事項を記載した書面を交付することが義務付けられています（金商法37条の３）。

【金商法37条の３第１項】

① 商号，名称，氏名，住所

② 金融商品取引業者等である旨，登録番号

③ 金融商品取引契約の概要

④ 手数料，報酬その他の金融商品取引契約に関して顧客が支払うべき対価に関する事項であって内閣府令で定めるもの（注）

⑤ 顧客が行う金融商品取引行為について金利，通貨の価格，金融商品市場における相場その他の指標に係る変動により損失が生ずることとなるおそれがあるときは，その旨

⑥ 前記⑤の損失の額が，顧客が預託すべき委託保証金その他のものの額を上回るおそれがあるときは，その旨

⑦ 前記①～⑥に掲げるもののほか，顧客の判断に影響を及ぼすこととなる重要なものとして内閣府令で定める事項

（注）名称を問わず，金融商品取引契約に関して顧客が支払うべき手数料等の種類ごとの金額もしくはその上限額またはこれらの計算方法および当該金額の合計額もしくはその上限額またはこれらの計算方法とされています。ただし，記載できない場合はその旨および理由とされています（業府令81条）。

上記⑦の「内閣府令で定める事項」として，以下の事項を記載する必要があります（業府令82条）。

【業府令82条】

① 当該契約締結前交付書面の内容を十分に読むべき旨

② 顧客が委託すべき委託証拠金その他の保証金その他内閣府令で

定めるものがある場合には，その額または計算方法

③　顧客が行う金融商品取引行為について金利，通貨の価格，金融商品市場における相場その他の指標に係る変動を直接の原因として損失が生ずることとなるおそれがある場合にあっては，次に掲げる事項

イ　当該指標

ロ　当該指標に係る変動により損失が生ずるおそれがある理由

④　前記③の損失の額が，顧客が預託すべき委託証拠金その他の保証金の額を上回ることとなるおそれ（本④において「元本超過損が生ずるおそれ」という）がある場合には，次の事項

イ　前記③の指標のうち元本超過損が生ずるおそれが生ずる直接の原因となるもの

ロ　前記イに掲げるものに係る変動により元本超過損が生ずるおそれがある理由

⑤　顧客が行う金融商品取引行為について当該金融商品取引業者等その他の者の業務または財産の状況の変化を直接の原因として損失が生ずることとなるおそれがある場合には，次の事項

イ　当該者

ロ　当該者の業務または財産の状況の変化により損失が生ずるおそれがある旨およびその理由

⑥　前記③の損失の額が，顧客が預託すべき委託証拠金その他の保証金の額を上回ることとなるおそれ（本⑥において「元本超過損が生ずるおそれ」という）がある場合には，次の事項

イ　前記⑤の者のうち元本超過損が生ずるおそれが生ずる直接の原因となるもの

ロ　前記イに掲げるものの業務または財産の状況の変化により元本超過損が生ずるおそれがある旨およびその理由

⑦　当該金融商品取引契約に関する租税の概要

⑧　当該金融商品取引契約の終了の事由がある場合には，その内容

⑨　当該金融商品取引契約へのクーリングオフの規定（金商法37条の６）の適用の有無

⑩　クーリングオフの適用がある場合には，金商法37条の６第１項から４項までの規定に関する事項

⑪　当該金融商品取引業者等の概要

⑫　当該金融商品取引業者等が行う金融商品取引業（登録金融機関にあっては，登録金融機関業務）の内容および方法の概要

⑬　顧客が当該金融商品取引業者等に連絡する方法

⑭　当該金融商品取引業者等が加入している金融商品取引業協会および対象事業者となっている認定投資者保護団体の有無（加入し，または対象事業者となっている場合にあっては，その名称）

⑮　次のイまたはロに掲げる場合の区分に応じ，当該イまたはロに定める事項

イ　指定紛争解決機関が存在する場合

当該金融商品取引業者等が金融商品取引（登録金融機関）業務に係る手続実施基本契約を締結する措置を講ずる当該手続実施基本契約の相手方である指定紛争解決機関の商号または名称

ロ　指定紛争解決機関が存在しない場合

当該金融商品取引業者等の金融商品取引（登録金融機関）業務に関する苦情処理措置および紛争解決措置の内容

さらに，上記の記載事項に加え，金融商品取引契約の特性に応じて記載事項が追加されています（業府令83条～96条）。

説明義務は，適合性原則と合わせて利用者保護のための重要な行為規制である以上，法定事項の記載書面を単に交付すればそれで足りるというものではなく，顧客が金融商品取引契約を締結するかどうかを判断するために必要となる重要な事項が実質的に顧客に対して提供されているかどうかが重要なポイントとなります。

したがって，当該説明書面は，JIS 規格８ポイント以上の文字および数字を用いることとされ，以下の事項については，特に枠で囲んだうえ，12ポイント以上の大きさおよび数字により記載することとされています（業府令79条）。

① 上記記載事項のうち，金商法37条の３第１項の４号の概要，５号，６号ならびに業府令82条の３号～６号の事項
② 金融商品取引契約が店頭金融先物取引（金商法施行令16条の４第１項１号イからハ）に係る契約である場合には，業府令94条１項１号（取引所のカバー取引の相手方の商号等）および４号（デリバティブ取引等に関し，預託を受けた金銭や保証金等の分別管理の方法等）に掲げる事項
③ 金融商品取引契約が電子申込型電子募集取扱業務等に係る取引に係るものであるときは，業府令83条１項６号へおよびトに掲げる事項
④ クーリングオフ条項の適用の有無

また，この書面を十分に読む旨および顧客の判断に影響を及ぼすこととなる，特に重要なものを，JIS 規格12ポイント以上の文字および数字を用いて，この書面の最初に平易に記載する必要があります（業府令79条３項）。

契約締結前交付書面は，顧客の承諾があれば電子交付も認められます（金商法37条の３第２項，34条の２第４項）。なお，契約締結前１年以内に，同種の内容の契約について書面を交付している場合や，目論見書を交付している場合等には，交付する必要はありません（金商法37条の３第１項ただし書，業府令80条）。

この契約締結前交付書面は，顧客が契約を締結するか否かを判断する重要な書面であるため，説明義務が定められています。具体的には，交付に関し，あらかじめ上記金商法37条の３の第１項１号から７号の事項について，顧客の知識，経験，財産の状況および金融商品取引契約を締結する目的に照らして，当該顧客が理解するために必要な方法および程度による説

明をする必要があるとされています（金商法38条８号，業府令117条１項１号）。

この契約締結前交付書面は，顧客が契約を締結するか否かを判断する重要な書面であるため，説明義務が定められています。具体的には，交付に関し，あらかじめ上記金商法37条の３の第１項１号から７号の事項について，顧客の知識，経験，財産の状況および金融商品取引契約を締結する目的に照らして，当該顧客が理解するために必要な方法および程度による説明をする必要があるとされています（金商法37条の３第２項）。

(7)　契約締結時等の書面交付義務

金融商品取引業者等は，金融商品取引契約が成立したときその他内閣府令で定める場合（投資信託契約の解約がなされた場合など（業府令98条））は，原則として（交付を要しない例外（業府令110条）），遅滞なく，書面を作成して顧客に交付する必要があります（金商法37条の４第１項）。契約締結前交付書面は，顧客の承諾があれば電子交付も認められます（金商法37条の４第２項，34条の２第４項）。

契約締結時交付書面には，金融商品取引契約等の概要，成立の年月日，手数料等に関する事項等を記載する必要があります。また，金融商品取引契約の特性に応じて，記載事項が追加されています（業府令99条～107条）。

(8)　保証金の受領に係る書面交付義務

金融商品取引業者等は，その行う金融商品取引業に関して，顧客が預託すべき保証金（内閣府令で定めるものに限る）を受領したときは，顧客に対し，直ちに金融商品取引業者等の商号や保証金の受領日付等（業府令114条）を記載した書面を交付しなければなりません（金商法37条の５）。保証金預託の場合に証拠書面を顧客に交付することにより，その地位を明確にして顧客保護を図った規定です。

この保証金受領書面の交付が義務付けられている保証金は，店頭デリバティブ取引および市場デリバティブ取引のうち一定の要件に該当するもの（金商法施行令16条の4第1項に規定する契約および同条2項各号に掲げる契約に係る取引に関して預託を受けた金銭等）とされています（業府令113条）。

⑼　書面による解除（クーリングオフ）

金融商品取引業者等と投資顧問契約を締結した顧客は，契約締結交付書面を受領した日から10日間，書面または電磁的記録によって解除することができます（金商法37条の6第1項，同法施行令16条の3第1項・2項）。その際，金融商品取引業者等が請求できる損害賠償額は一定限度に限られており（業府令115条），クーリングオフによって解除された場合において金融商品取引業者等が対価の前払いを受けている場合にはこれを返還する義務を負い，顧客に不利な特約は認められないとされており，顧客の保護が図られています（金商法37条の6第3項～5項）。

⑽　指定紛争解決機関との契約締結義務等

「第12　金融ADR制度」に記載のとおり，金商法は，金融ADR制度（後述の第12で説明します。）を設けています。それに伴い，金融商品取引業者等は，それぞれ以下のとおりの紛争解決の措置を講じることが必要とされています（金商法37条の7第1項）。

①　第一種金融商品取引業者

イ　指定第一種紛争解決機関が存在する場合

一の指定第一種紛争解決機関との間で特定第一種金融商品取引業務に係る手続実施基本契約を締結する措置

ロ　指定第一種紛争解決機関が存在しない場合

特定第一種金融商品取引業務に関する苦情処理措置（顧客（顧客以外の金商法42条1項に規定する権利者を含む。）からの苦情の処理の業務に従事する使用人その他の従業者に対する助言もしくは指導を金商法156条の50第3項3号に掲げる者に行わせることまたはこれに準ずるものとして内閣府令で定める措置をいう。）および紛争解決措置（顧客との紛争の解決を認証紛争解決手続（裁判外紛争解決手続の利用の促進に関する法律（平成16年法律第151号）２条３号に規定する認証紛争解決手続をいう。）により図ることまたはこれに準ずるものとして内閣府令で定める措置をいう。）

②　第二種金融商品取引業者

イ　指定第二種紛争解決機関が存在する場合

一の指定第二種紛争解決機関との間で特定第二種金融商品取引業務に係る手続実施基本契約を締結する措置

ロ　指定第二種紛争解決機関が存在しない場合

特定第二種金融商品取引業務に関する苦情処理措置および紛争解決措置

③　投資助言・代理業者

イ　指定投資助言・代理紛争解決機関が存在する場合

一の指定投資助言･代理紛争解決機関との間で特定投資助言･代理業務に係る手続実施基本契約を締結する措置

ロ　指定投資助言・代理紛争解決機関が存在しない場合

特定投資助言・代理業務に関する苦情処理措置および紛争解決措置

④　投資運用業者

イ　指定投資運用紛争解決機関が存在する場合

一の指定投資運用紛争解決機関との間で特定投資運用業務に係る手続実施基本契約を締結する措置

ロ　指定投資運用紛争解決機関が存在しない場合

特定投資運用業務に関する苦情処理措置および紛争解決措置

⑤　登録金融機関

イ　指定登録金融機関紛争解決機関が存在する場合

一の指定登録金融機関紛争解決機関との間で特定登録金融機

関業務に係る手続実施基本契約を締結する措置
ロ　指定登録金融機関紛争解決機関が存在しない場合
特定登録金融機関業務に関する苦情処理措置および紛争解決措置

また，金融商品取引業者等は，当該規定により手続実施基本契約を締結する措置を講じた場合には，当該手続実施基本契約の相手方である指定紛争解決機関の商号または名称を公表する必要があります（金商法37条の7第２項）。

⑾　虚偽説明・断定的判断の提供による勧誘の禁止

金融商品取引業者等およびその役職員は，次の行為を行うことを禁止されています（金商法38条１号・２号）。

① 金融商品取引契約の締結・勧誘に関して，虚偽のことを告げる行為（虚偽説明）
② 顧客に対し，不確実な事項について断定的判断を提供し，または確実であると誤解させるおそれのあることを告げて勧誘する行為（断定的判断の提供による勧誘）

金融商品については相場があり，将来的な変動･推移については不確定･不確実なものであるはずです。したがって，金融商品については，断定的な判断を下すことは，本来，不可能であり，あくまで予測をなしうるにすぎません。また，専門家である金融商品取引業者等が断定的な判断を提供した場合には，素人である顧客はそれが確実であると思い込んでしまい，本来，相場等により不確実であるはずの金融商品について，誤った判断のもとに取引を行ってしまうという危険性をはらんでいます。

したがって，金商法は，専門家である金融商品取引業者等およびその役職員による断定的な判断の提供を禁じています。当該禁止規定は，単に顧客が損失を被ることを防ぐためのものではなく，投資するか否かを決定する前提としての自己判断を保護することを目的とした規定であるため，断定的判断の提供により顧客が利益を得たとしても，適用の例外となるわけではありません。

⑿　無登録業者による信用格付を利用した勧誘の制限

金融商品取引業者およびその役職員は，顧客に対して，内閣総理大臣の登録を受けた信用格付業者（金商法66条の27）以外の信用格付業を行う者の付与した信用格付について，当該登録の意義，信用格付を付与した者が登録を受けていない者である旨，信用格付を付与した者の概要，信用格付を付与した者が当該信用格付を付与するために用いる方針および方法の概要，ならびに当該信用格付の前提，意義および限界（業府令116条の３）を告げることなく提供して，金融商品取引契約の締結の勧誘をする行為をすることを禁止されています（金商法38条３号）。

信用格付は，リスク評価等の参考として市場において広く利用されており，投資家の投資判断に大きな影響を与えています。登録を受けた信用格付業者は金融庁の監督を受け，情報開示義務等が課せられていますが，無登録業者にはそのような規制が課せられていないことから，金融庁の監督下での適切な情報開示がなされていない格付が投資家に提供され，投資家の適切な投資判断を妨げるおそれがあります。

したがって，金融商品取引業者およびその役職員に対して，無登録業者による信用格付については，その付与方法，前提および限界等につき説明義務を課すことによって，投資家が当該信用格付にかかる情報を入手し，適格な投資判断ができるようにし，投資家の保護を図っています。

⒀　不招請勧誘の禁止・勧誘受諾意思確認義務・再勧誘の禁止

不招請勧誘の禁止とは，契約締結の勧誘の要請をしていない顧客に対して，訪問・電話をかけて勧誘をする行為を禁止することをいいます（金商法38条４号）。この場合，金融商品の説明をすることのみであれば，ここで禁止される不招請勧誘に該当しません。また，(i)金融商品取引業者等が継続的取引関係にある顧客に対しての店頭金融先物取引の勧誘や(ii)外国貿易その他の外国為替取引に関する業務を行う法人に対するリスクヘッジのための店頭金融先物取引の勧誘は，不招請勧誘禁止の例外とされています（業府令116条）。

勧誘受諾意思の確認義務とは，勧誘に先立って顧客に勧誘を受ける意思の有無を確認する義務のことをいいます（金商法38条5号）。再勧誘の禁止とは，顧客が契約を締結しないという意思を表示したにもかかわらず，勧誘を継続することを禁止することをいいます（金商法38条6号）。

不招請勧誘の禁止の対象となる金融商品取引契約は，通貨等の金融商品を対象とする一定の店頭デリバティブ取引とされています（金商法施行令16条の4第1項）。また，勧誘受諾意思の確認義務および再勧誘の禁止の対象となる金融商品取引契約は，一定の要件を満たす市場・店頭デリバティブ取引とされています（金商法施行令16条の4第2項）。

近年，業者による執拗な勧誘により，本来取引を望まない顧客が，拒絶する意思を強く表明することができずに強引に契約を締結させられてしまうといったようなケースが問題視されていました。このような弊害を防止するため，上記の義務が金融商品取引業者等およびその役職員に課せられています。

また，個人向けの店頭デリバティブ取引については，投資者保護上問題の少ない一定の取引を除き，その全般について不招請勧誘が禁止されています。さらに，再勧誘の禁止，勧誘受諾意思確認義務など，他の販売勧誘等の規制についても同様に対象範囲が拡大されています。

このほか，日本証券業協会が定める「協会員の投資勧誘，顧客管理等に関する規則」では，顧客に対して，店頭デリバティブ取引やこれに類する複雑な仕組債・投資信託，有価証券等のうち，一定の要件に該当するものを販売する場合には，勧誘開始基準に適合した顧客以外の個人顧客を勧誘の対象とすることが禁止されるほか，事前に注意喚起文書を交付することや，日本証券業協会が定める事項について確認書を徴求することが必要とされます。

同様に，全国銀行協会も，「デリバティブを内包する預金に関するガイドライン」を定めており，銀行が，デリバティブ取引を組み込んだ預金のうち，一定の要件に該当するもの（複雑性を有する仕組預金）を販売する場合には，次に掲げる態勢を整備することが必要とされます。

①　勧誘開始基準

個人顧客に対して複雑性を有する仕組預金の勧誘を行うにあたっては，勧誘開始基準を定めなければならず，当該基準に適合した顧客以外の顧客に対して，勧誘を行うことが禁止されます。

②　注意喚起文書の交付等

複雑性を有する仕組預金の預入に係る契約を締結しようとするときは，あらかじめ顧客に対して注意喚起文書を交付しなければなりません。ただし，契約締結前１年以内に，当該顧客に対して注意喚起文書を交付している場合を除きます。

③　顧客への説明と確認書の徴求

複雑性を有する仕組預金の預入に係る契約を締結しようとするときは，次に掲げる事項について，顧客に対して十分な説明を行うとともに，当該顧客から確認書を徴求しなければなりません。

イ　重要な事項の内容

・当該仕組預金は，申込後は預入前であっても原則満期日前解約ができないこと

・当該仕組預金を満期日前解約する場合，解約清算金が発生すること

・当該仕組預金を満期日前解約する場合の解約清算金（試算額）の内容

・実際に当該仕組預金を満期日前解約する場合には，試算した解約清算金を超える可能性があること

・解約清算金の支払いにより，解約時に受け取る金額（利息は含まない）が当初預け入れた元本金額を下回る（＝元本割れ）可能性

があること

・円以外の外貨で払戻される仕組預金の場合，満期時点の円貨換算額が，外国為替相場によっては当初の円貨ベース預入額を下回り，円貨ベースで元本割れする可能性があること

ロ　当該仕組預金により想定される損失額（満期日前解約した場合の解約清算金（試算額）を含む。）を踏まえ，当該顧客が許容できる損失額および当該顧客の経営または財務状況への影響に照らして，当該顧客が取引できる内容であること

ハ　顧客が融資取引を行っている法人の場合には，仕組預金の預入に応じなくとも，そのことを理由に今後の融資取引に何らかの影響を与えるものではないこと

⒁　内閣府令による指定

このほか，各種取引においてその特殊性に応じた禁止行為につき，業府令117条において禁止行為（注）が詳細に規定されています。

（注）具体的には，①書面交付時の説明義務（業府令117条１項１号），②虚偽等表示の禁止（同２号），③特別利益の提供の禁止（同３号），④偽計・暴行・脅迫の禁止（同４号），⑤債務履行拒否等の禁止（同５号），⑥顧客財産の不正取得の禁止（同６号），⑦不適切勧誘の禁止（同７号），⑧事前勧誘表示義務（同８号），⑨再勧誘の禁止（同９号），⑩フロントランニングの禁止（同10号），⑪事前同意取得義務（同11号），⑫役職員による不正取得の禁止（同12号），⑬インサイダー取引受託の禁止（同13号），⑭法人関係情報を提供して行う勧誘の禁止，⑮プレヒアリングに関する禁止行為，⑯法人関係情報に基づく取引の禁止，⑰大量推奨販売行為の禁止（同17号・18号）などの禁止行為が業府令で定められています。

⒂　損失補てん等の禁止

金融商品取引業者等は，次の行為を行うことが禁止されます（金商法39条１項）。

① 有価証券の売買その他の取引（買戻価格があらかじめ定められている買戻条件付売買その他の政令（金商法施行令16条の５）で定める取引を除く）またはデリバティブ取引（以下「有価証券売買取引等」という）につき，当該有価証券またはデリバティブ取引（以下「有価証券等」という）について顧客（信託会社等が，信託契約に基づいて信託をする者の計算において，有価証券の売買またはデリバティブ取引を行う場合にあっては，当該信託をする者を含む）に損失が生ずることとなり，またはあらかじめ定めた額の利益が生じないこととなった場合には自己または第三者がその全部または一部を補てんし，または補足するため当該顧客または第三者に財産上の利益を提供する旨を，当該顧客またはその指定した者に対し，申し込み，もしくは約束し，または第三者に申し込ませ，もしくは約束させる行為（事前の損失保証・利益保証の申込み・約束）

② 有価証券売買取引等につき，自己または第三者が当該有価証券等について生じた顧客の損失の全部もしくは一部を補てんし，またはこれらについて生じた顧客の利益に追加するため当該顧客または第三者に財産上の利益を提供する旨を，当該顧客またはその指定した者に対し，申し込み，もしくは約束し，または第三者に申し込ませ，もしくは約束させる行為（事後の損失補てん・利益提供の申込み・約束）

③ 有価証券売買取引等につき，当該有価証券等について生じた顧客の損失の全部もしくは一部を補てんし，またはこれらについて生じた顧客の利益に追加するため，当該顧客または第三者に対し，財産上の利益を提供し，または第三者に提供させる行為（損失補てん・利益提供行為）

このような損失補てんが禁止される理由は，投資はあくまで自己責任であり，損失が出たからといって金融商品取引業者等が損失を補てんすると安易な投資が行われてしまい，市場に歪みをもたらすためと考えられます。

ただし，損失の補てんが事故（金融商品取引業者等またはその役員もしくは使用人の違法または不当な行為であって，当該金融商品取引業者等とその顧客との間において争いの原因となるものとして内閣府令（業府令118条）で定めるものをいう）によって顧客に生じた損失を補てんする場合には，この禁止規定は適用されません（金商法39条３項）。ただし，上記②の申込みまたは約束および③の提供にあっては，その補てんに係る損失が事故に起因するものであることにつき，当該金融商品取引業者等があらかじめ内閣総理大臣の確認を受けている場合その他内閣府令（業府令119条）で定める場合に限られます。

一方，顧客の側も，次の行為を行うことが禁止されています（金商法39条２項）。

> ④　有価証券売買取引等につき，金融商品取引業者等または第三者との間で，前記①の約束をし，または第三者に当該約束をさせる行為（当該約束が自己がし，または第三者にさせた要求による場合に限る）
>
> ⑤　有価証券売買取引等につき，金融商品取引業者等または第三者との間で，前記②の約束をし，または第三者に当該約束をさせる行為（当該約束が自己がし，または第三者にさせた要求による場合に限る）
>
> ⑥　有価証券売買取引等につき，金融商品取引業者等または第三者から，前記③の提供に係る財産上の利益を受け，または第三者に当該財産上の利益を受けさせる行為（前記④および⑤の約束による場合であって当該約束が自己がし，または第三者にさせた要求によるときおよび当該財産上の利益の提供が自己がし，または第三者にさせた要求による場合に限る）

⒃　適合性の原則

金融商品取引業者等は，業務の運営状況が以下の状況に該当しないように業務を行わなければなりません（金商法40条）。これが，いわゆる「適合性の原則」と呼ばれるものです。

適合性の原則には「狭義の適合性の原則」と「広義の適合性の原則」とがあり，前者は，ある特定の利用者に対してはいかに説明を尽くしても一定の商品の販売・勧誘を行ってはならないというもの，後者は，業者が利用者の知識・経験・財産等に適合した状況で販売・勧誘を行わなければならないというものです。

> ①　金融商品取引行為について，顧客の知識，経験，財産の状況および金融商品取引契約を締結する目的に照らして不適当と認められる勧誘を行って投資者の保護に欠けることとなっており，または欠けることとなるおそれがあること
> ②　前記①のほか，業務に関して取得した顧客に関する情報の適正な取扱いを確保するための措置を講じていないと認められる状況，その他業務の運営の状況が公益に反し，または投資者の保護に支障を生ずるおそれがあるものとして内閣府令で定める状況にあること（注）

（注）あらかじめ顧客の注文の内容を確認することなく，頻繁に当該顧客の計算において有価証券の売買その他の取引またはデリバティブ取引等をしている状況などが指定されています（業府令123条）。

また，平成23（2011）年４月１日施行の日本証券業協会の「協会員の投資勧誘，顧客管理等に関する規則」の改正により，新たな有価証券等（有価証券，有価証券関連デリバティブ取引等および特定店頭デリバティブ取引等をいう）の販売を行うに当たっては，当該有価証券等の特性やリスクを十分に把握し，当該有価証券等に適合する顧客が想定できないものは，販売してはならないこととなっています。

⒄　最良執行義務

金商法において，金融商品取引業者等には，有価証券の売買およびデリ

バティブ取引（注）に関する顧客の注文について，以下の義務が課されています（金商法40条の２）。

（注）なお，金商法施行令16条の６により，上場株券，店頭売買有価証券および取扱有価証券以外の有価証券の売買，デリバティブ取引は，適用除外となっています。

①　最良執行方針等（顧客の注文を最良の取引条件で執行するための方針および方法）の策定 ②　最良執行方針等の公表 ③　最良執行方針に従った注文の執行 ④　最良執行方針等の交付（上場株券等および店頭売買有価証券の売買について注文を受ける場合）（注）（ただし，すでに当該書面を交付している場合には交付不要） ⑤　顧客からの請求があった場合に，注文が最良執行方針等に従って執行されたことを説明した書面の交付

⒅　特定投資家向け有価証券売買等の制限

プロ向けの有価証券（特定投資家向け有価証券）につき，情報の非対称性が大きく，情報収集・分析能力やリスク管理能力が十分でない一般投資家（注1）相手に取引を行うことは，投資家保護の観点から問題があります。特定投資家向け有価証券について，法定開示を行わずに売付け勧誘を行うことは原則として禁止されていますが（金商法４条３項），金融商品取引業者が，売付け勧誘等以外の方法により，一般投資家を相手方として売買を行ったり，一般投資家のための媒介等を行ったりする場合も想定され，このような場合についても投資家保護の趣旨から規制を及ぼす必要があります。そこで，特定投資家向け有価証券については，一般投資家を相手として以下に掲げる金融商品取引行為を行うことが禁止されています（金商法40条の４）。

> ①　有価証券の売買（PTS 業務を含む），市場デリバティブ取引または外国市場デリバティブ取引（金商法２条８項１号・10号）
> ②　有価証券の売買，市場デリバティブ取引または外国市場デリバティブ取引の媒介，取次ぎまたは代理（PTS 業務を含む。金商法２条８項２号・10号）
> ③　取引所金融商品市場における有価証券の売買もしくは市場デリバティブ取引または外国金融商品市場における有価証券の売買もしくは外国市場デリバティブ取引の委託の媒介，取次ぎまたは代理（金商法２条８項３号）
> ④　店頭デリバティブ取引またはその媒介，取次ぎまたは代理（金商法２条８項４号）

もっとも，当該特定投資家向け有価証券に関して開示が行われた場合，一般投資家に対する勧誘に基づかないで一般投資家のための売付けの媒介を行う場合，その他投資者の保護に欠けるおそれが少ないものとして内閣府令で定める場合（注2）は，本規制の対象外となります（金商法40条の４ただし書）。

（注1）特定投資家等，当該特定投資家向け有価証券の発行者その他業府令125条の２で定める者以外の者をいいます。
（注2）一般投資家に対する勧誘に基づかないで行う，一般投資家を相手方とする買付け，一般投資家のために行う売付けの取次ぎまたは代理（一般投資家を相手方として行う場合を除く）等の場合が定められています（業府令125条の３）。

⑽　特定投資家向け有価証券に関する告知義務

金融商品取引業者等は，開示が行われている場合に該当しない特定投資家向け有価証券について，取得勧誘または売付け勧誘等を行うことなく売付けその他の政令で定める行為（注1）を行う場合には，当該相手方に対して，当該特定投資家向け有価証券に関して開示が行われている場合に該当しないことその他内閣府令で定める事項（注2）を告知する必要があります（金商法40条の5第1項）。

また，金融商品取引業者等は，特定投資家等（適格機関投資家，国および日本銀行を除く）を相手方として初めて特定投資家向け有価証券に係る売買等（上記⒅に掲げる行為）を行うことを内容とする契約（注3）の申込みを初めて受けた場合には，当該契約を締結するまでに，当該特定投資家等に対して次に掲げる事項を告知し，かつ，当該事項を記載した書面を交付する必要があります（金商法40条の5第2項）。

①　特定投資家向け有価証券に関する情報提供の内容および取引の特質その他の特定投資家向け有価証券に関し投資者が認識すべき重要な事項として内閣府令で定めるもの（注4）

②　特定投資家向け有価証券の取引を行うことが，その知識，経験および財産の状況に照らして適当ではない者が特定投資家向け有価証券の取引を行う場合には，当該者の保護に欠けることとなるおそれがある旨

（注1）取引所金融商品市場，店頭売買有価証券市場または外国金融商品取引市場以外においてする売付けを行う場合等が該当します（金商法施行令16条の7の2，業府令125条の4）。

（注2）当該特定投資家向け有価証券が特定投資家向け有価証券であること等を告知する必要があります（業府令125条の5第2項）。

（注3）特定投資家向け有価証券の売買（当該行為を行う金融商品取引業者による媒介，取次ぎまたは代理によるものに限る）を行うことを内容とする契約その他の契約の内容または相手方の特性を勘案して内閣府令（業府令125条の6第1項）で定めるものは除かれています。

（注4）特定投資家向け有価証券の発行者は，法に別段の定めがある場合を除き，有価証券報告書等の提出義務を負わないこと等を告知する必要があります（業府令125条の6第2項）。

各金融商品取引業の行為規制の特則

⑴　概　要

前記❶で述べた行為規制は，金融商品取引業者一般に課される行為規制ですが，これに加えて，特定の種類の金融商品取引業者については，その取り扱う金融商品取引業の種類により，特別な行為規制が課せられます。以下，各行為規制の特則について説明します。

⑵　投資助言・代理業務，投資運用業に関する特則

金融商品取引業者等は，その行う投資助言・代理行為または投資運用業に関して，次の行為が禁止されています（金商法38条の2）。

①　投資顧問契約，投資一任契約もしくは登録投資法人と締結する資産運用契約の締結または解約に関し，偽計を用い，または暴行もしくは脅迫する行為 ②　顧客を勧誘するに際し，顧客に対して，損失の全部または一部の補てんを約束する行為

⑶　投資助言業務に関する特則

①　忠実義務・善管注意義務

金融商品取引業者等には，次のような規制が課せられています（金商法41条）。

①　顧客のために忠実に投資助言業務を行うこと ②　顧客に対し，善良な管理者の注意義務をもって投資助言業務を行うこと

②　利益相反行為・損失補てん等の禁止

金融商品取引業者等は，その行う投資助言業務に関して以下の行為を行

うことが禁止されています（金商法41条の2）。

① 顧客相互間において，他の顧客の利益を図るために特定の顧客の利益を害することとなる取引を行うことを内容とした助言を行うこと
② 特定の金融商品，金融指標またはオプションに関し，顧客の取引に基づく価格，指標，数値または対価の額の変動を利用して自己または当該顧客以外の第三者の利益を図る目的をもって，正当な根拠を有しない助言を行うこと
③ 通常の取引の条件と異なる条件で，かつ，当該条件での取引が顧客の利益を害することとなる条件での取引を行うことを内容とした助言を行うこと（①に掲げる行為に該当するものを除く）
④ 助言を受けた顧客が行う取引に関する情報を利用して，自己の計算において有価証券の売買その他の取引またはデリバティブ取引を行うこと
⑤ その助言を受けた取引により生じた顧客の損失の全部または一部を補てんし，またはその助言を受けた取引により生じた顧客の利益に追加するために，当該顧客または第三者に対し，財産上の利益を提供し，または第三者に提供させること（事故による損失の全部または一部を補てんする場合を除く）
⑥ その他内閣府令で定める行為（注）

（注）自己または第三者の利益を図るために，顧客の利益を害することとなる取引を行うことを内容とした助言を行うこと等が規定されています（業府令126条）。

③ 顧客を相手方とする有価証券の売買等の禁止

投資助言業務を営む金融商品取引業者等は，第一種金融商品取引業として行う場合その他政令で定める場合（金商法施行令16条の8）を除き，顧客を相手方として有価証券の売買等（金商法2条8項1号～4号までに掲げる行為）を行うことが禁止されています（金商法41条の3）。

④　金銭・有価証券の預託受入れ等の禁止

投資助言業務を営む金融商品取引業者等は，いかなる名目によるかを問わず，原則として顧客から金銭または有価証券の預託を受けることは禁止されています（金商法41条の４）。また，金融商品取引業者等と密接な関係を有するものとして政令で指定する者（当該金融商品取引業者の親族など（金商法施行令16条の10））に，顧客の金銭または有価証券の預託を受けさせることも禁止されています。

ただし，有価証券等管理業務として行う場合等（金商法施行令16条の９）は，例外的に顧客からの金銭･有価証券の預託受入れが認められています。

⑤　顧客に対する金銭または有価証券の貸付け等の禁止

投資助言業務を営む金融商品取引業者等は，顧客に対して金銭または有価証券を貸し付け，または顧客への第三者による金銭もしくは有価証券の貸付けにつき媒介，取次ぎもしくは代理をすること等が禁止されています（金商法41条の５）。

ただし，信用取引に付随して顧客に対して金銭または有価証券を貸し付ける場合等（金商法施行令16条の11）は，例外として認められています。

⑷　投資運用業に関する特則

①　忠実義務・善管注意義務

金融商品取引業者等に対しては，次のような規制が課されています（金商法42条）。

①　権利者（投資一任契約の相手方，投資信託の受益権者，集団投資スキームの持分権者など）のため忠実に投資運用業を行うこと ②　権利者に対し，善良な管理者の注意をもって投資運用業を行うこと

②　利益相反行為・損失補てん等の禁止

金融商品取引業者等は，その行う投資運用業に関して，以下の行為を行うことが禁止されています（金商法42条の２）。

① 自己またはその取締役もしくは執行役との間における取引を行うことを内容とした運用を行うこと
② 運用財産相互間において取引を行うことを内容とした運用を行うこと
③ 特定の金融商品，金融指標またはオプションに関し，取引に基づく価格，指標，数値または対価の額の変動を利用して自己または権利者以外の第三者の利益を図る目的をもって，正当な根拠を有しない取引を行うことを内容とした運用を行うこと
④ 通常の取引の条件と異なる条件で，かつ，当該条件での取引が権利者の利益を害することとなる条件での取引を行うことを内容とした運用を行うこと
⑤ 運用として行う取引に関する情報を利用して，自己の計算において有価証券の売買その他の取引等を行うこと
⑥ 運用財産の運用として行った取引により生じた権利者の損失の全部もしくは一部を補てんし，または運用財産の運用として行った取引により生じた権利者の利益に追加するために，当該権利者または第三者に対し，財産上の利益を提供し，または第三者に提供させること（事故による損失の全部または一部を補てんする場合を除く）。
⑦ その他内閣府令で定める行為（他人から不当な取引の制限その他の拘束を受けて運用財産の運用を行うことなど（業府令130条））

③　運用権限の全部の委託の禁止

投資運用業を営む金融商品取引業者等は，投資一任契約等その他の法律行為において内閣府令で定める事項の定めがある場合に限り，権利者のために運用を行う権限の全部または一部を他の金融商品取引業者等その他政令で定める者（他の金融商品取引業者等（投資運用業を行う者に限る）など（金商法施行令16条の12））に委託することができます。

ただし，すべての運用財産につき，その運用に係る権限の全部を委託す

ることはできません（金商法42条の３）。

④　分別管理

投資運用業（金商法２条８項15号に掲げる行為を行う業務に限られる）を営む金融商品取引業者等は，運用財産と自己の固有財産および他の運用財産とを分別して管理する義務を負っています（金商法42条の４）。分別管理の方法については，業府令132条に規定されています。

⑤　金銭・有価証券の預託受入れ等の禁止

投資運用業を営む金融商品取引業者等は，有価証券等管理業務として行う場合等を除くほか，その行う投資運用業（金商法２条８項12号に掲げる行為を行う場合に限る）がいかなる名目によるかを問わず，原則として顧客から金銭または有価証券の預託を受けることは許されません（金商法42条の５）。また，金融商品取引業者と密接な関係を有する者として政令で指定する者（当該金融商品取引業者の親族など（金商法施行令16条の10））に，顧客の金銭または有価証券の預託を受けさせることも禁止されています。

ただし，当該金融商品取引業者等がその行う投資運用業に関し，顧客のために有価証券管理業務を営む場合，顧客のために有価証券の売買等を行う場合において，その取引の決済のために必要な場合等には，例外的に顧客からの金銭・有価証券の預託受入れが認められています。

⑥　顧客に対する金銭または有価証券の貸付け等の禁止

投資運用業を営む金融商品取引業者等は，その行う投資運用業（金商法２条８項12号に掲げる行為を行う場合に限る）に関して，顧客に対して金銭または有価証券の貸付け，または顧客への第三者による金銭もしくは有価証券の貸付けにつき，媒介，取次ぎもしくは代理をすること等が禁止されています（金商法42条の６）。

ただし，信用取引に付随して顧客に対して金銭または有価証券を貸し付ける場合等（金商法施行令16条の13）は，例外として認められています。

⑦　運用報告書の交付

投資運用業を営む金融商品取引業者等は，その運用財産について，定期に運用報告書を作成し，当該運用財産に係る権利者で当該金融商品取引業者等が知っている者に交付しなければなりません（金商法42条の7）（記載事項については業府令134条）。

ただし，内閣府令で定める一定の場合には，かかる交付義務が免除されています（業府令134条5項）。顧客の承諾があれば電子媒体で提供することも認められています（金商法42条の7第2項，34条の2第4項）。

（注）AIJ問題を踏まえた規制の強化

2012（平成24）年2月に表面化した，AIJ投資顧問に運用委託した企業年金資産の大半が消失した問題を契機に，2012（平成24）年に資産運用にかかる規制の見直しが行われました。

具体的には，以下のとおりです。

ア　投資一任業者が年金基金等からの受託資産（管理は国内信託銀行）にファンドを組み込む場合，そのファンドに関し，投資一任業者は国内信託銀行によってファンドの「基準価額」「監査報告書」が直接入手できるようにする措置等の義務付け（業府令123条1項29号）。

また，国内信託銀行によるファンドの「基準価額」等の突き合せ，および，その結果を顧客へ通知する体制整備が義務付けられました（金融機関の信託業務の兼営等に関する法律施行規則（以下「兼営法施行規則」）22条9項，信託業法施行規則40条9項）。

イ　顧客（年金基金等）が問題を発見しやすくなるよう，投資一任業者等が顧客（年金基金等）に交付する契約締結前交付書面や運用報告書等の記載事項が拡充されました（運用資産に組み入れるファンドのスキーム構成や，基準価額の算出方法等が追加）（業府令96条，107条，134条，兼営法施行規則19条，31条の22，保険業法施行規則234条の24，234条の25，信託業法施行規則30条の23，37条）。

また，年金基金等の運用受託機関（投資一任業者等）に対し，顧客（年金基金等）に分散投資義務違反が発生するおそれを把握した場合の顧客自身へ通知等が義務付け（業府令117条1項34号，123条1項28号，130条1項12号～14号，兼営法施行規則22条10項，23条2項，信託業法施行規則40条10項，41条2項）。

ウ　投資運用業者の実態把握を強化するため，投資運用業者が当局に提出する事業報告書の記載事項に，組入れファンドのスキーム構成等が追加されました（業府令別紙様式12号）。

(5)　有価証券等管理業務に関する特則

①　善管注意義務

金融商品取引業者等は，顧客に対して善良な管理者の注意をもって有価証券等管理業務を行わなければなりません（金商法43条）。

②　分別管理

有価証券等管理業務を営む金融商品取引業者等は，顧客から預託された資産と自己の固有財産を，確実にかつ整然と管理する方法により分別して管理しなければなりません（金商法43条の２および業府令136条以下）。分別管理の方法は，顧客から預託された資産（有価証券，金銭）に応じて，金商法43条の２に詳しく定められています。

金融商品取引業者は，これらの顧客資産の分別管理状況について，定期的に公認会計士・監査法人の監査を受けることが義務付けられています（金商法43条の２第３項）。また，金融商品取引業者等は，その行う有価証券関連デリバティブ取引以外のデリバティブ取引に関して，取引証拠金として預託を受けた金銭，または有価証券その他の保証金等については，自己の固有財産を区分して管理しなければなりません（金商法43条の３）。具体的な管理方法については，業府令143条以下に規定されています。

③　顧客の有価証券を担保に供する行為等の制限

金融商品取引業者等は，次の有価証券を担保に供する場合や他人に貸し付ける場合には，顧客から書面による同意を得る必要があります（金商法43条の４）。この書面は，顧客の承諾があれば電子媒体で受領することも認められています（金商法43条の４第３項，34条の２第12項）。

イ　顧客の計算において自己が占有する有価証券

ロ　顧客から預託を受けた有価証券

(6)　弊害防止措置

①　概　要

金融商品取引業者が２種類以上の業務を行う場合や，他の会社と親会社—子会社の関係にある場合，その業務間において利益相反関係が生じたり，関係を利用した不公正な取引が行われたりするおそれがあります。そこで金商法は，こうした弊害を防止するための措置について規定しています。

②　２以上の種別の業務を行う場合の禁止行為

金融商品取引業者等およびその役職員は，複数の種別の金融商品取引業を行う場合には，次の行為をすることは禁止されています（金商法44条，業府令147条）。

① 投資助言業務にかかる助言を受けた顧客が行う有価証券の売買その他の取引等に関する情報または投資運用業に係る運用として行う有価証券の売買その他の取引等に関する情報を利用して，有価証券の売買その他の取引等の委託等（媒介，取次ぎまたは代理の申込みをいう。以下同じ）を勧誘する行為

② 投資助言業務および投資運用業以外の業務による利益を図るため，その行う投資助言業務に関して取引の方針，取引の額もしくは市場の状況に照らして不必要な取引を行うことを内容とした助言を行い，またはその行う投資運用業に関して運用の方針，運用財産の額もしくは市場の状況に照らして不必要な取引を行うことを内容とした運用を行うこと

③ 投資助言業務に係る助言に基づいて顧客が行った有価証券の売買その他の取引等または投資運用業に関して運用財産の運用として行った有価証券の売買その他の取引等を結了させ，または反対売買を行わせるため，その旨を説明することなく当該顧客以外の顧客または当該運用財産の権利者以外の顧客に対して有価証券の売買その他の取引等を勧誘する行為

④　投資助言業務または投資運用業に関して，非公開情報（注）（有価証券の発行者または投資助言業務および投資運用業以外の業務に係る顧客に関するものに限る）に基づいて，顧客の利益を図ることを目的とした助言を行い，または権利者の利益を図ることを目的とした運用を行うこと（当該非公開情報に係る有価証券の発行者または顧客（以下「発行者等」という）の同意を得て行うものを除く）

⑤　有価証券の引受けに係る主幹事会社（元引受契約の締結に際し，当該元引受契約に係る有価証券の発行者と当該元引受契約の内容を確定させるための協議を行う者（以下⑤において「引受幹事会社」という）であって，当該有価証券の発行価格の総額のうち，その引受けに係る部分の金額（以下⑤において「引受額」という）が他の引受幹事会社の引受額より少なくないものまたはその受領する手数料，報酬その他の対価が他の引受幹事会社が受領するものより少なくないものをいう）である場合において，当該有価証券の募集もしくは売出しまたは特定投資家向け取得勧誘もしくは特定投資家向け売付け勧誘等の条件に影響を及ぼすために，その行う投資助言業務に関して実勢を反映しない作為的な相場を形成することを目的とした助言を行い，またはその行う投資運用業に関して実勢を反映しない作為的な相場を形成することを目的とした運用を行うこと

⑥　有価証券の引受け等を行っている場合において，当該有価証券の取得または買付けの申込みの額が当該金融商品取引業者等が予定していた額に達しないと見込まれる状況のもとで，その行う投資助言業務に関して当該有価証券を取得し，もしくは買い付けることを内容とした助言を行い，またはその行う投資運用業に関して当該有価証券を取得し，もしくは買い付けることを内容とした運用を行うこと

（注）発行者である会社の運営，業務もしくは財産に関する公表されていない重要な情報であって顧客の投資判断（金商法２条８項11号ロに規定する投資判断をいう）に影響を及ぼすと認められるものまたは自己もしくはそ

の親法人等もしくは子法人等の役員（役員が法人であるときは，その職務を行うべき社員を含む）もしくは使用人が職務上知り得た顧客の有価証券の売買その他の取引等に係る注文の動向その他の特別の情報をいいます（業府令1条4項12号）。

③　金融商品取引業および付随業務以外の業務を行う場合の禁止行為

金融商品取引業者とその役職員は，金融商品取引業および付随業務以外の業務（「金融商品取引業者その他業務」という）を行う場合には，金融商品取引業・付随業務の顧客の利益と金融商品取引業者その他業務の顧客の利益との相反を防止するために，次の行為が禁止されています（金商法44条の2第1項，業府令149条）。

①　信用取引（金商法156条の24第1項）以外の方法による金銭の貸付けその他信用の供与をすることを条件として有価証券の売買の受託等をする行為（内閣府令で定める場合（信用供与額が10万円以下など（業府令148条））を除く）

②　金融商品取引業者その他業務による利益を図るために，その行う投資助言業務に関して取引の方針，取引の額もしくは市場の状況に照らして不必要な取引を行うことを内容とした助言を行い，またはその行う投資運用業に関して運用の方針，運用財産の額もしくは市場の状況に照らして不必要な取引を行うことを内容とした運用を行うこと

③　資金の貸付けもしくは手形の割引を内容とする契約の締結の代理もしくは媒介または信用の供与（金商法156条の24第1項に規定する信用取引に附随して行う金銭または有価証券の貸付けを除く）を行うことを条件として，金融商品取引契約の締結またはその勧誘を行う行為（業府令117条1項3号に掲げる行為によってするものおよび業府令148条各号に掲げる要件のすべてを満たすものを除く）

④　金融商品取引業に従事する役員または使用人が，有価証券の発行者である顧客の非公開融資等情報㈱を金融機関代理業務（業

府令68条13号に規定する金融機関代理業務のうち，事業のための資金の貸付けまたは手形の割引を内容とする契約の締結の代理または媒介に係る業務をいう）に従事する役員もしくは使用人から受領し，または金融機関代理業務に従事する役員もしくは使用人に提供する行為（非公開融資情報の提供につき，事前に顧客の書面による同意を得て提供する場合等を除く（業府令149条２号））

（注）融資業務（事業のための融資に係る業務をいう）もしくは金融機関代理業務（業府令68条13号に規定する金融機関代理業のうち，事業のための資金の貸付けまたは手形の割引を内容とする契約の締結の代理または媒介に係る業務をいう）に従事する役員もしくは使用人が職務上知り得たその顧客の行う事業に係る公表されていない情報その他の特別な情報であって金融商品取引業もしくは金融商品仲介業務（金融商品仲介行為を行う業務をいう）に従事する役員もしくは使用人が勧誘する有価証券（登録金融機関が取り扱うことができる有価証券および外国の国債証券ならびに地方債証券を除く）に係る顧客の投資判断に影響を及ぼすと認められるものまたは金融商品取引業もしくは金融商品仲介業務に従事する役員もしくは使用人が職務上知り得たその顧客の有価証券の売買その他の取引等に係る注文の動向その他の特別の情報であって，当該有価証券の発行者に係る融資業務もしくは金融機関代理業務に重要な影響を及ぼすと認められるものをいいます（業府令１条４項13号）。

④　親法人等（金商法31条の４第３項）・子法人等（金商法31条の４第４項）が関与する行為の制限

金融商品取引業者が子会社を通じて銀行業に参入することや，金融機関が子会社を通じて金融商品取引業に参入することは，預金者保護の不十分性，親子会社間の利益相反性，金融商品取引業における競争の不公正性の観点から問題があります。そこで，かかる弊害を防止するために，金融商品取引業者とその役職員は，内閣総理大臣の承認を受けたときを除き，次の行為が禁止されます（金商法44条の３第１項，業府令153条１項）。

① 通常の取引の条件と異なる条件であって取引の公正を害するおそれのある条件で，当該金融商品取引業者の親法人等または子法人等と有価証券の売買その他の取引または店頭デリバティブ取引を行うこと

② 当該金融商品取引業者との間で金商法2条8項各号に掲げる行為に関する契約を締結することを条件としてその親法人等または子法人等がその顧客に対して信用を供与していることを知りながら，当該顧客との間で当該契約を締結すること

③ 当該金融商品取引業者の親法人等または子法人等の利益を図るために，その行う投資助言業務に関して取引の方針，取引の額もしくは市場の状況に照らして不必要な取引を行うことを内容とした助言を行い，またはその行う投資運用業に関して運用の方針，運用財産の額もしくは市場の状況に照らして不必要な取引を行うことを内容とした運用を行うこと

④ 通常の取引の条件と著しく異なる条件で，当該金融商品取引業者の親法人等または子法人等と資産の売買その他の取引を行うこと

⑤ 当該金融商品取引業者との間で金融商品取引契約を締結することを条件としてその親法人等または子法人等がその顧客に対して通常の取引の条件よりも有利な条件で資産の売買その他の取引を行っていることを知りながら，当該顧客との間で当該金融商品取引契約を締結すること

⑥ 当該金融商品取引業者の親法人等または子法人等に対して，借入金にかかる債務を有する者が発行する有価証券（業府令117条1項31号に規定する有価証券をいう。以下⑥において同じ）の引受人となる場合であって，当該有価証券にかかる手取金が当該債務の弁済に充てられることを知っているときにおける次に掲げる行為

イ　その旨を顧客に説明することなく，当該有価証券を売却すること

ロ　その旨を金融商品仲介業務の委託を行う登録金融機関または金融商品仲介業者に説明することなく当該登録金融機関または金融商品仲介業者に次に掲げる行為を行わせること（当該金融商品取引業者が当該有価証券を買い戻すことを約している場合を除く）。

(i)　当該有価証券の売買の媒介（当該金融商品取引業者が引受人となった日から６か月を経過する日までの間に当該有価証券を売却するものに係るものに限る）

(ii)　当該有価証券の募集もしくは売出しの取扱いもしくは私募の取扱いまたは特定投資家向け売付け勧誘等の取扱い

⑦　当該金融商品取引業者の親法人等または子法人等が発行する有価証券（業府令153条１項４号に規定するものを除く）の引受けに係る主幹事会社となること

⑧　有価証券の引受人となった日から６か月を経過する日までの間において，当該金融商品取引業者の親法人等または子法人等が，その顧客に当該有価証券の買入代金につき貸付けその他信用の供与をしていることを知りながら，当該金融商品取引業者が当該顧客に当該有価証券を売却すること

⑨　有価証券（国債証券，地方債証券ならびに政府が元本の償還および利息の支払について保証している社債券その他債券を除く）の引受人となった日から６か月を経過する日までの間において，当該金融商品取引業者の親法人等または子法人等に当該有価証券を売却すること（次に掲げる場合において行うものを除く）

イ　当該金融商品取引業者の親法人等または子法人等である信託会社または信託業務を営む金融機関に運用方法が特定された金銭の信託（当該金銭の信託の委託者が当該金融商品取引業者の親法人等または子法人等に該当する場合を除く）に係る信託財産をもって当該有価証券を取得させる場合

ロ　当該金融商品取引業者の親法人等または子法人等が金融商品

取引業または登録金融機関業務の顧客（当該顧客が当該親法人等または子法人等に該当する場合を除く）から当該有価証券の売買に関する注文を受け，当該親法人等または子法人等がその相手方となって当該売買を成立させるために当該有価証券を取得させる場合

ハ　当該有価証券の募集もしくは売出しまたは特定投資家向け売付け勧誘等に際し，金融商品取引所または認可金融商品取引業協会の規則で定めるところにより，有価証券の募集もしくは売出しまたは特定投資家向け売付け勧誘等に際して行う当該有価証券に対する投資者の需要の状況に関する調査を行った場合において，当該調査により当該有価証券に対する投資者の十分な需要が適正に把握され，合理的かつ公正な発行条件が決定されている場合

⑩　有価証券関連業を行う金融商品取引業者（第一種金融商品取引業を行う者に限る）が発行者等に関する非公開情報を当該金融商品取引業者の親法人等もしくは子法人等から受領し，または当該親法人等もしくは子法人等に提供すること

ただし，例外として，以下の場合に非公開情報の授受が許容される。

イ　発行者の事前の書面による同意がある場合（いわゆる「オプトイン制度」）

ロ　親法人等・子法人等に金融商品仲介業務を委託する場合

ハ　親銀行等・子銀行等に金融商品仲介業務を委託する場合

ニ　親銀行等・子銀行等を所属銀行とする金融機関代理業を受託する場合

ホ　親銀行等・子銀行等に顧客への信用供与額を提供する場合

ヘ　内部統制報告書等を作成するために必要な場合

ト　電子情報処理組織の保守・管理を行うために必要な場合

チ　法令等に基づく場合

リ　内部管理に関する業務（法令遵守管理，内部監査等の業府令153条３項で規定される業務をいう）を行うために必要な情報を特定関係者（親会社である持株会社，その他の一定の親法人等・子法人等，親銀行等・子銀行等，これらの親会社である持株会社等の者をいう）に提供する場合

⑪　有価証券関連業を行う金融商品取引業者（第一種金融商品取引業を行う者に限る）の親法人等または子法人等から取得した顧客に関する非公開情報（当該親法人等または子法人等が当該顧客の書面による同意を得ずに提供したものに限る）を利用して金融商品取引契約の締結を勧誘すること

⑫　有価証券関連業を行う金融商品取引業者（第一種金融商品取引業を行う者に限る）が，その親法人等または子法人等から取得した発行者等に関する非公開情報（上記⑩トまたはリの場合に取得したものに限る）を電子情報処理組織の保守および管理ならびに内部管理に関する業務を行うため以外の目的で利用すること

⑬　有価証券関連業を行う金融商品取引業者（第一種金融商品取引業を行う者に限る）が，その親銀行等または子銀行等の取引上の優越的な地位を不当に利用して金融商品取引契約の締結または勧誘を行うこと

⑭　金融商品取引業者が，その親銀行等または子銀行等と共に顧客を訪問する際に，当該金融商品取引業者がその親銀行等または子銀行等と別の法人であることの開示をせず，同一の法人であると顧客を誤認させるような行為を行うこと

⑮　当該金融商品取引業者の親法人等または子法人等が有価証券の引受けに係る主幹事会社である場合において，当該有価証券の募集もしくは売出しまたは特定投資家向け売付け勧誘等の条件に影響を及ぼすために，その行う投資助言業務に関して実勢を反映しない作為的な相場を形成することを目的とした助言を行い，またはその行う投資運用業に関して実勢を反映しない作為的な相場を

形成することを目的とした取引を行うことを内容とした運用を行うこと

⑯　当該金融商品取引業者の親法人等または子法人等が有価証券の引受け等を行っている場合において，当該親法人等または子法人等に対する当該有価証券の取得または買付けの申込みの額が当該親法人等または子法人等が予定していた額に達しないと見込まれる状況の下で，当該親法人等または子法人等の要請を受けて，その行う投資助言業務に関して当該有価証券を取得し，もしくは買い付けることを内容とした助言を行い，またはその行う投資運用業に関して当該有価証券を取得し，もしくは買い付けることを内容とした運用を行うこと

⑰　当該金融商品取引業者の親法人等または子法人等が発行する有価証券に係る電子申込型電子募集取扱業務等を行うこと

⑱　何らの名義によってするかを問わず，金商法44条の３第１項の規定による禁止を免れること

なお，上記のうち⑩の非公開情報の授受の禁止および⑪の非公開情報を利用した金融商品取引契約締結の勧誘の禁止については，当該発行者等が法人の場合であって，当該発行者等に対して非公開情報の親法人等・子法人等・金融商品取引業者への提供の停止を求める機会を適切に提供している場合には，当該発行者等が非公開情報提供の停止を求めるまでは，書面による同意がなされたものとみなすことができます（いわゆる「オプトアウト制度」）（業府令153条２項）。

⑤　有価証券の引受人となった場合の信用供与の禁止

有価証券の引受人となった金融商品取引業者は，当該有価証券を売却する場合において，引受人となった日から６か月を経過する日までは，その買主に対し買入代金につき貸付けその他信用の供与をすることは禁止されています（金商法44条の４）。

⑺　店頭デリバティブ取引に関する特則

①　一定の店頭デリバティブ取引を行う場合の電子取引システムの使用義務付け（金商法40条の７第１項）

店頭デリバティブ取引の方法を標準化し，内容を明らかにすることでその公正性を確保するために，店頭デリバティブ取引を業として行う金融商品取引業者および登録金融機関が一定の店頭デリバティブ取引を行うにあたり，当該金融商品取引業者等または他の金融商品取引業者等が提供する電子取引システムの使用を義務付けることとされています。

②　電子取引システム提供者に対する当該電子取引システムで行われた取引にかかる情報の公開義務付け（金商法40条の７第２項）

店頭デリバティブ取引の内容を容易かつ広範に把握するために，電子取引システムを提供する金融商品取引業者等に対し，当該システムを通じて行われた店頭デリバティブ取引（電子取引システムを通じた取引が義務付けられる取引に限る）について，価格や数量といった取引情報を公表することを義務付けることとされています。

③　海外からわが国金融商品取引業者等に直接電子取引システムを提供する者向けの許可制度整備（金商法60条の14）

店頭デリバティブ取引はクロスボーダーで行われる場合も多く，国内の金融商品取引業者等が主に外国で提供されている電子取引システムを使用することも容易に想定されます。このような場合に対応するため，外国の法令に準拠し，外国において店頭デリバティブ取引等を業として行うものであって，わが国で金融商品取引業者の登録や銀行等金融機関の免許等を受けていない者が，わが国の金融商品取引業者等に電子取引システムを提供する場合の許可制度を設けることとされています。

登録金融機関に対する行為規制

(1)　登録金融機関業務に対する行為規制

金商法においては，金融商品取引業者と同様に，登録金融機関における行為規制も定められており，❷で前述した行為規制は，登録金融機関にも適用されます。また，登録金融機関ならびにその役員および従業員は，登録金融機関業務以外の業務（「登録金融機関その他業務」という）を行う場合には，登録金融機関業務の顧客の利益と金融商品取引業者その他業務の顧客の利益との相反を防止するために，次の行為をしてはなりません（金商法44条の２第２項，業府令150条）。

① 金銭の貸付けその他信用の供与をすることを条件として有価証券の売買の受託等をする行為（投資者の保護に欠けるおそれが少ないと認められるものとして内閣府令で定めるものを除く）
② 登録金融機関その他業務による利益を図るために，その行う投資助言業務に関して取引の方針，取引の額もしくは市場の状況に照らして不必要な取引を行うことを内容とした助言を行い，またはその行う投資運用業に関して運用の方針，運用財産の額もしくは市場の状況に照らして不必要な取引を行うことを内容とした運用を行うこと
③ 資金の貸付けもしくは手形の割引を内容とする契約の締結の代理もしくは媒介または信用の供与の条件として，金融商品取引契約の締結またはその勧誘を行う行為（業府令117条１項３号に掲げる行為によってするもの等を除く（業府令150条１号））
④ 資金の貸付けもしくは手形の割引を内容とする契約の締結の代理もしくは媒介または信用の供与を行うことを条件として，金融商品取引契約の締結またはその勧誘を行う行為

⑤　③，④に掲げるもののほか，自己の優越的な地位を不当に利用して金融商品取引契約の締結またはその勧誘を行う行為
⑥　一定の場合（注1）において，その旨を顧客に説明することなく行う有価証券の売買の媒介（注2）または有価証券の募集もしくは売出しの取扱いもしくは私募の取扱いもしくは特定投資家向け売付け勧誘等の取扱い
⑦　金融商品仲介業務に従事する役員（注3）または使用人が，有価証券の発行者である顧客の非公開融資等情報を融資業務もしくは金融機関代理業務に従事する役員もしくは使用人から受領し，または融資業務もしくは金融機関代理業務に従事する役員もしくは使用人に提供する行為（非公開融資等情報の提供につき，事前に顧客の書面による同意を得て提供する場合等を除く（業府令150条５号））

（注1）自己に対して借入金に係る債務を有する者が当該有価証券を発行する場合であって，当該有価証券に係る手取金が当該債務の弁済に充てられることを知っているとき等が該当します（業府令150条４号）。
（注2）当該有価証券の引受けを行った委託金融商品取引業者が引受人となった日から６か月を経過する日までの間に当該有価証券を売却するものに係るものに限ります（業府令150条４号）。
（注3）役員が法人であるときは，その職務を行うべき社員を含みます（業府令150条５号）。

(2)　親法人等・子法人等が関与する行為の制限

前記❸(6)④の趣旨は，登録金融機関の場合にもあてはまります。そこで，かかる弊害を防止するために，登録金融機関と役職員は，内閣総理大臣の承認を受けた場合を除き，次の行為をすることは禁止されています（金商法44条の３第２項，業府令154条）。

①　通常の取引の条件と異なる条件であって取引の公正を害するおそれのある条件で，当該登録金融機関の親法人等または子法人等と有価証券の売買その他の取引または店頭デリバティブ取引を行

うこと

② その親法人等または子法人等との間で金商法2条8項各号に掲げる行為に関する契約を締結することを条件として当該登録金融機関がその顧客に対して信用を供与しながら，当該顧客との間で金商法33条2項4号ロに掲げる行為をすること

③ 当該登録金融機関の親法人等または子法人等の利益を図るため，その行う投資助言業務に関して取引の方針，取引の額もしくは市場の状況に照らして不必要な取引を行うことを内容とした助言を行い，またはその行う投資運用業に関して運用の方針，運用財産の額もしくは市場の状況に照らして不必要な取引を行うことを内容とした運用を行うこと

④ 当該登録金融機関の親法人等または子法人等との間で金融商品取引契約を締結することを条件として当該登録金融機関がその顧客に対して通常の取引の条件よりも有利な条件で資産の売買その他の取引を行っていながら，当該顧客との間で金融商品仲介業務を行うこと

⑤ 当該登録金融機関との間で金融商品取引契約を締結することを条件としてその親法人等または子法人等がその顧客に対して信用の供与または通常の取引の条件よりも有利な条件で資産の売買その他の取引を行っていることを知りながら，当該顧客との間で当該金融商品取引契約を締結すること

⑥ 当該登録金融機関の親法人等または子法人等が有価証券の引受人となった日から6か月を経過する日までの間において，顧客に当該有価証券の買入代金の貸付けその他信用の供与をすることを約して，当該顧客に対し当該有価証券に係る金融商品仲介業務を行うこと

⑦ 当該登録金融機関の金融商品仲介業務に従事する役員（注1）または使用人が，発行者等に関する非公開情報（顧客の有価証券の売買その他の取引等に係る注文の動向その他特別な情報に限る）を，当

該登録金融機関の親法人等（銀行法２条13項に規定する銀行持株会社等を除く。以下⑦において同じ）もしくは子法人等（銀行法16条の２第１項11号に掲げる会社（注2）等を除く。以下⑦において同じ）に提供し，または有価証券の発行者である顧客の非公開融資等情報をその親法人等もしくは子法人等から受領すること

ただし，例外として，以下の場合に非公開情報の授受が許容される。

イ　発行者の事前の書面による同意がある場合（オプトイン）

ロ　親法人等・子法人等に金融商品仲介業務を委託する場合

ハ　親法人等・子法人等が委託金融商品取引業者である場合

ニ　親銀行等・子銀行等を所属銀行とする金融機関代理業を受託する場合

ホ　親銀行等・子銀行等から顧客への信用供与額を受領する場合

ヘ　内部統制報告書等を作成するために必要な場合

ト　電子情報処理組織の保守・管理を行うために必要な場合

チ　法令等に基づく場合

リ　内部管理に関する業務を行うために必要な情報を特定関係者に提供する場合

ヌ　親銀行等または子銀行等が金商法36条の２等の対象規定を遵守するために必要な場合

⑧　当該登録金融機関の金融仲介業に従事する役員または使用人が，当該登録金融機関の親法人等または子法人等から取得した顧客に関する非公開情報（当該親法人等または子法人等が当該顧客の書面による同意を得ずに提供したものに限る）を利用して金融商品取引契約の締結を勧誘すること

⑨　当該登録金融機関の親法人等または子法人等が有価証券の引受けに係る主幹事会社である場合において，当該有価証券の募集もしくは売出しまたは特定投資家向け売付け勧誘等の条件に影響を及ぼすために，その行う投資助言業務に関して実勢を反映しない作為的な相場を形成することを目的とした助言を行い，またはそ

の行う投資運用業に関して実勢を反映しない作為的な相場を形成することを目的とした取引を行うことを内容とした運用を行うこと

⑩　当該登録金融機関の親法人等または子法人等が有価証券の引受け等を行っている場合において，当該親法人等または子法人等に対する当該有価証券の取得または買付けの申込みの額が当該親法人等または子法人等が予定していた額に達しないと見込まれる状況の下で，当該親法人等または子法人等の要請を受けて，その行う投資助言業務に関して当該有価証券を取得し，もしくは買い付けることを内容とした助言を行い，またはその行う投資運用業に関して当該有価証券を取得し，もしくは買い付けることを内容とした運用を行うこと

⑪　当該登録金融機関の親法人等または子法人等が発行する有価証券に係る電子申込型電子募集取扱業務等を行うこと

⑫　何らの名義によってするかを問わず，法44条の3第2項の規定による禁止を免れること

(注1) 役員が法人であるときは，その職務を行うべき社員を含みます（業府令154条4号）。

(注2) 同条2項1号に規定する従属業務を営む会社に限られます（業府令154条4号）。

5　特定投資家制度

(1)　制度趣旨および概要

金商法は，規制の横断化とともに，規制対象である業務の性質に応じた規制の柔軟化にも重点を置いています。すなわち，金商法は，前述のとおり，さまざまな行為規制について規定していますが，これらのなかの一部のも

のについては，業者と投資家との間の情報格差の是正を主な目的とするものが含まれています。投資に関する知識や経験の豊富な投資家は，一般の投資家が必要とするような説明や書面の交付を受けなかったとしても，投資に伴うリスクについて自ら情報を収集し，的確な判断を下せるものと考えられます。

かかる投資のプロに対して，投資家保護の観点から一般の投資家と同レベルの規定を一律に適用し，金融商品取引業者にこれを義務付けることは，過剰な規制遵守負担を金融商品取引業者に課すものとして効率性を害することになりかねません。そこで，金商法は，投資家を，投資に関する知識や経験の豊富なプロである特定投資家とアマチュアである一般投資家とに区別し，前者に対しては一定の規制の適用を除外することとしています。

⑵　特定投資家の範囲

ここで，特定投資家とは，適格機関投資家，国，日本銀行および投資者保護基金その他の内閣府令で定める法人（注）をいいます（金商法２条31項）。

（注）預金保険機構，農水産業協同組合貯金保険機構，保険契約者保護機構，上場会社，資本金５億円以上の株式会社，資産流動化法に基づく特定目的会社，特例業務届出者である法人，外国法人等が定められています（定義府令23条）。

このうち，適格機関投資家については旧証取法下でも用いられていた概念であり，「有価証券に対する投資にかかる専門的知識および経験を有する者として内閣府令で定める者」をいいます（金商法２条３項１号，旧証取法２条３項１号）。

具体的には，証券会社，投資法人，銀行その他の預金等取扱金融機関，保険会社，投資顧問業者，政策金融機関，投資事業有限責任組合，100億円以上の有価証券投資を行っている有価証券報告書提出会社で金融庁に届出を行った者などが定められています（定義府令10条）。

投資家は，下記の４種類に区別できます。

①　一般投資家に移行できない特定投資家

②　選択により，一般投資家に移行可能な特定投資家

③　選択により，特定投資家に移行可能な一般投資家

④　特定投資家に移行できない一般投資家

特定投資家以外の法人，匿名組合契約を締結した営業者である個人，ならびにその知識，経験および財産の状況に照らして特定投資家に相当するものとして内閣府令で定める要件に該当する個人（注）は，金融商品取引業者に対して自己を特定投資家として取り扱うよう申し出ることができます（金商法34条の３，34条の４）。

（注）最初にその種類の契約を締結してから１年を経過しており，純資産額および投資性資産額が３億円以上と見込まれる者が定められています（業府令62条）。

＜図表１＞　特定投資家と一般投資家の区分

特定投資家		一般投資家	
一般投資家への移行不可	一般投資家への移行可	特定投資家への移行可	特定投資家への移行不可
①適格機関投資家 ②国 ③日本銀行	④投資者保護基金その他の内閣府令（定義府令23条）で定める法人（上場会社および外国法人等を含む）	⑤中小法人等（①～④に該当しない法人） ⑥匿名組合契約を締結した営業者である個人 ⑦その知識，経験および財産の状況に照らして特定投資家に相当するものとして内閣府令で定める要件に該当する個人	⑧一般の個人（①⑥⑦に該当しない個人）

金商法は，このように法人については特に要件を設けず，金融商品取引業者への申出とそれに対する承諾によって特定投資家として取り扱われるものとしていますが，個人については，特定投資家として取り扱われるために次のような一定の要件を設定しています。これは，あらゆる個人について申出のみによって特定投資家として取り扱われることを容認した場合，投資リスクを十分に理解し的確な判断を下すことのできない個人が，申出をすることを要求される等により特定投資家として取り扱われるおそれもあり，かかる事態は投資家保護の観点から望ましくないと考えられるからです。

また，特定投資家のうち，投資者保護基金その他の内閣府令で定める法人については，申出によって特定投資家以外の者として取り扱われることが認められています（金商法34条の２）。

⑶　一般投資家へ移行可能な特定投資家

金融商品取引業者等は，④の特定投資家から金融商品取引契約の申込みを受けた場合で，当該契約と同じ種類の金融商品取引契約を過去に締結したことがない場合には，契約締結までに，当該特定投資家が一般投資家に移行できる旨を告知する義務があります（金商法34条）。

④の者が一般投資家になるためには，一般投資家扱いの申出を行います。当該特定投資家は，金融商品取引業者等に対して，契約の種類ごとに，自己を一般投資家として取り扱うよう申し出ることができます（金商法34条の２第１項）。

金融商品取引業者等は，申出が行われると，それを承諾しなければなりません（金商法34条の２第２項）。この際に，金融商品取引業者は，承諾日や対象契約（当該種類に属する金融商品取引契約をいう）の種類等の必要事項を記載した書面を当該顧客に交付する必要があります（金商法34条の２第３項）。この書面は，当該顧客の同意を得て，電子書面で交付することができます（金商法34条の２第４項）。当該承諾と書面交付によって当該投資家は一般投資家に移行し，当該対象契約については一般投資家として扱われます（金商法34条の２第５項）。

ただし，申出者は，承諾日後いつでも，金融商品取引業者に対して，対象契約に関して自己を再び特定投資家として取り扱うように申し出ることができます（金商法34条の２第10項）。金融商品取引業者等は，当該申出を承諾する場合には，あらかじめ，承諾日や対象契約の種類等の必要事項を記載した書面により当該顧客の同意を得る必要があります（金商法34条の２第11項）。この書面による同意は，当該顧客の同意を得て，電子書面で同意を得ることができます（金商法34条の２第12項）。当該承諾によって，対象契約に関して当該投資家は再び特定投資家として扱われるようになります（金商法34条の２第13項）。

(4)　特定投資家へ移行可能な一般投資家

一方，特定投資家に移行可能な法人（⑤に該当する者）は，金融商品取引業者等に対して，契約の種類ごとに自己を特定投資家として取り扱うよう申し出ることができます（金商法34条の３第１項）。この場合，金融商品取引業者等は，承諾日・対象契約・期限日等の必要事項を記載した書面を交付したうえで同意をすることができます（金商法34条の３第２項）。

また，特定投資家に移行可能な個人（⑥⑦に該当する者）も同様に，金融商品取引業者等に対して契約の種類ごとに自己を特定投資家として取り扱うよう申し出ることができます（金商法34条の４第１項）。この場合も，上記と同様に金融商品取引業者等は，承諾日・対象契約・期限日等の必要事項を記載した書面を交付したうえで同意をすることができますが，申出者が⑥⑦の者に該当するかの確認をする必要があります（金商法34条の３第２項）。

いずれの場合の同意書も，当該顧客の同意を得て電子書面で交付することができます（金商法34条の３第３項，34条の４第３項）。また，期限日は，承諾日から起算して１年を経過する日としなければなりません（金商法34

条の３第２項，34条の４第２項，業府令58条）。

⑤⑥⑦の者が特定投資家になるためには，特定投資家扱いの申出を行います。金融商品取引業者等は，申出が行われても，それを承諾する義務はありません。

申出者は，承諾日以降いつでも，金融商品取引業者等に対し，対象契約に関して自己を再び一般投資家として取り扱うように申し出ることができます（金商法34条の３第９項，34条の４第４項）。金融商品取引業者等は，申出が行われると，当該申出を承諾しなければなりません（金商法34条の３第10項，34条の４第５項）。この際に，金融商品取引業者等は，承諾日や対象契約の種類等の必要事項を記載した書面をあらかじめ当該顧客に交付する必要があります（金商法34条の３第11項，34条の４第６項）。この書面は，当該顧客の同意を得て，電子書面で交付することができます（金商法34条の３第12項，34条の４第６項）。

なお，上記の⑶⑷のいずれの場合の選択も，以下の契約の種類（注）ごとに行わなければなりません（金商法34条，業府令53条）。

①　有価証券関係

②　デリバティブ取引関係

③　投資顧問契約関係

④　投資一任契約関係

（注）銀行法，保険業法，信託業法においても特定投資家制度は準用されています。それにより，ここに挙げたもの以外に特定預金等契約，特定保険契約等，特定信託契約もそれぞれ１つの契約の種類と認められます。

したがって，「有価証券関係については特定投資家に移行するが，デリバティブ取引関係については一般投資家のままでいる」といったことは可能ですが，「国債については特定投資家に移行するが，株式については一般投資家のままでいる」といったことは認められません。ただし，一般投資家または特定投資家への移行については，金融商品取引業者等ごとに行うことが可能です。

もっとも，あくまで移行するのは契約の種類ごとであって，ある金融商品取引業者等との間の契約がすべて移行するのではない点に注意する必要があります。

⑸　適用が除外される行為規制

特定投資家は，投資商品に関して十分な知識および経験等を有している者であるため，特定投資家を相手とする場合においては，行為規制の一部を適用除外として，かかる行為規制について金融商品取引業者を免除しています（金商法45条）。

具体的には，広告等の規制（金商法37条），取引態様の明示義務（金商法37条の２），契約締結前書面の交付（金商法37条の３），契約締結時書面の交付（金商法37条の４），保証金の受領に係る書面の交付（金商法37条の５），書面による解除（金商法37条の６），不招請勧誘等の禁止（金商法38条４号～６号），適合性の原則（金商法40条１号），最良執行方針等を記載した書面の交付（金商法40条の２第４項），投資助言業務または投資運用業に関連する金銭または有価証券の預託の受入れ等の禁止（金商法41条の４，42条の５），投資助言業務または投資運用業に関連する金銭または有価証券の貸付け等の禁止（金商法41条の５，42条の６），運用報告書の交付（金商法42条の７），顧客の有価証券を担保に供する行為等の制限（金商法43条の４）などの金融商品取引業者の行為規制について適用除外とすることを規定しています。

＜図表２＞　一般投資家と特定投資家を顧客とする場合の行為規制

規　制		一般投資家を顧客とする場合	特定投資家を顧客とする場合
一般的規制	顧客に対する誠実義務（金商法36条）	○	○
	広告等の規制（金商法37条）	○	×
	取引態様の事前明示義務（金商法37条の２）	○	×
	契約締結前書面交付義務（金商法37条の３）	○	×
	契約締結時等書面交付義務（金商法37条の４）	○	×（注1）
	保証金の受領書面の交付義務（金商法37条の５）	○	×（注2）
	書面による解除（金商法37条の６）	○	×
	指定紛争解決機関との契約締結義務（金商法37条の７）	○	○
	虚偽説明の禁止（金商法38条1号）	○	○
	断定的判断の提供による勧誘の禁止（金商法38条２号）	○	○
	無登録業者による格付を利用した勧誘の制限（金商法38条３号）	○	○
	不招請勧誘の禁止（金商法38条４号）	△	×
	勧誘受諾意思の確認義務（金商法38条５号）	△	×
	再勧誘の禁止（金商法38条６号）	○	×
	損失補てんの禁止（金商法39条）	○	○
	適合性の原則（金商法40条１号）	○	×
	顧客情報の適正な取扱い等（金商法40条２号）	○	○
	最良執行方針等（金商法40条の２）	○	△（注3）

投資助言業関連	忠実義務・善管注意義務（金商法41条）	○	○
	利益相反行為等の禁止（金商法41条の２）	○	○
	有価証券の売買等の禁止（金商法41条の３）	○	○
	金銭・有価証券の預託受入れの禁止（金商法41条の４）	○	△（注４）
	金銭・有価証券の貸付けの禁止（金商法41条の５）	○	×
投資運用業関連	忠実義務・善管注意義務（金商法42条）	○	○
	利益相反行為・損失補てん等の禁止（金商法42条の２）	○	○
	運用権限の委託（金商法42条の３）	○	○
	分別管理（金商法42条の４）	○	○
	金銭・有価証券の預託受入れの禁止（金商法42条の５）	○	△（注５）
	金銭・有価証券の貸付けの禁止（金商法42条の６）	○	×
	運用報告書の交付（金商法42条の７）	○	△（注６）
有価証券等管理業務関連	善管注意義務（金商法43条）	○	○
	分別管理（金商法43条の２，43条の２の２および43条の３）	○	○
	顧客の有価証券を担保に供する行為の制限（金商法43条の４）	○	×

○：適用あり　△：一部適用あり　×：適用なし

（注1）顧客からの個別の取引に関する照会に対して速やかに回答できる体制が整備されていない場合には，適用除外が認められません（業府令156条）。

（注2）顧客からの個別の保証金の受領に関する照会に対して速やかに回答できる体制が整備されていない場合には，適用除外が認められません（業府令156条）。

（注3）上場有価証券等についての最良執行方針等を記載した書面の交付義務

は免除されます。

（注4）預託を受けた金銭・有価証券を分別管理する体制が業者において整備されていない場合には，適用除外が認められません（業府令156条）。

（注5）預託を受けた金銭・有価証券を分別管理する体制が業者において整備されていない場合には，適用除外が認められません（業府令156条）。

（注6）顧客からの運用報告書に記載すべき事項に関する照会に対して速やかに回答できる体制が整備されていない場合には，適用除外が認められません（業府令156条）。

＜図表２＞にもあるように，損失補てんの禁止等は特定投資家相手の場合でも課されます。これは，損失補てんが行われると，投資家自身は不利益を被らなくても，それが行われてしまうと市場の公正性に対する信頼を傷つけてしまうためと考えられています。

6　金融商品仲介業者に対する行為規制

(1)　金融商品仲介業者に対する行為規制

前述のとおり，金融商品仲介業は，第一種金融商品取引業者，投資運用業者または登録金融機関の委託を受けて，当該金融商品取引業者等のために行う業務です。金融商品仲介業者に対しては，金融商品取引業者と同様に，以下の行為規制が課せられています。

①　標識の掲示等（金商法66条の８）
②　名義貸しの禁止（金商法66条の９）
③　広告等の規制（金商法66条の10）
④　金銭・有価証券の預託受入れ等の禁止（金商法66条の13）
⑤　虚偽説明・断定的判断の提供による勧誘等の禁止（金商法66条の14）
⑥　損失補てん等の禁止（金商法66条の15）

(2)　金融商品仲介業者に特有の規制

(1)以外に，金融商品仲介業者に特有の規制として以下のものがあります。

①　所属金融商品取引業者等の明示義務

金融商品仲介業者は，金融商品仲介行為を行う際には，あらかじめ顧客に対して次の事項を明示しなければなりません（金商法66条の11）。

> ①　所属金融商品取引業者等の商号・名称
> ②　所属金融商品取引業者の代理権がない旨
> ③　金銭等の預託を受けることができない旨
> ④　その他内閣府令で定める事項（所属金融商品取引業者等が複数ある場合に，顧客が行おうとする取引について支払う手数料等が異なる場合には，その旨など（業府令272条））

②　金融商品仲介行為以外の金融商品取引業の禁止

金融商品取引業の登録を受けていない金融商品仲介業者は，金融商品仲介業の顧客に対して，委託を受けて行う金融商品仲介行為以外の金融商品取引業を行ってはなりません（金商法66条の12）。これを行う際には，金融商品取引業の登録が必要になります。

③　利益相反等の禁止

金融商品仲介業者とその役職員は，以下の行為が禁止されています（金商法66条の14）。

> ①　投資助言業務（金商法28条６項に規定する投資助言業務をいう。③において同じ）を行う場合には当該投資助言業務に係る助言に基づいて顧客が行う有価証券の売買その他の取引等
> ②　投資運用業を行う場合には当該投資運用業に係る運用として行う有価証券の売買その他の取引等に関する情報を利用してこれらの顧客以外の顧客に対して勧誘する行為
> ③　金融商品仲介業以外の業務を行う場合には，当該業務により知り得た有価証券の発行者に関する情報（有価証券の発行者の運営，

業務または財産に関する公表されていない情報であって金融商品仲介業に係る顧客の投資判断に影響を及ぼすものに限る）を利用して勧誘する行為
④　金銭の貸付けその他信用の供与をすることを条件として勧誘する行為（投資者の保護に欠けるおそれが少ないと認められるものとして内閣府令で定めるもの（同一人に対する信用供与額が10万円以下などの条件が定められている（業府令274条））を除く）
⑤　金融商品仲介業により知り得た金融商品仲介業に係る顧客の有価証券の売買その他の取引等に係る注文の動向その他特別の情報を利用して，自己の計算において有価証券の売買その他の取引等を行う行為
⑥　その他内閣府令で定める行為（虚偽の表示をし，または重要な事項について誤解を生ぜしめるべき表示をする行為など（業府令275条））

④　特定投資家向け有価証券の売買の媒介等の制限

金融商品仲介業者は，特定投資家向け有価証券について，一般投資家を相手方として以下に掲げる行為を行うことができません（金商法66条の14の2)。特定投資家向け有価証券につき，一般投資家（注1）を相手に取引を行うことは，先述のとおり投資家保護の観点から問題があります。本条の規制は，金融商品仲介業者が，委託元である金融商品取引業者または登録金融機関（以下「所属金融商品取引業者等」という）のために一般投資家を相手方として有価証券の売買の媒介等を行う場合についても，投資家保護の観点から規制を及ぼす趣旨に基づくものです。

①　有価証券の売買の媒介（PTS 業務を除く）
②　次に掲げる取引の委託の媒介
イ　取引所金融商品市場における有価証券の売買・市場デリバティブ取引
ロ　外国金融商品市場における有価証券の売買・外国市場デリバティブ取引

もっとも，当該特定投資家向け有価証券に関して開示が行われた場合，一般投資家に対する勧誘に基づかないで一般投資家のための売付けの媒介を行う場合その他投資者の保護に欠けるおそれが少ないものとして内閣府令で定める場合（注2）は，本規制の対象外となります（金商法66条の14の２ただし書）。

（注1）特定投資家等，当該投資家向け有価証券の発行者その他内閣府令で定める者（業府令275条の２）以外の者をいいます。

（注2）一般投資家に対する勧誘に基づかないで所属金融商品取引業者等のために当該一般投資家が行う取引所金融商品市場または外国金融商品市場における売付けの委託の媒介を行う場合が該当します（業府令275条の３）。

7　監　督

(1)　業務改善命令

内閣総理大臣は，金融商品取引業者の業務の運営または財産の状況に関し，公益または投資者保護のため必要かつ適当であると認められる場合には，その必要の限度において，当該金融商品取引業者に対して，業務の方法の変更その他業務の運営または財産の状況の改善に必要な措置をとるべきことを命ずることができます（金商法51条）。登録金融機関に対しても同様の規定があります（金商法51条の２）。

(2)　監督上の処分

内閣総理大臣は，金融商品取引業者が以下のいずれかに該当する場合には，当該金融商品取引業者の金商法29条の登録を取り消し，30条１項の認可を取り消し，または６か月以内の期間を定めて業務の全部もしくは一部の停止を命じることができます（金商法52条）。登録金融機関に対しても同様の規定があります（金商法52条の２）。

①　金商法29条の４第１項１号，２号または３号に定める登録拒否要件該当することとなったとき
②　第一種金融商品取引業，第二種金融商品取引業または投資運用業を行う金融商品取引業者が，金商法29条の４第１項４号（資本金額または出資総額に関する登録拒否要件）に該当することとなったとき
③　第一種金融商品取引業または投資運用業を行う金融商品取引業者が，金商法29条の４第１項５号イ（株式会社等でない場合に関する登録拒否要件）またはロ（純財産額に関する登録拒否要件）に該当することとなったとき
④　第一種金融商品取引業を行う金融商品取引業者が，金商法29条の４第１項６号ロ（商号に関する登録拒否要件）に該当することとなったとき
⑤　不正の手段により金商法29条の登録を受けたとき
⑥　金融商品取引業またはこれに付随する業務に関し法令（自己資本規制比率に関する規制（金商法46条の６第２項）を除く）または法令に基づいてする行政官庁の処分に違反したとき
⑦　業務または財産の状況に照らし，支払不能に陥るおそれがあるとき
⑧　投資助言・代理業または投資運用業の運営に関し，投資者の利益を害する事実があるとき
⑨　金融商品取引業に関し，不正または著しく不当な行為をした場合において，その情状が特に重いとき
⑩　金商法30条１項の認可に付した条件に違反したとき
⑪　金商法30条１項の認可を受けた金融商品取引業者が金商法30条の４第１号～３号または５号に掲げる基準に適合しないこととなったとき

(3) その他の処分

上記に加え，内閣総理大臣は，自己資本規制比率についての命令（金商法53条），業務の不開始または休止に基づく登録の取消し（金商法54条）などを行うことができます。

第８ 信用格付業者に対する規制

 信用格付業者の登録

信用格付業を行う法人（法人でない団体で代表者または管理人の定めがあるものを含む）は，内閣総理大臣の登録を受けることができます（金商法66条の27）。「金融商品取引業は，内閣総理大臣の登録を受けた者でなければ，行うことができない」（金商法29条）とされているのとは異なり，「受けることができる」とされており，信用格付業を行うためには必ずしも登録を受けなければならないわけではありません。しかし，無登録業者の信用格付を利用する勧誘については一定の制限が設けられています（❹「無登録業者による信用格付を利用した勧誘の制限」参照）。

登録申請があった場合，金商法が定める拒否理由に該当しない限り，申請者の登録は認められます（金商法66条の29第１項）。

登録拒否要件の主なものとしては，①金融商品取引業者の登録等が取り消され，その取消しの日から５年を経過しない者である場合，②他に行っている事業が公益に反すると認められる場合，③信用格付業を公正かつ適格に遂行するために必要な体制が整備されていると認められない場合，などが挙げられます（金商法66条の30）。

2 信用格付業者の業務に関する規制

登録を受けた信用格付業者およびその役職員は，独立した立場において公正かつ誠実に業務を遂行する義務を負い（金商法66条の32），以下のとおり業務に関する規制を受けます。

(1) 業務管理体制の整備

登録を受けた信用格付業者は，信用格付業を公正かつ的確に遂行するために，業務管理体制を整備し，業務品質確保措置，公正性担保措置，利益相反防止措置，法令遵守措置，苦情適正処理措置等をとらなければなりません（金商法66条の33第１項，業府令306条）。そして，当該業務管理体制は，①専門的知識および技能を有する者の配置その他の業務の品質を管理するための措置，②自己または信用格付の対象となる事項につき利害を有する者の利益を図る目的をもって投資家の利益を害することを防止するための措置その他の業務執行の適正を確保するための措置を含むものでなければなりません（金商法66条の33第２項）。

(2) 名義貸しの禁止

登録を受けた信用格付業者は，自己の名義をもって，他人に信用格付業を行わせてはなりません（金商法66条の34）。登録を受けた信用格付業者が無登録業者に対して名義貸しすることによって，信用格付業者登録制度の趣旨が損なわれることを防止するために，名義貸しの禁止が規定されています。

(3) 公正性担保の観点からの禁止行為

登録を受けた信用格付業者の公平性担保および利益相反防止等の観点から，以下の一定の行為を行うことが禁止されています（金商法66条の35）。

① 信用格付業者またはその役職員が，格付関係者と密接な関係を有する場合において，当該関係者の信用状態に対する評価等，当該関係者が利害を有する事項につき，信用格付を提供または閲覧に供する行為（金商法66条の35第１号）

② 法人の組織形態，主要な資産および負債の構成，ならびに法人の設計に関する重要な事項等，信用格付に重要な影響を及ぼすべき事項に関して，格付関係者に助言を行った場合において，当該信用格付を提供または閲覧に供する行為（金商法66条の35第２号）

③ 信用評価を行う前に，あらかじめ，定められた信用格付を提供または閲覧に供することを格付関係者との間で約束する行為（業府令312条１号）

④ 信用格付業者の格付担当者が信用格付付与の過程において，格付関係者から金銭または物品の交付を受け，その交付を要求し，またはその交付の申込みを承諾する行為（業府令312条２号）

⑤ 信用格付の対象が資産証券化商品の信用状態に関する評価である場合に，他の信用格付業者が当該商品またはその原資産の信用状態につき信用格付を付与していたことのみを理由として，信用格付の付与を拒む行為（業府令312条３号）

⑷　格付方針等の公表

登録を受けた信用格付業者は，信用格付を付与し，かつ，提供しまたは閲覧に供するための方針および方法を定め，インターネットの利用等の利用者が容易に閲覧できる方法により公表しなければならず，当該公表した方針および方法に従って，信用格付業の業務を行わなければなりません（金商法66条の36）。

信用格付の付与につき採られた方針および方法等は，投資家が投資判断にあたり信用格付を利用するうえで重要な参考情報となることから，信用格付業者は，当該方針および方法等を，インターネット等，利用者が容易に閲覧できる方法によって公表することが義務付けられています。

 信用格付業者に関する監督規制

⑴　事業報告書の提出義務

登録を受けた信用格付業者は，事業年度ごとに，事業報告書を作成し，内閣総理大臣に提出しなければなりません（金商法66条の38）。

⑵　説明書類の作成・縦覧義務

登録を受けた信用格付業者は，事業年度ごとに，業務の概要，業務管理体制の概要，および格付方針等の概要，などの業務の状況に関する事項を記載した説明書類を作成し，１年間，すべての営業所または事務所に備え置き，かつ，インターネットの利用等の利用者が容易に閲覧できる方法により公表しなければなりません（金商法66条の39）。

⑶　信用格付業者に対する監督

①　業務改善命令

内閣総理大臣は，信用格付業者の業務の運営の状況に監視，公益または投資者保護のために必要かつ適当であると認めるときは，その必要の限度において，当該信用格付業者に対して，業務の方法の変更その他業務の運営の状況の改善に必要な措置をとるべきことを命ずることができます（金商法66条の41）。

②　業務停止命令

内閣総理大臣は，信用格付業者が以下のいずれかに該当する場合においては，当該信用格付業者の金商法66条の27の登録を取り消し，または６か月以内の期間を定めて信用格付業の業務の全部もしくは一部の停止を命ずることができます（金商法66条の42第１項）。

① 金商法66条の30第１項各号（第３号を除く）のいずれかに該当することとなったとき
② 金商法66条の30第２項の規定により登録を拒否すべき事由に該当することとなったとき
③ 不正の手段により金商法66条の27の登録を受けたとき
④ 信用格付業に関し法令または法令に基づいてする行政官庁の処分に違反したとき
⑤ 信用格付業の運営に関し，投資者の利益を害する事実があるとき
⑥ 信用格付業に関し，不正または著しく不当な行為をした場合において，その情状が特に重いとき

③ その他の処分

上記に加え，内閣総理大臣は，役員解任命令（金商法66条の42第２項），信用格付業者の営業所もしくは事務所の所在地，または代表する役員の所在を確知できないことによる登録の取消し（金商法66条の42第３項）などを行うことができます。

4 無登録業者による信用格付を利用した勧誘の制限

「第７金融商品取引業者に対する行為規制　❷金融商品取引業者一般に課される行為規制　⑿無登録業者による信用格付を利用した勧誘の制限」に記載のとおり，無登録業者による信用格付を利用して勧誘する場合には，金融商品取引業者およびその役職員は，当該信用格付の付与方法，前提および限界等につき説明する義務があります（金商法38条３号）。

信用格付業を営むためには，必ずしも信用格付業者の登録を受ける必要はありませんが，無登録業者の信用格付を利用する際には一定の説明義務を課すことによって，信用格付業者の登録を確保しています。

第９ 有価証券取引に関する規制

銀行業務検定試験－過去の出題
…2023年（第155回）・問8
…2022年（第152回）・問33，問34
…2021年（第149回）・問33，問34
…2020年（第147回）・問33，問34

1 不公正行為の禁止

⑴ 不正の手段，計画または技巧

法律上，いかなる者も，有価証券売買などの取引・デリバティブ取引などについて「不正の手段，計画または技巧」をしてはならないとされています（金商法157条１号）。

「不正の手段」とは，社会通念上不正と認められる一切の手段をいいます。この規制の目的は，金融商品取引についてのあらゆる不公正な行為を包括的に違法とすることにあります。

すなわち，金商法においては，個別的には，後述する相場操縦の禁止，インサイダー取引規制など，多くの金融商品取引に関する不公正な取引を禁止しています。

しかし，このような個別的な禁止規定では，金融商品取引全般についてのあらゆる不公正な行為を禁止することができません。とはいえ，多種多様な金融商品取引について，不公正な行為をあらかじめ詳細に法律で規定することは非常に困難です。そこで，上記のような「不正の手段，計画または技巧」を用いることについての包括的な禁止規定が設けられました。

⑵　不実の表示の禁止

法律上，いかなる者も，有価証券売買等の取引・デリバティブ取引等について，重要な事項について虚偽の表示があり，または誤解を生じさせないために必要な重要な事実の表示が欠けている文書その他の表示を使用して金銭その他の財産を取得することをしてはならないとされています（金商法157条２号）。

ここで金融商品取引について禁止されている行為には，「重要な」事項や事実（すなわち，合理的な投資者の判断に影響を及ぼす事項や事実）について，①「虚偽の表示」をして「財産を取得」すること，または②「表示が欠けている」ことを利用して「財産を取得」することの２つの類型があります。

たとえば，本当は劣悪な会社の営業成績を好調であると偽って記載した文書を利用してその会社の株式の取引を行うことは，たとえ金融商品取引業者ではない者やその会社の関係者ではない者のような通常一般人であっても禁止されます。同様に，ある会社の直近のたまたま好調であった営業成績のみ表示し，それ以前の継続的に非常に劣悪な営業成績を表示しないような方法で行う取引は，重要な事実についての「表示が欠けている」場合として，やはり禁止されることとなります。また，会社の業績に対する予測に基づく表示をする場合でも，その予測が合理的な根拠のないものである場合には「虚偽の表示」に該当します。

ところで，上述のとおり，これらの禁止規定は，「財産を取得」することが要件となりますので，財産の取得を伴わない不実の表示は，この規制には抵触しないこととなります。とはいえ，それが不正の手段を用いた金融商品取引である場合には上記⑴の「不正の手段」を用いたものとされることがありますし，また，金融商品取引業者の役職員が金融商品取引契約の締結または勧誘に関し虚偽の表示等をすることは，金商法上の別途の規制として，「財産を取得」を伴うかどうかにかかわらず一律に禁じられています（金商法38条６号，業府令117条１項２号）。

⑶　虚偽の相場の利用

法律上，いかなる者も，有価証券売買等の取引・デリバティブ取引等を誘引する目的で，虚偽の相場を利用することをしてはならないとされています（金商法157条３号）。

ここで禁止されているのは，金融商品取引を誘引する目的で，市価を偽り表示することです。しかし，そのような行為は当然に上記⑴の「不正の手段」や上記⑵の「不実の表示」に該当するため，この禁止規定が設けられた意味はあまり大きくないともいわれています。

かつては，店頭売買有価証券市場には相場操縦行為の禁止規定がなかったために，この虚偽相場の利用の禁止規定を用いようとする議論もありましたが，現在では，相場操縦は別途の禁止規定が設けられているため，この観点からも本禁止規定に独自の意味はないといえます。

2　風説の流布，偽計，暴行または脅迫の禁止

法律上，いかなる者も，「有価証券の募集，売出しもしくは売買その他の取引」もしくは「デリバティブ取引等」のため，または，有価証券等（有価証券もしくはオプションまたはデリバティブ取引にかかる金融商品（有価証券を除く）もしくは金融指標をいう）の「相場の変動を図る目的」をもって，「風説を流布」し，「偽計」を用い，または「暴行もしくは脅迫」をしてはならないとされています（金商法158条）。たとえば，株式を新規発行で募集しようとする会社が，合理的根拠もないのに，自己の業績が今後大幅に向上する見込みがあるという風説を流布させるような行為が禁止されています。

「風説」とは，単なる噂のような言明をいい，虚偽ではなくとも合理的根拠のない内容であれば風説にあたります。

「流布」とは，不特定または多数の者に伝達する場合をいいます（ただし，１人だけに伝達した場合でも結果的に多数の者に伝えられることを認識している場合も含む)。たとえば，インターネット上のいわゆる掲示板を使った情報の書込みも流布にあたります。

「偽計」とは，他人を錯誤におとしいれるような手段のほか，誘惑その他広く陰険な手段を用いることなどとされています。

風説の流布や偽計は，しばしば事件となって有罪判決，それも実刑判決が出されています。

以下では，どのような行為が風説の流布や偽計にあたるかについて参考となる具体的な事件についてみてみます。

⑴　会社の関係者による事例

①　テーエスデー事件

ソフトウェア開発会社テーエスデー株式会社代表取締役であるＡ氏は，同社が特許実施権を所有しているエイズワクチンがタイにおいて臨床試験中であって，同国でワクチン製造のための合弁会社を設立したとの虚偽の情報を公表しました。これが，日本証券業協会に店頭登録されていた同社株の高騰を図る目的の風説の流布であるとしてＡ氏に懲役１年４か月，執行猶予３年の判決が言い渡されました。

②　エムティーシーアイ事件

株式会社エムティーシーアイの代表取締役会長Ｂ氏は，同社の公募増資にあたり，セミナー講演などにおいて，多数の一般投資家に対して「同社は無借金経営を貫いており，徹底したディスクロージャーにも努めている」旨述べるなど虚偽の事実を公表しました。これが，株券の募集のため偽計を用いたものとして，Ｂ氏に対して同時期に公訴提起された虚偽の有価証券報告書の提出等とあわせて懲役２年の判決が言い渡されました。

⑵　会社の関係者ではない者（投資者など）による事例

①　東天紅事件

Ｃ氏は，東天紅株の株価を急騰させる目的で，東天紅株の公開買付を行うという架空の計画と，それについての記者会見を行うという内容の文書を，東京証券取引所内の記者クラブに宛ててファクシミリ送信しました。これが，風説の流布に該当するとしてＣ氏に懲役２年および罰金600万円の判決が言い渡されました。

②　ドリームテクノロジーズ事件

Ｄ氏は，相場を変動させて売買益を得る目的で，インターネット上で募集した数十名の会員に対し，「ドリームテクノロジーズ㈱の存立を左右するような悪材料がある」という内容虚偽の電子メールを送信し，それによって会員による同社株の売り注文を指示し，その後，その悪材料が偽りであったとして買戻しを指示しました。この行為が風説を流布するとともに偽計を用いたものであるとして，Ｄ氏に対して罰金30万円，追徴金36万6,000円の略式命令が言い渡されました。

3　相場操縦行為等の禁止

⑴　相場操縦行為とは

相場操縦とは，本来であれば自由競争原理による需要と供給の関係に基づき形成されるべき有価証券の取引に人為的な操作を加えて相場を変動させる行為です。このような行為を許すと，一部の者が勝手に自己に有利な価格を作り上げることにより市場における公正かつ透明な価格形成が害され，投資者保護に反する結果となります。このため，金商法は，昭和23年の証取法の制定当初から，米国の証取法制にならい，相場操縦を禁止する規定を置いています。このような相場操縦行為は，ほとんどの国の証取法で禁止されています。

⑵　相場操縦行為の内容

金商法159条で規制の対象とされる取引は，上場有価証券，店頭売買有価証券，取扱有価証券の売買や，市場デリバティブ取引，店頭デリバティブ取引などです。そして，その類型としては，①仮装取引，②馴合取引，③現実の取引，④表示による相場操縦，の４つの類型に分類することができます。

①　仮装取引

仮装取引とは，有価証券については，権利の移転を目的としない売買のことをいいます。このような，権利の移転を目的としない売買を，上場有価証券などの取引が繁盛に行われていると他人に誤解を生じさせるなどの取引の状況に関し他人に誤解を生じさせる目的で行うと，仮装取引の禁止規定に抵触することとなります。

以下の３つの行為が，仮装取引として規制されています（金商法159条１項１号～３号）。

①　権利の移転を目的としない仮装の有価証券の売買，市場デリバティブ取引または店頭デリバティブ取引に係る先物・先渡取引をすること ②　金銭の授受を目的としない仮装の市場デリバティブ取引または店頭デリバティブ取引にかかる指標先物・先渡取引，スワップ取引，クレジットデリバティブ取引をすること ③　オプションの付与または取得を目的としない仮装の市場デリバティブ取引または店頭デリバティブ取引に係るオプション取引・指標オプション取引をすること

具体的な事件としては，たとえば，日本鍛工事件といわれる事件があります。これは，証券金融株式会社の代表取締役であるＡ氏が，日本鍛工という大阪証券取引所の第２部に上場している株式の株価を吊り上げるため

に，証券外務員であるＢ氏と結託して，２か月間にわたって総計388万株についての仮装の売買を繰り返し，500円前後だった株価を1,700円前後にまで高騰させた事案で，Ａ氏，Ｂ氏ともに有罪判決を受けました。

②　馴合取引

前述の仮装取引は，１人の人間が単独で，仮装の売買を行うことを禁じる規定です。これに対し，複数の人間が通謀して，以下の行為を上場有価証券などの取引が繁盛に行われていると他人に誤解を生じさせるなどの，取引の状況に関し他人に誤解を生じさせる目的で行うことを馴合取引といい，仮装取引と同様に禁じられている行為です（金商法159条１項４号～８号）。

> ①　自己のする売付けと同時期に，それと同価格において，他人が当該金融商品を買い付けることをあらかじめその者と通謀のうえ，当該売付けをすること
> ②　自己のする買付けと同時期に，それと同価格において，他人が当該金融商品を売り付けることをあらかじめその者と通謀のうえ，当該買付けをすること
> ③　市場または店頭デリバティブ取引（指数先物・先渡取引に限る）の申込みと同時期に，当該取引の約定数値と同一の約定数値において，他人が当該取引の相手方となることをあらかじめその者と通謀のうえ，当該取引の申込みをすること
> ④　市場または店頭デリバティブ取引（オプション取引に限る）の申込みと同時期に，当該取引の対価の額と同一の対価の額において，他人が当該取引の相手方となることをあらかじめその者と通謀のうえ，当該取引の申込みをすること
> ⑤　市場または店頭デリバティブ取引（スワップ取引・クレジットデリバティブ取引に限る）の申込みと同時期に，当該取引の条件と同一の条件において，他人が当該取引の相手方となることをあらかじめその者と通謀のうえ，当該取引の申込みをすること

なお，いずれの取引についても，上場有価証券などの取引が繁盛に行われていると他人に誤解を生じさせるなどの，取引の状況に関し他人に誤解を生じさせる目的がなければ，これらの禁止規定には抵触しません。ただし，実際にこのような馴合取引を行った場合には，そのような不正な目的があるものと推測されることとなると考えられます。

「同価格」とは，双方の価格がまったく同じでなくともよく，売注文と買注文が対当して契約が成立する可能性がある範囲のものであれば同価格といえます。

「同時期」とは「同時」よりも幅のある概念ですので，双方の注文が市場で対当して成約する可能性のある範囲内のものであれば足ります。

③　現実の取引

仮装取引や馴合取引は，いわば偽装の取引でしたが，現実に取引が行われた場合でも相場操縦禁止の規制は及びます。たとえば，大量の買注文を出すことによって，株価を意図的に高めに導くような行為のことです。とはいえ，現実に有価証券の売買を行うときに，相場が動くのは当然で，前記の例ですと，大量の買注文を出せば株価を高くすることを意図していなくとも株価は上昇します。しかし，これらが通常の投資活動として行われる場合には，規制すべき取引とはいえないこととなります。そこで，金商法159条２項は，相場操縦として禁止される行為を一定の行為に制限しています。

すなわち，「有価証券売買等が繁盛であると誤解させ，または取引所金融商品市場における上場金融商品等（金融商品取引所が上場する金融商品，金融指標またはオプションをいう）もしくは店頭売買有価証券市場における店頭売買有価証券の相場を変動させるべき一連の有価証券売買等またはその申込み，委託等もしくは受託等をすること」が禁じられることとなります（金商法159条２項１号）。

④　表示による相場操縦

前述の①～③は，いずれも偽装または現実の「取引」を問題としていますが，取引とは直接の関係なく所定の表示をする場合にも相場操縦の規制が及びます。相場が操作により変動する旨を流布することは，売買等を伴うまでもなく，他者に対して取引を誘引することとなり，直接的な相場操縦といえます。これに対し，重要な事項につき虚偽または誤解を生じさせる表示をすることは，相場操縦としてはより間接的ですが，売買等を伴うことで，規制対象とするに十分な程度に他者の取引を誘引するものといえます。

すなわち，「取引所金融商品市場における上場金融商品等または店頭売買有価証券市場における店頭売買有価証券の相場が自己または他人の操作によって変動するべき旨を流布すること」，および「有価証券売買等を行うにつき，重要な事項について虚偽であり，または誤解を生じさせるべき表示を故意にすること」が禁じられることとなります（金商法159条２項２号・３号）。

4 発行会社による相場操縦行為の禁止

(1) 金庫株の解禁と，発行会社による相場操縦

会社法上，会社は自己株式を目的・数量の規制を受けずに買い受けることが許され，また子会社が保有する親会社株式を親会社取締役会の判断でこれを買い受けることも可能です。そのため，会社自身による相場操縦が可能であるとされています。

すなわち，株価には会社の経営に対する市場の評価という側面がある以上，会社の経営者には，自社株式の株価を上昇させたり価格を安定させたりする誘惑があるところ，会社の資金で自社株式を買うことができるためです。

金商法162条の２とその下位規範である「有価証券の取引等の規制に関する内閣府令」（以下「有価証券規制府令」という）は，自己株式取得に関する相場操縦防止を目的とした規制を置いています。

⑵　対象となる有価証券

まず，自社株買いによる相場操縦規制の適用対象となる有価証券は，以下の２種類とされています（金商法162条の２）。

①　金融商品取引所に上場されている株券

②　店頭売買有価証券に該当する株券

すなわち，株式会社の自社株取得による相場操縦を防止するためですので，対象は市場による相場のある株券に限定されているのです。

⑶　自社株購入の取引の方法

会社による自社株購入の規制は取引の大要や銘柄によって細かく規定されています。以下では，一例として，上場株券等の市場における買付けにおいて禁止される行為を示します（有価証券規制府令17条）。

①　１日に２以上の金融商品取引業者を通じて買付けを行うこと
⇒２社以上の業者を利用すれば，仮装売買・馴合売買が容易になり，売買が繁盛であると一般投資者に誤解を与える危険があるため

②　立会い売買の終了時刻30分前以降に，注文を行うこと
⇒終値の操縦による形成がなされないようにするため

③　注文の価格についての規制
⇒たとえば，その日の売買立会いのはじめの売買の価格が公表されるまで，前日の最終の売買の価格を上回らない価格での指値注文でなければならないとし，価格操作を抑制するため

④　大量に注文を出すことの禁止
⇒大量に注文を出すことは，株価に大きな影響を与えることになるため

※なお，リーマン・ショック後の株式市場の状況に対応するための時限的な特例として，②は不適用とされ，また，④の禁止上限も大幅に引き上げられていましたが，かかる特例は恒久化されました。

なお，これらの規制は，相場操縦であるとの認定がなされにくい取引につき，取引の外形に基づき一律して規制したものであって，この規定をすべて遵守すれば相場操縦に該当しないというわけではありません。

この規定をすべて遵守した取引でも，それが相場操縦目的で行われ，相場操縦規制に抵触する場合には，相場操縦の一般原則に基づき，刑事罰が課されることとなります。

5　安定操作の禁止

金商法159条３項は，政令で定めるところに違反して，上場金融商品等の相場をくぎ付けし，固定し，または安定させる目的で一連の有価証券売買等またはその申込みなどをすることを禁止しています。たとえば，保有している株式の株価が下落しそうなときに，株価が下落しないように買い支えるなどといったことが禁止されます。

前述の相場操縦は，自分が利益を得られるように相場を上昇させたり下落させたりする場合が多いのに対して，安定操作取引は相場を安定させる目的で行われるものが多いという違いがあります。しかし，安定操作取引も需給のバランスによって決定される公正な価格を人為的に操作するという点では相場操縦と同じであり，相場操縦と同様に禁止されます（金商法159条３項）。

安定操作取引で注意すべきことは，一定の場合には安定操作取引が許容されるということです（金商法施行令20条）。これは，株式を発行するときのように，相場を安定させることに合理性が認められる場合があるために認められている例外です。

具体的には，たとえば，株式会社による上場株式発行の場合などには，一度に大量の株式が市場に流入するため，どうしても一時的な供給過剰が生じてしまい，価格が下落します。そこで，このような場合には，その新規株式の引受人である金融商品取引業者などが，安定操作取引の期間・価格などの一定の制限に従い，安定操作取引を行うことが許容されます。

なお，この場合，安定操作取引を行う者は，情報開示の観点から，当局に対し「安定操作届出書」という届出を提出しなければなりませんし，さらにその「安定操作届出書」の写しを金融商品取引所等に提出しなければなりません（金商法施行令23条）。さらに，実際に安定操作を行った場合には，「安定操作報告書」を提出し，さらにその「安定操作報告書」の写しを金融商品取引所等に提出しなければなりません（金商法施行令25条）。

6 その他の相場操縦行為規制

(1) 空売りの規制

① 空売り規制の意義

「空売り」とは，たとえば，株券を持っていないのに株券を売り付ける場合のように，有価証券を有しないで売付けをすることをいいます（金商法162条１項１号）。このような空売りは，有価証券の価格が下落しているときに行われると，下落をよりいっそう激化させることになります。

そこで，金商法では，そのような相場の下落を不当に激化させる危険のある空売りについては，相場操縦を予防するという観点から法律上の規制を加えています。規制されているといっても全面的に禁止されているものではなく，後述する「明示義務」や「価格規制」といった規制を遵守することで，適法に空売りを行うことができます（金商法162条１項１号，同法施行令26条の２）。

法律上，空売りとされている類型は以下のとおりです。

①　有価証券を有しないでその売付け・売付けの委託等・受託等をすること ②　有価証券を借り入れてその売付け・売付けの委託等・受託等をすること ③　その有している有価証券の売付け後遅滞なく当該有価証券を提供できることが明らかでないこと

②　明示義務

「空売り」の具体的規制の１つとして，まず，「明示義務」があります。すなわち，証券会社などが，会員となっている金融商品取引所の取引市場で，自己の計算による有価証券の売付けや，売付けの受託をした有価証券の売付けを行う場合などには，金融商品取引所に対し，その売付けが「空売り」であるかどうかを明示しなければなりません（金商法施行令26条の３第１項）。

③　価格規制

また，空売り規制の趣旨が売り崩しによる相場操縦の危険性の防止にあることから，空売りを行う場合にはその売買価格にも規制があります。

具体的には，「トリガー方式」と呼ばれる方式が採用されています。ここでいう「トリガー」とは，空売りに係る有価証券の価格が前日終値と比較して10％以上低い価格に達することとされています。トリガーが発動する前であれば，前日終値と比較して10％以上低い価格でない限り（すなわち，トリガーを発動させるような取引でない限り）価格規制はなく自由に空売りができますが，いったんトリガーが発動してしまうと，その時点から翌日の取引終了時点まで，以下の場合に空売りを行ってはならないとされています。

(a)　相場上昇局面においては，直近価格「未満」での空売り（直近価格での空売りは可） (b)　相場下落局面においては，直近価格「以下」での空売り（直近価格での空売りも不可）

なお，個人投資家については，50単位以下の取引であれば価格規制が課せられないなど，一定の除外事由が設けられています。

④　空売りポジションの報告・公表制度

空売りを行う者は，空売り残高割合が発行済株式総数の0.2％以上に達した時点で，取引所に対する報告義務が課されます。さらに，かかる割合が0.5％以上に達した場合には，当該空売りポジションが公表されます。

⑤　株の手当てのない空売りの禁止

売付けの際に株の手当てがなされていない空売り（いわゆるNaked Short Selling）は禁止されています。これは，このような空売りが，いわゆるリーマン・ショックに際し株価暴落を加速させたことから，2008（平成20）年10月30日以降，時限的措置として禁じられていたものが，恒久的に禁止されることとなったものです。

(2)　逆指値注文の禁止

「逆指値注文」とは，値段が，売買注文当時より上昇し，自己の指値以上になった時に買い付け，または値段が売買注文当時より下落し，自己の指値以下になった時に売り付けるような注文をいいます（「値段が○○円以上になったら買い，××円以下になったら売り」というような注文）。このような注文が多くなると，相場の騰落を激化させてしまう危険性があります。そのため，金商法は，「政令で定めるところに違反して」そのような逆指値注文を行うことを禁止しています（金商法162条１項２号）。

しかし，結論からいうと，この逆指値注文を禁じるための「政令」は現在制定されていません。そのため，逆指値注文には今のところ，規制がないこととなっています。これは，少なくとも現段階においては規制する必要があるほどに顕著な弊害がまだ現れていないためです。ただし，法律はすでに制定されていますので，具体的な弊害が生じた場合には，いつでも政令を改正することで迅速に逆指値注文を規制することができる体制になっているといえます。

7 インサイダー取引規制

(1) インサイダー取引禁止の趣旨

金商法において，有価証券の投資判断に影響を及ぼす重要な会社情報に接近できる特別の立場にある者が，その立場のゆえにかかる重要な情報を知って，その公表前に有価証券の取引を行うことを会社情報にかかるインサイダー取引（内部者取引）といいます。このような内部者取引が放置される場合，証券市場に対する投資者の信頼が害されますので，規制の必要があります。

典型的なインサイダー取引とは，たとえば，ある製薬会社がガンの特効薬を開発し，その事実を公表する前に，その会社の社長が自社の株式を大量に購入するような行為です。この場合，ガンの特効薬が開発されたことが新聞報道されれば，通常であれば当然その製薬会社の株価は急上昇しますので，その社長は大きな利益を得ることができます。このようなインサイダー取引を許すと，一般の投資家との不平等を招きます。

インサイダー取引が一般に行われるようになると，一般の投資家は証券市場に愛想を尽かして投資を行わなくなってしまいます。そのため，金商法はインサイダー取引を禁止しているのです（金商法166条，167条)。

(2) インサイダー取引の要件

金商法で禁じられているインサイダー取引には，2つの類型があります。第1は，会社の重要事実を知る関係者によるインサイダー取引を禁止するもの（金商法166条）であり，第2は，公開買付け等の実施・中止等に関する事実を知る関係者によるインサイダー取引を禁止するもの（金商法167条）です。

まず，第1の「会社関係者等によるインサイダー取引」は，以下のような取引をいいます。

イ　会社関係者等が

ロ　その会社の重要事実を知った場合において

ハ　その重要事実が公表される前に

ニ　その会社の有価証券の売買をすること

また，第２の「公開買付者等によるインサイダー取引」は，以下のような取引をいいます。

イ　公開買付者等関係者が

ロ　公開買付け等の事実を知った場合に

ハ　その公開買付け等の事実が公表される前に

ニ　その会社の株券等の売買をすること

公開買付け等が行われることによっても株価は変動し，会社関係者等によるインサイダー取引と同様の弊害が生じます。そのため，公開買付者等関係者によるインサイダー取引が禁止されます。

⑶　対象となる取引

インサイダー取引規制の対象となる取引は，上場株の売買が最も典型的な例といえます。しかし，インサイダー取引規制はこれに限られず，「特定有価証券等」の「売買等」であればインサイダー取引規制の対象とされています。

「特定有価証券等」には，たとえば新株予約権証券が含まれますし，「売買等」には，デリバティブ取引が含まれます。すなわち，新株予約権証券に関するデリバティブ取引もまた，インサイダー取引規制の対象となることがあるといえます。以下で，「インサイダー取引規制の対象となる有価証券の種類」としての「特定有価証券等」の範囲と，「インサイダー取引規制の対象となる行為」としての「売買等」の定義を概観します。

①「特定有価証券等」

「特定有価証券等」には，特定有価証券と関連有価証券があり，それぞれ以下のものをいいます（金商法163条１項）。

【特定有価証券】

社債券

優先出資証券

株券または新株予約権証券

上記に類する外国の証券，有価証券信託受益証券，預託証券

【関連有価証券】

特定有価証券のみを運用資産とする投資信託，外国投資信託，投資証券，投資法人債，外国投資証券

特定有価証券の有価証券信託受益証券，預託証券

特定有価証券に係るオプションを表示する証券または証書（いわゆるカバードワラント）

特定有価証券で償還する他社株転換社債

上記に類する外国の発行体の証券

なお，2013（平成25）年６月19日改正により，従来はインサイダー取引の規制対象とはされてこなかった，いわゆるREIT等の投資法人が発行する上場投資証券についても，新たに規制対象に加わることとされました。

② 「売買等」

「売買等」とは，以下のものをいいます（金商法166条１項本文）。

・売買その他の有償の譲渡・譲受け

・デリバティブ取引

「売買その他の有償の譲渡・譲受け」には，売買，交換，代物弁済を含みます。その一方で，無償の贈与や相続は，インサイダー取引の弊害が生じないことから含まれないものと考えられています。

ところで，金商法は，会社関係者等が重要事実を知って行うことを許容したとしても，一般投資家の信頼を損なうことにはならないような取引として，おおむね以下のような取引を適用除外事由として具体的に列挙しています（金商法166条６項）。

・株式割当ての権利等を行使して株券等を取得する場合
・新株予約権を行使することにより株券を取得する場合
・特定有価証券等のオプションを行使することにより特定有価証券等の売買をする場合
・株式買取請求または法令上の義務に基づいて売買等をする場合
・防戦買いの要請を受けた者が防戦買いを行う場合
・自己株式の取得について株主総会決議・取締役会決議等について公表がされた後，その自己株式に係る株券等の買付けをする場合
・安定操作取引のために売買をする場合
・普通社債券等の売買等をする場合（デフォルト情報を知っている場合を除く）
・重要事実を知っている会社関係者または情報受領者の間で，売買等を取引所金融商品市場・店頭売買有価証券市場によらないでする場合
・重要事実を知る前に締結された契約の履行または決定された計画の実行として売買等を行う場合その他これに準ずる特別の事情に基づく売買等であることが明らかな売買等をする場合（内閣府令で定める場合に限る）

なお，合併または会社分割による上場会社等の特定有価証券等の承継もインサイダー取引規制の対象となります。合併等による特定有価証券等の承継であって当該特定有価証券等の承継資産に占める割合が特に低い場合および合併等の対価として自己株式を交付する場合等については，インサイダー取引規制を適用しないこととされています（同法166条１項，166条６項，167条５項改正)。

⑷　インサイダー取引の範囲

①　「会社関係者」

金商法166条は，インサイダー取引が禁止される主体を「会社関係者」に限定しています。つまり，道を歩いているときに，たまたまガンの特効薬の開発に関する製薬会社の社員の会話を聞いた人のように，会社関係者ではない者が株式を購入してもインサイダー取引の禁止には該当しません。また，「会社関係者」であっても，たとえば大企業の従業員でその企業の重要な情報は知らされていないような人が，道を歩いているときに，たまたまガンの特効薬の開発に関する役員の会話が聞こえてきた場合のように，自分の仕事とはまったく関係のないルートから重要情報を知ったとしても，やはりインサイダー取引の禁止には抵触しません。

このように，ある人の取引がインサイダー取引に該当するかどうかを判断するには，①その人が「だれ」で（対象となる者），②「どうやって」知ったのか（重要情報を知った状況），という２つの基準の組合せを，とりあえずは大枠として知る必要があります。

＜図表３＞

対象となる者	重要情報を知った状況
イ　上場会社等の役員や従業員など	その者の職務に関して知ったとき
ロ　帳簿閲覧権を有する株主など	帳簿閲覧権の行使に関して知ったとき
ハ　その会社に法令に基づく権限を有する者	その権限の行使に関して知ったとき
ニ　上場会社等と契約を締結し，または締結の交渉をしている者で，当該上場会社等の役職員等以外の者	その契約の締結，交渉，履行に関して知ったとき
ホ　上記ロ，ニに該当する者が法人である場合の，その法人の役職員等	その者の職務に関して知ったとき

＜図表３＞は，この２つの基準の組合せを表にしたものです。

なお，インサイダー取引の対象となる会社関係者は，会社関係者でなくなった後の１年間もインサイダー取引の禁止の適用を受けます。これは，たとえば，インサイダー情報を知った従業員が会社を辞めて株式を大量購入するといった行為を防止するためです。

② 「情報受領者」

上記のように,会社関係者はインサイダー取引が禁止されます。さらに，この会社関係者から重要事実を伝達された者も，インサイダー取引の禁止の対象となることがあります。会社関係者から重要事実を伝達された者がインサイダー取引を行った場合も，同様に規制の対象とする必要があると考えられるためです。この「情報受領者」は，以下のように定義されます(金商法166条３項)。

イ　会社関係者から重要事実の伝達を受けた者

ロ　イの者が所属する法人の他の役職員等

たとえば，Ａ社がＢ社を買収しようとしているとの情報を，Ａ社の社長が証券会社のＣ社の担当者Ｘに伝達したとします。この場合，担当者Ｘは「情報受領者」として，インサイダー取引規制の対象となります（会社関係者から直接，情報を受領したＸのことを「第一次情報受領者」ということがある)。

ところで，その「第一次情報受領者」であるＸが，さらに友人のＹに対して，このような情報を伝達した場合や，そのＹがさらに友人のＺに情報を伝達した場合，その「また聞き」をしたＹやＺにもインサイダー規制が適用されるかが問題となります。結論としては，ＹもＺも，インサイダー規制の対象とはなりません。このように,「第一次情報受領者」から「また聞き」をしたＹやＺのことを「第二次情報受領者」ということがあります。このように,「情報受領者」がインサイダー規制の対象となるのは，上記のＸのような「第一次情報受領者」だけなのです。

また，情報受領者となるためには,「伝達を受けた者」であることが必要です。「伝達」とは，会社関係者が意識的に，その情報を伝えようと思って伝えている必要があるものと考えられています。したがって，道を歩いていてたまたまインサイダー情報を聞いた人が「伝達を受けた者」には該当しないのはもちろん，書類を盗んだり盗聴をしたりした人も，（窃盗罪などの他の刑事罰の対象となることは別として）「伝達を受けた者」ではないとして，インサイダー規制の対象にはならないものと考えられています。

(5)　重要事実の概要

①　重要事実の大枠

インサイダー取引規制における重要事実は，以下のように区分されています（金商法166条２項）。

- 上場会社等の「決定事実」
- 上場会社等の「発生事実」
- 上場会社等の「業績変動」
- 投資判断に著しい影響を及ぼす上場会社等の運営等に関する「重要事実」

また，子会社に関する以下の事実が重要事実とされています。親会社の関係者は子会社の重要事実を知りうる立場にあるのと同時に，子会社の重要事実は親会社に対する投資判断としても重要であるためです。

- 上場会社等の子会社の「決定事実」
- 上場会社等の子会社の「発生事実」
- 上場会社等の子会社の「業績変動」
- 投資判断に著しい影響を及ぼす上場会社等の子会社の運営等に関する「重要事実」

②　上場会社等の「決定事実」

上場会社等の決定事実とは，上場会社等の業務執行を決定する機関が，以下の事項を行うことを決定したこと（決定），あるいは決定したと公表したことを行わないと決定したこと（決定の撤回）を重要事実としています。

- 上場会社等の発行する株式等の募集
- 資本金の額の減少
- 資本準備金または利益準備金の額の減少
- 会社法156条１項の規定などによる自己株式の取得
- 株式無償割当て，または新株予約権無償割当て
- 株式の分割
- 剰余金の配当
- 株式交換
- 株式移転
- 合　併
- 会社の分割
- 事業の譲渡・譲受け
- 解　散
- 新製品または新技術の企業化
- 業務の提携その他上記に掲げる事項に準ずる事項として政令で定める事項

上記の決定事実については，「投資者の投資判断に及ぼす影響が軽微なものとして内閣府令で定める基準に該当するものを除く」ものとされています（金商法166条２項本文）。これを「軽微基準」といいます。たとえば，上記の「上場会社等の発行する株式等の募集」についていえば，募集の払込金額の総額が１億円未満と見込まれる場合には，重要事実から除外されます。したがって，会社関係者がこのような事実を知ってその上場会社の株式を売買したとしても，投資者の投資判断に及ぼす影響が軽微なものとしてインサイダー規制には抵触しないものとされています（有価証券規制府令49条１項１号イ）。

③　上場会社等の「発生事実」

上場会社等の「発生事実」とは，以下の事実が発生したことが重要事実とされています。

・災害に起因する損害または業務遂行の過程で生じた損害
・主要株主の異動
・特定有価証券または特定有価証券に係るオプションの上場の廃止または登録の取消しの原因となる事実
・上記に掲げる事実に準ずる事実として政令で定める事実

上記の発生事実に関しても，軽微基準が規定されています。たとえば，災害に起因する損害または業務遂行の過程で生じた損害に関して，「災害もしくは業務に起因する損害または業務遂行の過程で生じた損害の額が最近事業年度の末日における純資産額の100分の３に相当する額未満であると見込まれる」場合が，軽微基準に該当して重要事実から除外されています。たとえば，火災によって倉庫が在庫ごと焼失するような事故があっても，その損害額が純資産額の100分の３未満であれば，その事実は重要事実ではないということです。

④　上場会社等の「業績変動」

上場会社等の「業績変動」とは，業績に関係する以下の事項に関して，公表がされた直近の予想値と比較して，新たに算出した予想値または当事業年度の決算において差異が生じた場合，重要事実に該当するとされます。

・売上高
・経常利益
・純利益
・剰余金の配当
・連結の売上高
・連結の経常利益
・連結の純利益

これに関しても，軽微基準が規定されています。たとえば，「売上高」については，新たに算出した予想値・当該事業年度の決算の数値の公表された直近の予想値からの増減額が10％未満である場合には，重要事実には該当しないものとされています。

⑤　投資判断に著しい影響を及ぼす上場会社等の運営等に関する重要事実

上記の「発生事実」，「決定事実」，「業績変動」いずれにも該当しない情報であっても上場会社等の運営等に関する事実であって，投資判断に著しい影響を及ぼすと認められれば重要事実とされることになります。これは，「バスケット条項」と呼ばれることがあります。バスケット条項は，言い方を変えると，「その他の情報でも重要なものはすべてインサイダー情報に含まれる」ということですので注意が必要です。具体的には，以下のような事例が問題になりました。

上場企業である製薬会社のＡ社は，Ａ社の開発した新薬の副作用で患者が死亡してしまいました。そのため，Ａ社は，新薬の一時的な出荷停止を決定しました。

ところで，この決定を医師Ｂはあらかじめ A 社から知らされていました（医師Ｂは「第一次情報受領者」）。これにより，医師Ｂは，Ａ社株が値下がりすることを予期して，信用取引でＡ社株を１万株売りつけました（これは日本商事事件という事件を単純化したものである）。このような事例において，最高裁判所は，「新薬の副作用による死亡事故および新薬出荷停止の決定」という事実は，「決定事実」，「発生事実」，「業績変動」のいずれにも該当しないが，このバスケット条項に該当するものと判断しました。

このように，バスケット条項は，それが投資判断にとって重要な情報であるかどうかという観点から，幅広くいろいろな情報をインサイダー情報として取扱うということです。したがって，ある情報が，ただ形式的に「決定事実」，「発生事実」，「業績変動」に該当しない事実であるからインサイダー規制に抵触しないというわけではないこととなります。

⑥　上場会社等の子会社の「決定事実」

子会社の決定事実としては，上場会社等の子会社の業務執行を決定する機関が，以下の事項を行うことを決定したこと（決定），あるいは実施すると公表したことを実施しないと決定したこと（決定の撤回）が重要事実とされています。

・株式交換
・株式移転
・合　併
・会社の分割
・事業の譲渡・譲受け
・解　散
・新製品または新技術の企業化
・業務上の提携その他①〜⑦に掲げる事項に準ずる事項として政令で定める事項

これに関しても，軽微基準が規定されています。

⑦　上場会社等の子会社の「発生事実」

子会社の発生事実としては，以下の事実が発生したことが重要事実とされています。

・災害に起因する損害または業務遂行の過程で生じた損害
・①に掲げる事実に準ずる事実として政令で定める事実

これに関しても，軽微基準が規定されています。

⑧　上場会社等の子会社の「業績変動」

子会社の業績変動としては，業績に関係する以下の事項に関して，公表された直近の予想値と比較して，新たに算出した予想値または当事業年度の決算において差異が生じた場合，重要事実に該当するとされています。

・売上高
・経常利益
・純利益

これに関しても，軽微基準が規定されています。

なお，この規定が適用される子会社は社債券や株券などを金融商品取引所に上場しているものの発行者である子会社など，一定の子会社に限定されています（金商法166条２項７号，有価証券規制府令55条１項）。したがって，完全子会社など，上場企業ではない子会社に業績変動があっても，原則として重要事実に該当しません。

⑨　投資判断に著しい影響を及ぼす上場会社等の子会社の運営等に関する重要事実

子会社についてもバスケット条項が規定されています。したがって，上記の⑤～⑦には形式的には当てはまらない事実でも，上場会社等の子会社の運営等に関する事実であって投資判断に著しい影響を及ぼす事実であれば，インサイダー規制が課されることになります。

(6)　公　表

インサイダー取引規制はあくまでも，一般に公表されていない情報を用いた不公正な取引を禁止するものですので，重要事実が「公表された後」であれば適用されないこととされています（金商法166条1項）。このため，「公表」には，インサイダー取引禁止の解除要件としての非常に重要な意味があります。そして，このインサイダー取引禁止の解除のための「公表」は，どのような方法でなされてもいいというものではなく，法令に従った方法による「公表」である必要があります。たとえば，上場会社によって公開される前に報道機関がスクープとしてある重要事実を報道したような場合には，一般的には「公表」と考えてもよいように思われますが，少なくとも法令上は「公表」されたことにはならないと考えられています。金商法は，このような「公表」について以下の3つを定めています。

・会社が，複数の報道機関（新聞やテレビ局など）に対して公開し，12時間が経過したこと
・金融商品取引所に通知し，これが当該証券取引所において東証のTDnetなどの電磁的方法により公衆の縦覧に供されたこと
・開示書類（有価証券届出書，有価証券報告書，半期報告書，臨時報告書，発行登録書など。これらの添付書類や訂正書類を含む）が公衆の縦覧に供されたこと（EDINETで表示されたことなど）

報道機関に対する公開は，1つの報道機関では足りず，複数の報道機関

に対する公開である必要があります。これは，報道機関相互に競争原理を働かせ，報道させる意欲を高めさせるためです。その反面，結果としていずれの報道機関がその情報を実際に報道しなかったとしても，「公開」したこととなります。

報道機関への公表の場合には，報道機関がさらに一般人へと報道するまでのタイムラグを勘案して，12時間が経過するまではインサイダー取引規制が適用されます。これに対し，TDnetやEDINETによる公表には，このような時間制限は設けられていません。

⑺　情報伝達・取引推奨行為の禁止

インサイダー取引規制においては，「取引」が禁じられているだけではなく，インサイダー情報を「伝達」する行為それ自体も禁じられています。

具体的に禁じられている行為は，以下の①②のとおりです（金商法167条の２）。端的には，会社関係者や公開買付者等関係者が重要事実（インサイダー情報）を他人に伝達する行為を禁じています。これ以外の者が偶然に知った重要事実を他人に伝達する行為までは禁じられていません。

①　会社関係者が，他人に対し，当該業務等に関する重要事実について公表がされたこととなる前に，当該上場会社等の特定有価証券等に係る売買等をさせることにより当該他人に利益を得させ，または当該他人の損失の発生を回避させる目的をもって，当該業務等に関する重要事実を伝達し，または当該売買等をすることを勧める行為。

②　公開買付者等関係者が，他人に対し，当該公開買付等事実について公表がされたこととなる前に，当該公開買付等に係る株券等に係る買付等（公開買付等の実施に関する事実の場合）または売付等（公開買付等の中止に関する事実の場合）をさせることにより当該他人に利益を得させ，または当該他人の損失の発生を回避させる目的をもって，当該公開買付等事実を伝達し，または当該買付等もしくは当該売付等をすることを勧める行為。

 8 金融商品取引業者に対する規制

⑴　インサイダー取引の受託等の禁止

有価証券取引は金融商品取引業者を通じて行われることが多いことから，インサイダー取引の未然防止のためには金融商品取引業者の役割も重要です。そのような観点から，金融商品取引業者等およびその役職員は，顧客の有価証券の売買その他の取引等がインサイダー取引に該当すること，またそのおそれがあることを知りながら，当該有価証券の売買その他の取引等の受託等をする行為が禁止されています（業府令117条１項13号）。

⑵　法人関係情報取引の禁止

金融商品取引業者等は，有価証券取引の仲介者として，インサイダー取引に関与することがあってはなりません。そのため，金融商品取引業者等およびその役職員は，有価証券の売買等につき，顧客に対してインサイダー情報である「法人関係情報」を提供して勧誘を行ってはならないものとされています（業府令117条１項14号）。「法人関係情報」には，以下の２種類があるものとされています（業府令１条４項14号）。

①　上場会社の重要情報：上場会社等の運営，業務または財産に関する公表されていない重要な情報であって顧客の投資判断に影響を及ぼすと認められるもの

②　公開買付関連情報：公開買付けまたはこれに準ずる株券等の買い集めの実施または中止の決定に係る公表されていない情報

たとえば，証券会社が未公表の株価値上がり情報を個人顧客に知らせて，その有価証券の売買を勧誘する行為が禁じられることとなります。通常のインサイダー取引規制との大きな違いは，通常のインサイダー取引規制は，「会社関係者」や「情報受領者」が，「職務に関して」知った場合や

「伝達を受けた」場合に初めて規制されるのに対して，「法人関係情報」取引については，証券会社は，「会社関係者」や「情報受領者」ではなくても，ただその情報をもっているというだけで規制の対象となるというところです。

また，金融商品取引業者等は，「法人関係情報」に基づいて，自己の計算において有価証券の売買その他の取引等を行ってはならないものとされています（業府令117条１項16号）。

9 短期売買の規制

上場会社等の役員または主要株主は，その上場会社において重要な地位を占めるために，その上場会社の発行する有価証券についての重要な情報を知る可能性が高いといえます。そこで，これらの役員や主要株主が，６か月以内という短期間の間に，有価証券の売買をして利益を得たときは，その利益を会社へ提供すべきものとされています。たとえば，上場会社の役員が，３月１日に，その上場会社の株式を１株1,000,000円で購入し，７月１日に１株1,500,000円で売却した場合には，その差額である１株につき500,000円を，その上場会社に提供しなければなりません。また，上場会社の役員や主要株主が短期売買を行った場合には，その短期売買に関する報告書（一般的に「短期売買報告書」と呼ばれている）を，内閣総理大臣に提出しなければなりません（金商法163条１項）。

この規制は，その役員が，インサイダー情報を知らずに売買を行ったとしても適用されます（インサイダー情報である重要な事実を知って取引を行っていた場合には，さらにインサイダー取引規制の罰則なども適用される）。これは，インサイダー情報を知って売買をしたかどうかを証明することは実際には困難であるため，役員や主要株主がインサイダー情報に触れる機会が多いことを前提に，インサイダー情報の利用を一般的に予防しようとする趣旨です。

 その他の詐欺的行為の禁止

⑴　虚偽の相場の公示等の禁止（金商法168条）

法律上，何人も，有価証券等の相場を偽って公示し，または公示しもしくは頒布する目的をもって有価証券等の相場を偽って記載した文書を作成し，もしくは頒布してはならないものとされています（金商法168条１項）。

また，何人も，発行者，有価証券の売出しをする者，特定投資家向け売付け勧誘等をする者，引受人または金融商品取引業者等の請託を受けて，公示しまたは頒布する目的をもってこれらの者の発行，分担または取扱いにかかる有価証券に関し重要な事項について虚偽の記載をした文書を作成し，または頒布してはならないものとされています（金商法168条２項）。

さらに，発行者，有価証券の売出しをする者，特定投資家向け売付け勧誘等をする者，引受人または金融商品取引業者等は，上記の請託をしてはならないものとされています（金商法168条３項）。

⑵　対価を受けて行う新聞等への意見表示の制限（金商法169条）

法律上，何人も，発行者，有価証券の売出しをする者，特定投資家向け売付け勧誘等をする者，引受人，金融商品取引業者等または公開買付けを行う者から対価を受け，または受けるべき約束をして，有価証券，発行者または公開買付けを行う者に関し投資についての判断を提供すべき意見を新聞紙もしくは雑誌に掲載し，または文書，放送，映画その他の方法を用いて一般に表示する場合には，当該対価を受け，または受けるべき約束をして行う旨の表示を併せてしなければならないとされています（金商法169条）。

すなわち，有価証券の発行者や公開買付者から対価を受けて特定の有価証券やその発行者についての新聞雑誌などの記事を記載すると，どうして

もその有価証券や発行会社に有利な意見になりがちです。したがって，発行者，証券会社，登録金融機関，または公開買付を行う者から対価を受け，有価証券，発行者，または公開買付者に関し投資についての判断を提供すべき意見を新聞紙や雑誌に掲載する場合には，対価を表示する必要があることとなります。

ただし，広告料を受け，または受けるべき約束をしている者が，当該広告料を対価とし，広告として表示する場合については，この限りではありません。一見して広告であることが明白である場合には，これらの弊害は生じないと考えられるためです。

⑶　有利買付け等の表示の禁止（金商法170条）

法律上，何人も，新たに発行される有価証券の取得の申込みの勧誘または，すでに発行された有価証券の売付けの申込みもしくはその買付けの申込みの勧誘のうち，不特定かつ多数の者に対するもの（「有価証券の不特定多数者向け勧誘等」という）を行うに際し，不特定かつ多数の者に対して，これらの者の取得する当該有価証券を，自己または他人が，あらかじめ特定した価格（あらかじめ特定した額につき一定の基準により算出される価格を含む）もしくはこれを超える価格により買い付ける旨またはあらかじめ特定した価格もしくはこれを超える価格により売り付けることをあっせんする旨の表示をし，またはこれらの表示と誤認されるおそれがある表示をしてはならないものとされています（金商法170条本文）。

「あらかじめ特定した価格により買い付ける」というのは，「売付け額で買い戻す」というような表示です。

「これを超える価格で買い付ける」とは，「売付け額を超える価格により買い戻す」というような表示です。ただし，当該有価証券が，国債証券，社債券など，償還が予定されている有価証券は例外とされています（金商法170条ただし書）。

⑷　一定の配当等の表示の禁止（金商法171条）

相対取引の場合に，「１株年100円の利益配当が行われる」というような表示をすることは，特に弊害を生じることもありませんが，有価証券の不特定多数向け勧誘に際して，不特定かつ多数の者に対してそのような表示をすることは許されません。また,「年２割の配当を行う」といったように，一定の割合を示して表示を行う場合も同様です。

ただし，このような表示が予想に基づくものであることが明示されている場合には，弊害を生じるおそれはないものと考えられることから，禁止されていません。したがって，「予想配当は年２割です」といった表示であれば適法であるということになります。

具体的には，法律上は，有価証券の不特定多数者向け勧誘等（国債証券，社債権などは除く）をする者またはこれらの者の役員，相談役，顧問その他これらに準ずる地位にある者もしくは代理人,使用人その他の従業者は，当該有価証券の不特定多数者向け勧誘等に際し，不特定かつ多数の者に対して，当該有価証券に関し一定の期間につき，利益の配当，収益の分配その他いかなる名称をもってするを問わず，一定の額（一定の基準によりあらかじめ算出することができる額を含む）またはこれを超える額の金銭（処分することにより一定の額またはこれを超える額の金銭を得ることができるものを含む）の供与が行われる旨の表示（当該表示と誤認されるおそれがある表示を含む）をしてはならないものとされています（金商法171条本文)。

11　無登録業者による広告・勧誘行為の禁止および未公開有価証券の売付け等の効果

金融商品取引業者等，金融商品仲介業者その他の法令の規定により金融商品取引業を行うことができる者以外の者は，①金商法36条の２第１項に規定する標識またはこれに類似する標識の掲示その他の金融商品取引業を行う旨の表示をすること，および②金融商品取引業を行うことを目的として，金融商品取引契約の締結について勧誘をすることが禁止されています（金商法31条の３の２）。

また，無登録業者（金商法29条の規定に違反して，内閣総理大臣の登録を受けないで第一種金融商品取引業または第二種金融商品取引業を行う者）が，未公開有価証券につき売付け等（売付けまたはその媒介もしくは代理，募集または売出しもしくは私募の取扱い）を行った場合には，当該売付け等に係る契約または当該売付け等により締結された契約であって，顧客による当該未公開有価証券の取得を内容とするものは，原則として無効とされています（金商法171条の２）。

ただし，無登録業者等が，①当該売付け等が顧客の知識，経験，財産の状況および当該対象契約を締結する目的に照らして顧客の保護に欠けるものではないこと，または②当該売付け等が不当な利得行為に該当しないことを証明したときには，当該対象契約は無効とはなりません。

未公開有価証券とは，以下のものをいいます。

> 社債券，株券，新株予約権証券，その他の適正な取引を確保することが特に必要な有価証券として政令で定める有価証券であって，次に掲げる有価証券のいずれにも該当しないもの
>
> ①　金融商品取引所に上場されている有価証券
>
> ②　店頭売買有価証券または取扱有価証券
>
> ③　前二号に掲げるもののほか，その売買価格または発行者に関する情報を容易に取得することができる有価証券として政令で定める有価証券

第10

証券外務員制度

銀行業務検定試験－過去の出題

…2023年（第155回）・問10
…2022年（第152回）・問10
…2021年（第149回）・問10
…2020年（第147回）・問9

1 外務員の意義

外務員とは，加入員，販売員，外交員その他いかなる名称を有する者であるかを問わず，金融商品取引業者である会社の役員または使用人のうち，その金融商品取引業者のために，次に掲げる行為を行う者をいいます。金融商品取引業者は，外務員の氏名等について登録を受けなければならず（金商法64条１項），かかる登録を得たもの以外の者に外務員の職務を行わせた場合には，１年以下の懲役もしくは100万円以下の罰金に処せられます（金商法201条７号）。

このように登録制度が採用されている趣旨は，外務員として不適当なものを排除するためです。

①　第一項有価証券に係る次に掲げる行為

・有価証券の売買，市場デリバティブ取引または外国市場デリバティブ取引
・上記の媒介，取次ぎ，または代理

- 取引所金融市場における有価証券の売買または市場デリバティブ取引の委託の媒介，取次ぎ，または代理
- 外国金融商品市場における有価証券の売買または外国市場デリバティブ取引の委託の媒介，取次ぎ，または代理
- 有価証券等清算取次ぎ
- 有価証券の売出し
- 有価証券の募集もしくは売出しの取扱いまたは私募の取扱い
- 第一項有価証券の売買またはその媒介，取次ぎ（有価証券等清算取次ぎを除く）もしくは代理の申込みの勧誘
- 第一項有価証券についての市場デリバティブ取引もしくは外国市場デリバティブ取引またはその媒介，取次ぎ（有価証券等清算取次ぎを除く）もしくは代理の申込みの勧誘
- 第一項有価証券についての市場デリバティブ取引または外国市場デリバティブ取引の委託の勧誘

②　次に掲げる行為

- 店頭デリバティブ取引等（店頭デリバティブ取引の媒介・取次ぎ・代理）
- 引受業務
- PTS に関する業務
- 店頭デリバティブ取引等の申込みの勧誘

③　第一項有価証券以外に係る以下の行為（金商法施行令17条の14）

- 市場デリバティブ取引もしくは外国市場デリバティブ取引またはその媒介，取次ぎもしくは代理
- 市場デリバティブ取引または外国市場デリバティブ取引の委託の媒介，取次ぎまたは代理
- 市場デリバティブ取引もしくは外国市場デリバティブ取引またはその媒介，取次ぎもしくは代理の申込みの勧誘
- 市場デリバティブ取引または外国市場デリバティブ取引の委託の勧誘

なお，金融商品取引業者等向けの総合的な監督指針Ⅳ－４－３では，金融商品取引業者の店内業務（店頭業務を含む）に従事する役員または使用人のうち，金商法64条１項に規定する外務員登録原簿に登録を必要とする者として，①勧誘を目的とした金融商品取引等の内容説明，②金融商品取引等の勧誘，③注文の受注，④勧誘を目的とした情報の提供等（バックオフィス業務に関することおよび顧客の依頼に基づく客観的情報の提供を除く），⑤金商法64条１項１号または２号に掲げる行為を行う者が挙げられています。

また，日本証券業協会は，外務員の登録事務について金融庁から委託を受けており（金商法64条の７），外務員登録の前提として，取り扱うことができる業務等に応じて６つの外務員資格（①一種外務員，②信用取引外務員，③二種外務員，④特別会員一種外務員，⑤特別会員二種外務員，⑥特別会員四種外務員）を設けています。同協会が定める「協会員の外務員の資格，登録等に関する規則」によれば，各外務員資格は概ね以下のとおりとされています。

①　一種外務員

外務員のうち，外務員の職務を行うことができる者をいう。

②　信用取引外務員

外務員のうち，二種外務員の外務員の職務および信用取引等に係る外務員の職務を行うことができる者をいう。

③　二種外務員

外務員のうち，有価証券（次に掲げるものを除く）に係る外務員の職務および金商法33条２項６号に規定する行為に係る外務員の職務を行うことができる者をいう。

イ　新株予約権証券

ロ　新投資口予約権証券

ハ　カバードワラント

ニ　イからハに掲げるものに係る金商法２条１項20号に掲げる証券または証書

ホ　店頭デリバティブ取引に類する複雑な仕組債

ヘ　店頭デリバティブ取引に類する複雑な投資信託

ト　レバレッジ投資信託

④　特別会員一種外務員

外務員のうち，特別会員においては，登録金融機関業務に係る外務員の職務を行うことができる者を，店頭デリバティブ取引会員においては，特定店頭デリバティブ取引等に係る外務員の職務を行うことができる者をいう。

⑤　特別会員二種外務員

外務員のうち，金商法33条２項１号・２号・３号ロおよび４号イに掲げる業務（次に掲げる有価証券および取引に係る業務を除く）ならびに金商法33条２項６号に規定する行為に係る外務員の職務を行うことができる者をいう。

イ　新投資口予約権証券

ロ　店頭デリバティブ取引に類する複雑な仕組債

ハ　店頭デリバティブ取引に類する複雑な投資信託

ニ　レバレッジ投資信託

ホ　有価証券関連デリバティブ取引等

ヘ　選択権付債券売買取引

⑥　特別会員四種外務員

外務員のうち，金商法33条の８第２項に規定する特定金融商品取引業務（次に掲げる有価証券に係る業務を除く）に係る外務員の職務を行うことができる者をいう。

イ　新投資口予約権証券

ロ　店頭デリバティブ取引に類する複雑な投資信託

ハ　レバレッジ投資信託

 外務員の登録

⑴　登　録

金融商品取引業者が外務員の登録申請書を提出した場合には，内閣総理大臣は，外務員の氏名，生年月日，外務員としての職務経験，等の事項を登録することとされています（金商法64条５項）。

⑵　登録拒否事由

①成年被後見人もしくは被保佐人，破産手続開始の決定を受けて復権を得ない者，禁錮以上の刑に処せられ，その刑の執行を終わった日から５年を経過しない者，②他の金融商品取引業者や金融商品仲介業者の登録を得ている者，③金融商品仲介業者の登録を受けている者などについては，登録を拒否しなければなりません（金商法64条の２第１項）。

⑶　変更届出

金融商品取引業者は，①外務員の登録事項（氏名など）に変更があった場合，②外務員が上記⑵の登録拒否事由に該当した場合，③退職その他の理由により外務員の職務を行わないこととなった場合には，遅滞なくその旨を内閣総理大臣に届け出なければなりません（金商法64条の４）。

⑷　登録の抹消

外務員の登録は，①外務員に対する監督上の処分により外務員登録が取り消されたとき，②その外務員が所属する金融商品取引業者等が解散したときや業務を廃止したとき，③退職その他の理由により外務員の職務を行わないこととなった事実が確認されたときなどには，登録が抹消されます（金商法64条の６）。

3 外務員の権限

外務員は，その所属する金融商品取引業者等に代わって，上記❷(1)に記載される行為に関し，一切の裁判外の行為を行う権限を有するものとみなされます（金商法64条の３）。したがって，金融商品取引業者が外務員の権限を制限していた場合であっても，外務員のした行為について責任を負わなければなりません。ただし，外務員の取引の相手方が悪意であった場合においては，このような責任は負わないこととされます（金商法64条の３第２項）。

なお，登録を受けていない外務員が行った行為についても，金融商品取引業者は同様の責任を負います。

4 外務員に対する監督上の処分

内閣総理大臣は，登録を受けている外務員が以下のいずれかの事由に該当する場合においては，その登録を取り消し，または２年以内の期間を定めてその職務の停止を命ずることができます（金商法64条の５第１項）。

① その外務員が登録拒否事由に該当するとき

② その業務上，法令に違反したとき，その他外務員の職務に関して著しく不適当な行為をしたとき

③ 過去５年間の登録抹消中に，②に該当する法令違反などを行ったとき

内閣総理大臣は，このような処分をしようとするときは聴聞を行わなければならず（金商法64条の５第２項），実際に処分を行った場合には，その旨を外務員が所属する金融商品取引業者に通知しなければならないとされています（金商法64条の５第３項）。

第11
金融商品取引所

1 金融商品取引所とは

(1) 証券取引所から金融商品取引所へ

金融商品取引所については，旧法下においては，証取法に基づく証券取引所および金融先物取引法に基づく金融先物取引所がありました。金商法においては，これらは「金融商品取引所」（２条16項，５章）として統合され，横断的な法制が設備されています。また，これに伴い，金融商品取引所の取引対象は，①有価証券の売買，および②市場デリバティブ取引とされています（金商法２条14項・16項，80条，121条。旧法下では，有価証券の売買と有価証券に関連する一定のデリバティブ取引に限定されていた)。

(2) 金融商品市場開設の免許

金商法上，金融商品市場は，認可金融商品取引業協会を除き，内閣総理大臣の免許を受けた者でなければ開設してはならないとされています（金商法80条１項)。内閣総理大臣は，免許の申請があった場合においては，その申請者が必要な人的構成を備えているか等の審査を行います（金商法82条１項)。

なお，金融商品取引業者等または金融商品仲介業者が，金商法の定めるところに従って有価証券の売買もしくは市場デリバティブ取引（取引所金融商品市場によらないで行われるものを除く）等を行う場合には，その限りではないものとされています（金商法80条２項）。金融商品取引業者等が金商業として同時に多数の顧客を相手に有価証券の売買等を行うことは，金融商品市場の開設に該当する場合もあり得ますが，金融商品取引業者等がこのような行為を法令に従って行う場合には，その監督規制に服しているといえるためです。

金融商品取引所は，他業が禁止されており，取引所金融商品市場の開設およびこれに付帯する業務以外の業務を営むことができません（金商法87条の２）。

ただし，下記「❻取引所の相互乗入れ」に記載のとおり，金融商品取引所と商品取引所の相互乗入れが認められており，株式会社金融商品取引所は，内閣総理大臣の認可を受けて，商品取引所開設業務を営むことができます。

⑶　金融商品取引所における上場可能な商品の範囲

金商法では，取引所の取引対象範囲が，①有価証券の売買，および，②市場デリバティブ取引とされています（金商法２条14項・16項，80条，121条）。また，金融商品取引所の上場商品の範囲についても，有価証券および市場デリバティブ取引のための「金融商品等」（金融商品，金融指標またはオプション）（金商法84条２項）とされています（金商法121条）。

なお，日本取引所グループ（JPX）傘下の東京証券取引所と大阪取引所では，主に東京証券取引所が株券等の現物取引を，大阪取引所が先物等のデリバティブ取引を行うという棲み分けがなされています。

⑷　金融商品取引所における上場の手続

金商法においては，金融商品の上場にかかる手続が統一され，金融商品取引所が，有価証券を売買のため，または金融商品等を市場デリバティブ取引のため上場しようとする場合には，上場しようとする取引所金融商品市場ごとに，その旨を内閣総理大臣に事前届出する必要があります（金商法121条）。

なお，金融商品取引所等が発行者である有価証券を売買のため上場しようとする場合，または当該有価証券，当該有価証券にかかる金融指標もしくは当該有価証券にかかるオプションを市場デリバティブ取引のため上場しようとする場合には，承認制とされています（金商法122条，124条）。

2 金融商品取引所の２つの形態

⑴ 金融商品会員制法人と株式会社金融商品取引所

金融商品取引所は，①金融商品会員制法人，または，②株式会社でなければなりません（金商法83条の２）。株式会社については，取締役会設置会社であることや一定の資本金以上であることなど一定の要件を満たすものに限ります。

⑵ 金融商品会員制法人

金融商品会員制法人は，法人とされています（金商法88条１項）。金融商品会員制法人を設立するには，会員になろうとする金融商品取引業者等が発起人とならなければならないものとされています（金商法88条の２第２項）。

金融商品会員制法人の会員は，金融商品取引業者等に限られています（金商法91条）。会員は，定款の定めるところにより出資をしなければなりません（金商法92条１項）。金融商品会員制法人の会員は，その金融商品会員制法人の開設する金融商品市場で有価証券の売買等を行う権利が与えられます。これに対し，会員ではない金融商品取引業者等は，手数料を払って金融商品会員制法人に金融商品の売買等を委託することになります。

なお，会員には，会員総会での議決権や役員選挙の選挙権・被選挙権があります。

⑶　金融商品会員制法人の会員

株式会社金融商品取引所に対しては，会社法の株式会社に関する規定が原則として適用されます。ただし，会社法に定められる以外の定款記載事項（たとえば，取引参加者の法令遵守状況等の調査に関する事項や規則の作成に関する事項等）の定款への記載が要求されますし（金商法103条），後述するように株式保有制限があります。

3　会員または取引参加者の範囲

金融商品取引所の会員等の資格は，基本的に業者に限定されています。すなわち，取引所金融商品市場における取引は，当該取引所の会員等（会員または取引参加者）（金商法81条１項３号）に限り行うことができます（金商法111条１項）。

会員資格については，金融商品会員制法人（金商法２条15項）の会員資格は金融商品取引業者等（金融商品取引業者または登録金融機関）（金商法34条）に限定されます。

会員金融商品取引所（金商法87条の６第１項）の取引参加者（金商法２条19項）は，会員に加えて，金融商品取引業者，取引所取引許可業者または登録金融機関とされています（金商法112条）。

株式会社金融商品取引所（金商法87条の６第２項）の取引参加者は，金融商品取引業者，取引所取引許可業者または登録金融機関とされています（金商法113条１項）。なお，登録金融機関については，登録金融機関業務（金商法33条の５第１項３号）にかかる取引に限定されています。

 取引所の自主規制業務

(1) 自主規制の必要性

証券取引所および金融先物取引所は，株式会社になることが認められており，現在，東京証券取引所，大阪証券取引所，名古屋証券取引所等が株式会社となっています。

とはいえ，特に株式会社形態をとる取引所においては，「株式会社としての営利性」と「取引所としての自主規制機能」の間に，利益相反を生じるおそれがあります。そのため，取引所としての自主規制機能の独立性（すなわち，営利を追求する他の部門からの独立）が重要となります。世界的にも，取引所の株式会社化が進んでおり，取引所の自主規制機能は国際的な議論がなされています。

(2) 自主規制業務

金商法では，金融商品取引所は，その自主規制業務を適切に行わなければならないと義務付けています（金商法84条１項）。金融商品取引所の「自主規制業務」とは，おおまかには，①上場および上場廃止に関する業務，②会員等の法令遵守等の状況の調査，③その他内閣府令で定める業務とされています（金商法84条２項）。

(3) 自主規制機関

そして，自主規制業務を執り行う組織形態として，以下のように，①外部の組織を必要とする「自主規制法人方式」と，②内部の組織で自主規制業務を行うとする「自主規制委員会方式」の２つの方式を法定し，市場開設者ごとにその判断によって，いずれの方式を採用するかを選択できるようにしています。

① **自主規制法人方式**：その金融商品取引所とは別個の法人である「自主規制法人」（金商法102条の２以下）に対し，自主規制業務の全部または一部を委託する方式です。その委託には，内閣総理大臣の認可が必要です。

② **自主規制委員会方式**：株式会社である金融商品取引所が，内部組織として自主規制委員会を設ける方式です（金商法105条の４以下）。

ただし，金商法においては，金融商品取引所は，自主規制業務を適切に行わなければならないと規定する（金商法84条１項）一方，自主規制法人の設立や自主規制委員会の設置を義務付けることとしていません。したがって，取引所が内部規則に基づく自主的な取組みによって自主規制業務を遂行することも認められています。

(4) 自主規制法人

自主規制法人は，自主規制業務を行うことを目的として，金商法102条の２以下の規定に基づいて設立される同法上の非営利の法人です。自主規制法人は，自主規制業務を開始する前に，内閣総理大臣の認可を受けなければなりません（金商法102条の14)。

自主規制法人の業務は，自主規制業務およびこれに附帯する業務に限定されますが（金商法102条の22)，複数の取引所からの業務の受託も可能です。また，独立性確保の観点から理事の過半数は，外部理事でなければならないとされています。自主規制法人による自主規制業務が適当と認められない場合には，行政処分の対象となります（金商法153条の２)。

(5) 自主規制委員会

自主規制委員会は，株式会社金融商品取引所の自主規制業務に関する事項の決定を行う組織で，定款の定めにより設置することができます（金商法105条の４第２項)。自主規制委員会は，取締役会に置かれる機関とされていますが，取締役会の下部機関ではなく，独立してその業務を決定するものですので，委員会設置会社における委員会に類似するものといえます。委員会の構成員である自主規制委員は，金融商品取引所の取締役のなかから取締役会決議によって選任される自主規制委員３人以上から構成されます。

自主規制委員会の独立性の観点から，自主規制委員の過半数と自主規制委員長は，社外取締役のうちから選定される必要があります（金商法105条の５第１項・２項・４項）。また，取締役会は，自主規制委員会の職務執行に必要な事項（いわば自主規制システム）を決定しなければならないとされています（金商法106条）。

監督当局が，自主規制委員会の独立性についても監督を行うことができます。

自主規制委員会は，営利性との利益相反が生じやすい株式会社金融商品取引所のための制度ですので，会員金融商品取引所は，金商法上の自主規制委員会を置くことはできません。

5　株式会社金融商品取引所の主要株主規制

金商法では，株式会社金融商品取引所の議決権の20％以上を取得・保有する場合には認可を受ける必要があり，さらに50％を超える議決権の取得・保有を禁止されています。20％以上の取得・保有の認可については，基準の明確化の観点（たとえば，明らかに利益相反の可能性があると認められる上場企業や金融機関等が取得できないことを明確化する趣旨で）から，その認可対象の範囲を地方公共団体等と明記し，それ以外の者については20％以上（取引所との一定の関係者については，15％以上）の取得・保有を禁止することとしました（金商法103条の２第１項，106条の３第１項）。

ただし，認可金融商品取引業協会・金融商品取引所・商品取引所等が取得する場合は除外されていますので，50％を超える議決権の取得も可能となります。

取引所の相互乗入れ

(1)　金融商品取引所による商品市場の開設

株式会社金融商品取引所は，内閣総理大臣の認可を受けて，商品取引所開設業務を営むことができ（金商法87条の２），株式会社金融商品取引所が商品市場を開設することができます。ただし，金融商品会員制法人については，従前どおり商品取引所を開設することは認められていません。

(2)　金融商品取引所と商品取引所のグループ化

金融商品取引所は，内閣総理大臣の認可を受けて，商品取引所開設業務を営む会社を子会社として保有することができます（金商法87条の２の認可を受けて商品市場を開設する金融商品取引所は，内閣総理大臣の認可を受けることなく子会社とすることが可能）（金商法87条の３）。また逆に，商品取引所が認可を受けることなく株式会社金融商品取引所の議決権の20％以上を保有することもでき（金商法103条の２），金融商品取引所と商品取引所がグループ化することも可能です。

さらに，2012（平成24）年の金商法改正において，「総合的な取引所」の実現に向けた制度整備の一環として，一定の商品を「金融商品」と位置付け（金商法２条24項３号の２），当該商品に係る市場デリバティブ取引（金商法２条21項）を，商品市場を開設することなく金融商品取引所において取り扱えることとする改正が行われています。

金融商品取引清算機関

金融商品取引所では，複数の市場参加者による売買が連続して行われますが，売買取引ごとに実際の決済を売買の相手方との間で行うことは非効率であるため，複数の市場参加者同士の売買関係を一括して清算を行う清算機関の仕組みが要請されます。

当該要請に従い，金商法は，金融商品債務引受業の免許制度を設けております（金商法156条の２）。また，金融商品取引所は，内閣総理大臣の承認を受けて，免許を受けずに，金融商品債務引受業を営むことができます（金商法156条の19第１項）。これらの免許または承認を受けて金融商品債務引受業を行う者を金融商品取引清算機関といいます。

金融商品取引清算機関は，市場参加者による売買に係る債務を引き受け，決済履行を保証したうえで，ネッティングによって効率的に決済を行っています。現在，株式会社日本証券クリアリング機構，株式会社ほふりクリアリング等が金融商品取引清算機関として，金融商品債務引受業を行っています。

第12 金融ＡＤＲ制度

1 概　要

金融商品およびサービスに係る金融取引に関してはさまざまなトラブルが発生しています。そのようなトラブルに係る苦情紛争の裁判外での解決を図る手段として，金商法は，金融 ADR 制度を設けています。

具体的には，内閣総理大臣による紛争解決機関（指定紛争解決機関）の指定制度が設けられ（金商法156条の39），金融商品取引業者は，その行う業務について指定紛争解決機関の指定がなされている場合，当該指定紛争解決機関との間で手続実施基本契約を締結する義務および同契約の相手方である指定紛争解決機関の商号または名称を公表する義務が課せられています（金商法37条の７）。金融取引の当事者は，手続実施基本契約を締結した指定紛争解決機関に対して，紛争解決の申立てをすることができ（金商法156条の50第１項），当該申立てを受けた指定紛争解決機関は，紛争解決委員を選任し紛争解決手続を実施して，紛争の解決を図ります（金商法156条の50第２項・４項）。

2 金融商品取引業者等の指定紛争解決機関との契約締結義務

「第７金融商品取引業者に対する行為規制　❷金融商品取引業者一般に課される行為規制　⑽指定紛争解決機関との契約締結義務等」に記載のと

おり，金融商品取引業者等は，それぞれの業務内容に係る指定紛争解決機関が存在する場合には，当該指定紛争解決機関との間で手続実施基本契約を締結しなければならず，存在しない場合には，苦情処理措置および紛争解決措置を講じなければなりません（金商法37条の７第１項）。また，金融商品取引業者等が指定紛争解決機関と手続実施基本契約を締結した場合には，当該手続実施基本契約の相手方である指定紛争解決機関の商号または名称を公表しなければなりません（金商法37条の７第２項）。

3　紛争解決機関の指定

内閣総理大臣より指定紛争解決機関の指定を受けようとする者は，指定を受けようとする紛争解決等業務の種別および商号または名称などの必要事項を記載した指定申請書を内閣総理大臣に提出しなければなりません（金商法156条の40）。また，申請をしようとする者は，あらかじめ，金融商品取引関係業者に対して，当該申請者の業務規程の内容を説明し，これについての異議がないかどうかの意見を金融商品取引関係業者より徴収し，その結果を記載した書類を作成しなければなりません（金商法156条の39第２項）。そして，内閣総理大臣は，当該申請者が要件を備える場合には，紛争解決等業務の種別ごとに，当該申請者を指定紛争解決機関として指定することができます（金商法156条の39）。

指定されるための要件としては，①紛争解決等業務を適確に実施するに足りる経理的および技術的な基礎を要すること，②役員または職員の構成が紛争解決等業務の公正な実施に支障を及ぼすおそれがないものであること，③業務規程が法令に適合し，かつ，金商法の定めるところにより紛争解決等業務を公正かつ適確に実施するために十分であると認められること，④業務規程の内容について異議を述べた金融商品取引関係業者の数の金融商品取引関係業者の総数に占める割合が３分の１以下の割合であること，ならびに⑤金商法156条の61第１項の規定により指定を取り消された日から５年を経過していない者でないこと等が挙げられます。

なお，指定紛争解決機関の紛争解決委員もしくは役員もしくは職員またはこれらの職にあった者には守秘義務が課せられ，紛争解決等業務に関して知り得た秘密を漏らし，または自己の利益のために使用してはいけません（金商法156条の41）。

4 指定紛争解決機関の業務

(1) 業務規程

指定紛争解決機関は，金商法およびその業務規程に従って紛争解決等業務を行いますが（金商法156条の42），業務規程では以下に掲げる事項につき定めなければならず，業務規定の変更には内閣総理大臣の許可を受けることが必要です（金商法156条の44）。

① 手続実施基本契約の内容に関する事項
② 手続実施基本契約の締結に関する事項
③ 紛争解決等業務の実施に関する事項
④ 紛争解決等業務に要する費用について加入金融商品取引関係業者が負担する負担金に関する事項
⑤ 当事者である加入金融商品取引関係業者またはその顧客から紛争解決等業務の実施に関する料金を徴収する場合にあっては，当該料金に関する事項
⑥ 他の指定紛争解決機関その他相談，苦情の処理または紛争の解決を実施する国の機関，地方公共団体，民間事業者その他の者との連携に関する事項
⑦ 紛争解決等業務に関する苦情の処理に関する事項
⑧ 紛争解決等業務の実施に必要な事項として内閣府令で定めるもの（金融商品取引法第五章の五の規定による指定紛争解決機関に関す

る内閣府令（以下「指定紛争解決府令という）６条）

⑵　手続実施基本契約

指定紛争解決機関が締結する手続実施基本契約は，以下に掲げる事項を内容とするものでなければなりません（金商法156条の44第２項）。

① 指定紛争解決機関は，加入金融商品取引関係業者の顧客からの金融商品取引業等業務関連苦情の解決の申立てまたは当事者からの紛争解決手続の申立てに基づき苦情処理手続または紛争解決手続を開始すること
② 指定紛争解決機関または紛争解決委員は，苦情処理手続を開始し，または加入金融商品取引関係業者の顧客からの申立てに基づき紛争解決手続を開始した場合において，加入金融商品取引関係業者にこれらの手続に応じるよう求めることができ，当該加入金融商品取引関係業者は，その求めがあったときは，正当な理由なくこれを拒んではならないこと
③ 指定紛争解決機関または紛争解決委員は，苦情処理手続または紛争解決手続において，加入金融商品取引関係業者に対し，報告または帳簿書類その他の物件の提出を求めることができ，当該加入金融商品取引関係業者は，その求めがあったときは，正当な理由なくこれを拒んではならないこと
④ 紛争解決委員は，紛争解決手続において，金融商品取引業等業務関連紛争の解決に必要な和解案を作成し，当事者に対し，その受諾を勧告することができること
⑤ 紛争解決委員は，紛争解決手続において，④の和解案の受諾の勧告によっては当事者間に和解が成立する見込みがない場合において，事案の性質，当事者の意向，当事者の手続追行の状況その他の事情に照らして相当であると認めるときは，金融商品取引業等業務関連紛争の解決のために必要な特別調停案を作成し，理由を付して当事者に提示することができること

⑥　加入金融商品取引関係業者は，訴訟が係属している請求を目的とする紛争解決手続が開始された場合には，当該訴訟が係属している旨，当該訴訟における請求の理由および当該訴訟の程度を指定紛争解決機関に報告しなければならないこと

⑦　加入金融商品取引関係業者は，紛争解決手続の目的となった請求に係る訴訟が提起された場合には，当該訴訟が提起された旨および当該訴訟における請求の理由を指定紛争解決機関に報告しなければならないこと

⑧　⑥および⑦に規定する場合のほか，加入金融商品取引関係業者は，紛争解決手続の目的となった請求に係る訴訟に関し，当該訴訟の程度その他の事項の報告を求められた場合には，当該事項を指定紛争解決機関に報告しなければならないこと

⑨　加入金融商品取引関係業者は，⑥もしくは⑦の訴訟が裁判所に係属しなくなった場合またはその訴訟について裁判が確定した場合には，その旨およびその内容を指定紛争解決機関に報告しなければならないこと

⑩　加入金融商品取引関係業者は，その顧客に対し指定紛争解決機関による紛争解決等業務の実施について周知するため，必要な情報の提供その他の措置を講じなければならないこと

⑪　金融商品取引業等業務関連苦情の処理または金融商品取引業等業務関連紛争の解決の促進のために必要であるものとして内閣府令で定める事項（指定紛争解決府令７条）

※　⑤の特別調停案が提示された場合には，加入金融商品取引業者は，顧客が受諾しないとき，顧客が訴えを提起したときなどの場合を除いて，当該特別調停案を受諾しなければなりません（金商法156条の44第６項）。

⑶　手続実施基本契約の不履行の事実の公表

指定紛争解決機関は，手続実施基本契約により加入金融商品取引関係業者が負担する義務の不履行が生じた場合において，当該不履行につき正当

な理由がないと認めるときは，遅滞なく，当該加入金融商品取引関係業者の商号，名称または氏名および当該不履行の事実を公表し，内閣総理大臣に報告しなければなりません（金商法156条の45第１項）。

⑷　苦情処理手続

指定紛争解決機関は，加入金融商品取引関係業者の顧客から苦情についての解決の申立てがあったときは，その相談に応じ，当該顧客に必要な助言をし，苦情に係る事情を調査し，当該加入金融商品取引関係業者に対して，当該苦情の内容を通知して，その迅速な処理を求めなければなりません（金商法156条の49）。

⑸　紛争解決手続

金融取引の当事者は，加入金融商品取引関係業者に係る紛争の解決を図るために，当該加入金融商品取引関係業者が手続実施基本契約を締結した指定紛争解決機関に対して，紛争解決の申立てをすることができ，当該申立てを受けた指定紛争解決機関は，紛争解決委員を選任します（金商法156条の50第１項・２項・４項）。そして，紛争解決委員は，当事者もしくは参考人から意見を聴取し，もしくは報告書の提出などを求めたうえで，和解案を作成し，その受諾を勧告し，または特別調停案を提示することで，紛争の解決を図ります（金商法156条の50第６項）。

⑹　時効の完成猶予

紛争解決手続によっては当事者間に和解が成立する見込みがないことを理由に紛争解決委員が当該紛争解決手続を終了した場合には，当該紛争解決手続の申立てをした当事者がその旨の通知を受けた日から１か月以内に当該紛争解決手続の目的となった請求について訴えを提起したときは，時効の完成猶予に関しては，当該紛争解決手続における請求の時に，訴えがあったものとみなされます（金商法156条の51）。

 指定紛争解決機関に対する監督

(1) 業務改善命令

内閣総理大臣は，指定紛争解決機関の紛争解決等業務の運営に関し，紛争解決等業務の公正かつ適確な遂行を確保するために必要があると認めるときは，その必要の限度において，当該指定紛争解決機関に対して，その業務の運営の改善に必要な措置を命ずることができます（金商法156条の59）。

(2) 業務停止命令

内閣総理大臣は，指定紛争解決機関が以下のいずれかに該当するときは，当該指定紛争解決機関の金商法156条の39第１項の規定による指定を取り消し，または６か月以内の期間を定めて，その業務の全部もしくは一部の停止を命ずることができます（金商法156条の61）。

① 金商法156条の39第１項第２号から第７号までに掲げる要件に該当しないこととなったとき，または指定を受けた時点において同項各号のいずれかに該当していなかったことが判明したとき
② 不正の手段により金商法156条の39第１項の規定による指定を受けたとき
③ 法令または法令に基づく処分に違反したとき

第2編

金融サービスの提供に関する法律

銀行業務検定試験－過去の出題
…2023年（第155回）・問14
…2022年（第152回）・問14
…2021年（第149回）・問14
…2020年（第147回）・問14

はじめに

⑴　金融サービスの提供に関する法律制定の趣旨

一般的に，金融商品という抽象的でそのリスクを直ちに認識することが困難な商品を購入する場合，顧客は金融商品販売業者等と比較して，知識・経験において著しく劣っていることが通常であり，多くの場合，顧客は金融商品販売業者等によって提供された情報に依存するほかなく，当該金融商品のリスクを認識して主体的な判断を行うことが困難です。

そこで，金融サービスの提供に関する法律（以下「金サ法」という）は，金融商品販売業者等に顧客に対する説明義務を負わせ，説明を行わなかった場合の法的責任を顧客が販売業者を追及する枠組みを作り，さらには金融商品販売業者等に勧誘の適正の確保のための措置をとることを求めており，これによって金融商品の販売の適正を確保し，顧客の保護を図り，もって国民経済の健全な発展を図ることが期待されています（金サ法１条参照）。

2023年11月に可決・公布された「金融商品取引法等の一部を改正する法律」により，「金融サービスの提供に関する法律」は「金融サービスの提供及び利用環境の整備等に関する法律」に改称されました（施行日は2024年２月時点で未定）。

以下では，主として金融商品の販売に関するルールについて解説し，金融サービス仲介業の制度については「❻金融サービス仲介業の登録制度」で解説します。

⑵　金サ法の規制対象

金サ法は，金融商品そのものではなく，「(金融商品の) 販売等」という一定の行為をその規制対象とし，かつ，「金融商品の販売」を以下のとおり広く定義しています。これは，金サ法が規制対象とすべきものの中には，預金や有価証券等のように金融商品という概念（商品概念）に馴染むもののみならず，デリバティブ取引のように商品概念ではなく，行為概念に馴染むものが含まれているためです。この金サ法の規制対象である「金融商品の販売等」とは，金融商品の販売またはその代理もしくは媒介（顧客のために行われるものを含む）とされています（金サ法３条１項)。

ここでいう「金融商品の販売」とは，具体的には次の行為を指すものとされています（金サ法３条１項)。

①　預金等の受入れを内容とする契約の預金者等との締結
②　無尽に係る契約に基づく掛金の受入れを内容とする契約の掛金者との締結
③　信託財産の運用方法が特定されていない金銭の信託に係る信託契約の委託者との締結
④　保険業を行う者が保険者となる保険契約または保険もしくは共済に係る契約で保険契約に類するものとして政令（金融サービスの提供に関する法律施行令（以下「金サ法施行令」という）４条）で定めるものの保険契約者またはこれに類する者との締結
⑤　有価証券を取得させる行為
⑥　信託の受益権，外国の者に対する権利で信託の受益権の性質を有するもの，譲渡性預金証書をもって表示される金銭債権を取得させる行為
⑦　不動産特定共同事業契約の締結
⑧　市場デリバティブ取引もしくは外国市場デリバティブ取引またはこれらの取次ぎ
⑨　店頭デリバティブ取引またはその取次ぎ

第２編

⑩　金利，通貨の価格その他の指標の数値としてあらかじめ当事者間で約定された数値と将来の一定の時期における現実の当該指標の数値の差に基づいて算出される金銭の授受を約する取引であって政令（金サ法施行令５条）で定めるものまたはその取次ぎ
⑪　上記に類するものとして政令（金サ法施行令６条）で定める行為

なお，金サ法においては，金融商品の販売等を業として行う者を「金融商品販売業者等」といいます（金サ法３条３項）。

⑶　金商法との関係・相違点

金商法と金サ法は，いずれも幅広い金融商品を対象とした横断的な投資者保護のルールの整備等を図ることを目的としているという点においては共通です。しかしながら，金商法と金サ法は，以下のとおりその性質が異なる法律です。

すなわち，金商法は，いわゆる業者規制（業法）としての性質を有する法律であり，監督官庁が金融機関（金融商品取引業者等）を行政的に規制し，その違反については行政処分を課すことによって規制の目的を達成しようとするものです。

他方，金サ法は，当事者間の関係を規律する私法としての性質を有する法律であり，その違反については民事裁判等による個別の損害賠償が予定されています。したがって，金商法と金サ法は並列する関係にあり，金融機関による金融商品の販売等の行為については金商法と金サ法のいずれもが適用されることになりますので，金融機関は金商法と金サ法の両方を遵守しなければなりません。

なお，以上に加え，金サ法の適用対象は金商法の適用対象よりも広いことに留意が必要です。すなわち，金商法の規制対象は原則として元本割れリスクのある金融商品に限定されていますが，金サ法の規制対象は上記のとおり元本割れリスクのない商品を含む金融商品の販売等とされています。

2 説明義務

(1) 趣 旨

❶(1)で述べたとおり，一般的に，金融商品という抽象的でそのリスクを直ちに認識することが困難な商品を購入する場合，顧客は金融商品販売業者等と比較して，知識，経験において著しく劣っていることが通常であり，多くの場合，顧客は金融商品販売業者等によって提供された情報に依存するほかなく，当該金融商品のリスクを認識して主体的な判断を行うことが困難です。

そこで，このような金融商品販売業者等と顧客との間の情報格差を是正するために，金サ法（旧「金融商品の販売等に関する法律」）制定前から，判例において金融商品販売業者等の説明義務が認められてきました。しかし，判例の説明義務は，事件ごと，金融商品ごとに民法上の信義則（民法１条２項）を根拠にその内容が定まるものであるため，ケースバイケース的な判断がなされる面があり，いかなる事項および程度の説明がなされれば説明義務が果たされたといえるかという点について，必ずしも明らかではありませんでした。

そこで，金サ法は金融商品販売業者等の説明義務を法定したうえで，その説明が必要な事項等を明確に定めています。

(2) 説明義務の内容

金融商品販売業者等は，金融商品の販売等を業として行おうとするときは，当該金融商品の販売等に係る金融商品の販売が行われるまでの間に，顧客に対し以下に掲げる重要事項について説明をしなければなりません（金サ法４条１項）。

① 当該金融商品の販売について金利，通貨の価格，金融商品市場における相場その他の指標に係る変動を直接の原因として元本欠

損が生ずるおそれがあるときは，次に掲げる事項
イ　元本欠損が生ずるおそれがある旨
ロ　当該指標
ハ　当該指標に係る変動を直接の原因として元本欠損が生ずるおそれを生じさせる当該金融商品の販売に係る取引の仕組みのうちの重要な部分
② 当該金融商品の販売について金利，通貨の価格，金融商品市場における相場その他の指標に係る変動を直接の原因として当初元本を上回る損失が生ずるおそれがあるときは，次に掲げる事項
イ　当初元本を上回る損失が生ずるおそれがある旨
ロ　当該指標
ハ　上記の指標に係る変動を直接の原因として当初元本を上回る損失が生ずるおそれを生じさせる当該金融商品の販売に係る取引の仕組みのうちの重要な部分
③ 当該金融商品の販売について当該金融商品の販売を行う者その他の者の業務または財産の状況の変化を直接の原因として元本欠損が生ずるおそれがあるときは，次に掲げる事項
イ　元本欠損が生ずるおそれがある旨
ロ　当該者
ハ　上記の者の業務または財産の状況の変化を直接の原因として元本欠損が生ずるおそれを生じさせる当該金融商品の販売に係る取引の仕組みのうちの重要な部分
④ 当該金融商品の販売について当該金融商品の販売を行う者その他の者の業務または財産の状況の変化を直接の原因として当初元本を上回る損失が生ずるおそれがあるときは，次に掲げる事項
イ　当初元本を上回る損失が生ずるおそれがある旨
ロ　当該者
ハ　上記の者の業務または財産の状況の変化を直接の原因として

当初元本を上回る損失が生ずるおそれを生じさせる当該金融商品の販売に係る取引の仕組みのうちの重要な部分

⑤ ①から③に掲げるもののほか，当該金融商品の販売について顧客の判断に影響を及ぼすこととなる重要なものとして政令で定める事由（ただし，政令による指定はなされていない）を直接の原因として元本欠損が生ずるおそれがあるときは，次に掲げる事項

イ 元本欠損が生ずるおそれがある旨

ロ 当該事由

ハ 当該事由を直接の原因として元本欠損が生ずるおそれを生じさせる当該金融商品の販売に係る取引の仕組みのうちの重要な部分

⑥ ②および④に掲げるもののほか，当該金融商品の販売について顧客の判断に影響を及ぼすこととなる重要なものとして政令で定める事由（ただし，政令による指定はなされていない）を直接の原因として当初元本を上回る損失が生ずるおそれがあるときは，次に掲げる事項

イ 当初元本を上回る損失が生ずるおそれがある旨

ロ 当該事由

ハ 当該事由を直接の原因として当初元本を上回る損失が生ずるおそれを生じさせる当該金融商品の販売に係る取引の仕組みのうちの重要な部分

⑦ 当該金融商品の販売の対象である権利を行使することができる期間の制限または当該金融商品の販売に係る契約の解除をすることができる期間の制限があるときは，その旨

(3) 説明義務の程度（適合性の原則）

顧客に対する説明は，形式的に金サ法４条１項に掲げる事項（上記❷(2)参照）を説明すれば足りるものではなく，顧客に対して金融商品を購入す

るかどうかを判断するために必要な情報が顧客に対して実質的に提供されることが必要です。

そこで，金サ法上，顧客に対する説明は，顧客の知識，経験，財産の状況および契約締結の目的に照らして，当該顧客に理解されるために必要な方法および程度によるものでなければなりません（金サ法４条２項）。これは，説明義務を尽くしたかどうかの解釈基準として，適合性の原則（広義）（利用者の知識・経験，財産力，投資目的等に照らして適合した商品・サービスの販売・勧誘を行わなければならないという原則）の考え方を取り込んだものです。

⑷　非対面取引の場合

上記の説明義務の内容および程度は，対面取引と非対面取引（電話・ＡＴＭ・インターネット取引）とで異なるものではありません。ただし，非対面取引の場合には特に顧客が理解しているかを正確に把握することは難しいという特性があるため，たとえば，顧客が画面上に表示されている説明事項の内容をよく読んだ旨を確認すること，顧客からの問合せに適切に対応できる体制を整備すること，および，照会頻度が高い質問についての「Ｑ＆Ａ」を掲載することなど，実務上の工夫が必要と考えられます。

⑸　説明義務の例外

金サ法の定める説明義務の規定は，以下の場合には適用されません（金サ法４条７項）。

①　顧客が，金融商品の販売等に関する専門的知識および経験を有する者（プロ）である場合（金サ法４条７項１号）

②　説明を要しない旨の顧客の意思の表明があった場合（金サ法４条７項２号）

なお，上記①金融商品の販売等に関する専門的知識および経験を有する者（プロ）は特定顧客と呼ばれ，具体的には，金融商品販売業者等（金融商品の販売等を業として行う者（金サ法３条３項））および金商法２条31項に規定する特定投資家をいいます（金サ法施行令12条１項）。

(6) その他法律の規定

なお，金商法においても，契約締結前書面等の交付に関して顧客の知識，経験，財産の状況および金融商品取引契約を締結する目的に照らして，当該顧客に理解されるために必要な方法および程度による説明をすることなく，当該契約を締結する行為が禁止されています（金商法38条８号，業府令117条１号）。

(7) 説明義務違反の効果

説明義務違反の効果については，❹で後述するとおりです。

3 断定的判断の提供の禁止

(1) 趣　旨

断定的判断の提供とは，不確定な事項について断定的な判断を提供し，または不確実であると誤認させるおそれのあることを告げる行為をいいます（金サ法５条）。前述したとおり，顧客は，金融商品販売業者等によって提供された情報に依存して商品を購入することが多いため，このような断定的判断が提供された場合には，顧客が適正な判断を行うことが困難となります。そこで，金サ法はかかる断定的判断の提供を禁止しています。

(2) 効　果

断定的判断の提供の禁止に違反した場合の効果については，❹で後述するとおりです。

⑶　その他の法律の規定

金商法は，「顧客に対し，不確実な事項について断定的判断を提供し，または確実であると誤解させるおそれのあることを告げて金融商品取引契約の締結の勧誘をする行為」を禁止しています（金商法38条２号）。もっとも，当該規定違反に対しては罰則は課せられていません。

また，消費者契約法においては，事業者が消費者契約の締結について勧誘をするに際し，消費者に対して重要事項について事実と異なることを告げた場合または断定的判断の提供をした場合において，消費者が事実と異なることまたは断定的判断の内容について誤認をし，それによって契約の申込みまたは承諾をした場合に，当該消費者は当該消費者契約を取り消すことができるとしています（消費者契約法４条１項）。詳細については，第３編第１で後述するとおりです。

4　損害賠償

⑴　無過失責任

民法上の不法行為に基づく損害賠償責任の追及においては，損害を与えられた者が損害を与えた者の故意または過失を立証しなければならないのが原則です。

しかしながら，金融商品を専門的に扱う金融商品販売業者等については，説明義務の対象とされた金融商品の重要事項について当然知っているべきであり，知り得なかったこと（過失がなかったこと）による免責を許すことは適当ではありません。同様に，断定的判断の提供がなされた場合にも，金融商品を専門的に扱う金融商品販売業者等に対して断定的判断の提供について過失がなかったことによる免責を許すことも適当ではありません。

そこで，金サ法は，顧客を保護するために，民法上の原則を修正し，金融商品販売業者等が顧客に対する説明義務（前述❷参照）に違反したとき，または断定的判断の提供の禁止に違反したときは，金融商品販売業者等の主観的な故意・過失は問わずに，金融商品販売業者等は顧客の損害を賠償しなければならないとしています（金サ法6条）。すなわち，この場合，金融商品販売業者等は顧客に対して無過失責任を負うことになります。

なお，金融商品販売業者等が説明義務に違反した事実または断定的判断を提供した事実については，顧客が立証する必要がある点に留意が必要です。

⑵ 損害の額の推定

さらに，民法上の原則に従えば，損害を与えられた顧客は損害額およびその損害と金融商品取引業者等による説明義務違反または断定的判断の提供により発生したこと（因果関係）を立証しなければなりませんが，このような立証は顧客にとって負担になります。

そこで，金サ法では，元本欠損額が説明義務違反または断定的判断の提供等を行ったことによって顧客に生じた損害の額と推定することとされており（金サ法7条），これにより顧客は元本欠損額のみを損害賠償として請求する場合には，損害額および因果関係を立証する必要はないことになります。

⑶ 民法の適用

金サ法は民法の特別法ですが，民法の適用を排除するものではありません（金サ法8条）。

したがって，顧客は，金サ法に基づく損害賠償責任の追及のほか，別途，民法上の責任（不法行為責任等）を追及することができます。

 勧誘方針の策定

⑴　趣　旨

金サ法では，金融商品販売業者等は，勧誘に先立ち勧誘に関する方針（以下「勧誘方針」という）を定め（金サ法10条１項），かつ，これを速やかに公表しなければならないとしています（金サ法10条３項）。

こうした規定は，法律により金融商品販売業者等に特定の勧誘行為を禁止または制限することを目的とするものではなく，金融商品販売業者等がどのように勧誘をしようとしているかを顧客側に明らかにすることにより，顧客に業者選別の材料を提供し，市場原理を通じた勧誘の適正の確保が図られるようにすることを目的とするものです（勧誘の適正を確保するための業者の自主的努力の促進）。

⑵　勧誘方針の内容

勧誘方針には，以下の事項が定められなければなりません（金サ法10条２項）。

①　勧誘の対象となる者の知識，経験および財産の状況，当該金融商品の販売に係る契約を締結する目的に照らし配慮すべき事項

②　勧誘の方法および時間帯に関し勧誘の対象となる者に対し配慮すべき事項

③　その他勧誘の適正の確保に関する事項

このうち，「③その他勧誘の適正の確保に関する事項」の内容について金サ法に定めはなく，この具体的な内容については金融商品販売業者側の自主的な判断に委ねられています。これは，市場原理を通じた顧客の側による勧誘方針の評価を通じ，コンプライアンスに関する金融商品販売業者間の競争が促され，コンプライアンスの充実に向けた環境が整備されてい

くことを期待するものです。

⑶　特定顧客等の例外

例外として，以下の場合には，金融商品販売業者等は勧誘方針を策定する義務を負わないとされています（金サ法10条１項ただし書）。

①　当該金融商品販売業者等が，国，地方公共団体その他勧誘の適正を欠くおそれがないと認められる者として政令（金サ法施行令13条）で定める者である場合

②　特定顧客のみを顧客とする金融商品販売業者である場合

特定顧客とは，上記❷⑸で述べたとおり，金融商品販売業者等および特定投資家を指します（金サ法４条７項１号，同法施行令12条１項）。

これらの場合に勧誘方針を策定する義務を負わないのは，上記①の場合には国，地方公共団体等の公共性，非営利性を考慮すれば，勧誘の適正を欠くおそれは少ないと考えられ，上記②の場合には金融商品を専門的に取り扱う特定顧客に対しては勧誘方針の策定等により保護する必要性は低いと考えられるからです。

⑷　違反の効果

上記金サ法の規定に違反して勧誘方針を定めず，または公表しなかった金融商品販売業者等は，50万円以下の過料に処せられます（金サ法97条）。

6　金融サービス仲介業の登録制度

⑴　概　要

金サ法では，金融サービス仲介業の制度が定められています。2021年に金融サービス仲介業の制度が認められる以前は，有価証券の仲介（証券サービス）は金融商品仲介業，預金・借入れの仲介（銀行サービス）は銀行代理業，

生命保険・損害保険の仲介（保険サービス）は保険代理店（保険募集人）として登録をする必要がありましたが，金融サービス仲介業を営む者（以下「金融サービス仲介業者」という）として登録すれば，こうした金融サービスをワンストップで提供することが可能です。

また，金融商品仲介業者，銀行代理業者および保険代理店（保険募集人）は特定の金融機関に「所属」することが求められており，当該所属する特定の金融機関の指導に従う必要がありますが，金融サービス仲介業者は特定の金融機関に所属することは求められていません。したがって，金融サービス仲介業者は，容易に，多数の金融機関の商品・サービスの仲介をすることが可能です。

⑵　金融サービス仲介業の範囲

金融サービス仲介業者が「金融サービス仲介業」として行える業務は，①預金等媒介業務，②保険媒介業務，③有価証券等仲介業務，④貸金業貸付媒介業務であり，具体的には＜図表４＞のとおりです（金サ法11条）。

ただし，＜図表４＞のいずれについても，「高度に専門的な説明を必要とするもの」については金融サービス仲介業の対象から除外されています。たとえば，仕組預金，仕組債，デリバティブ取引，変額保険，外貨建保険等の取扱いは，金融サービス仲介業から除外されます（金サ法11条２項～５項，同法施行令17条～20条）。したがって，金融サービス仲介業者はこうした商品・サービスの仲介を行うことはできません。

＜図表４＞

①預金等媒介業務	次のいずれかを行う業務（金サ法11条２項） ・銀行等のために預金等の受入れを内容とする契約の締結の媒介 ・銀行等と顧客との間において行う資金の貸付け等を内容とする契約の締結の媒介 ・銀行等のために行う為替取引を内容とする契約の締結の媒介
②保険媒介業務	保険募集人・保険仲立人以外の者が，保険会社等と顧客との間における保険契約の締結の媒介を行う業務（金サ法11条３項）
③有価証券等仲介業務	第一種金融商品取引業者・金融商品仲介業者以外の者が，第一種金融商品取引業者・投資運用業者・登録金融機関と顧客との間において行う有価証券の売買の媒介等を行う業務（金サ法11条４項）
④貸金業貸付媒介業務	貸金業者以外の者が，貸金業者と顧客との間における資金の貸付け等を内容とする契約の締結の媒介を行う業務（金サ法11条５項）

(3) 登録制

金融サービス仲介業を営もうとする者は，内閣総理大臣の登録を受けることを要します（金サ法12条）。

(4) 保証金の供託義務

金融サービス仲介業者には所属金融機関が存在せず，顧客に損害が生じた場合には原則として所属金融機関がその賠償責任を負うということは想定されていないため，金融サービス仲介業者の顧客に対する損害賠償資力を確保する必要があります。そのため，金融サービス仲介業者は，原則として保証金を供託する必要があります（金サ法22条）。保証金の金額は，1,000万円と前事業年度の年間受領手数料の５％を合計した金額です（金サ法22条２項，同法施行令26条）。

⑸　その他の規制

金融サービス仲介業者は，顧客に対する誠実公正義務（金サ法24条），顧客に対する情報提供義務（金サ法25条），標識掲示義務（金サ法20条），名義貸しの禁止（金サ法21条）などの行為規制が課せられ，違反した場合には行政処分および罰則が適用される可能性があります。

第3編

金融商品の勧誘・販売

第１
全般的事項

銀行業務検定試験－過去の出題
…2023年（第155回）・問9，問15，問16，問33，問35，問36
…2022年（第152回）・問9，問15，問16，問35，問36
…2021年（第149回）・問9，問15，問16，問35
…2020年（第147回）・問15，問16，問35，問36

1 はじめに

金融商品の販売および勧誘に適用されうる法律のうち，金商法，金サ法以外のものについて概説します。

2 消費者契約法

⑴ 趣旨・概要

消費者契約法は，契約当事者間に情報格差や交渉力格差があることを前提として，その格差を濫用して事業者が消費者に契約を締結させたり事業者に一方的に有利な契約条項を定めた場合に，消費者に契約の取消しを認めたり，契約の全部または一部の無効を認めることにより，消費者の正当な利益を保護し，もって国民生活の安定向上と国民経済の健全な発展に寄与することを目的とする法律です（消費者契約法１条）。

ここで，消費者契約法により保護される「消費者」とは個人をいいますが，個人でも事業としてまたは事業のために契約の当事者となる者は「消費者」からは除かれます（消費者契約法２条１項）。また，「事業者」とは，法人その他の団体事業と，事業のために契約の当事者となる場合における個人をいいます（消費者契約法２条２項）。

⑵　消費者契約の取消し

当事者による勧誘があった場合で，当該勧誘が消費者の誤認または困惑を招くものである場合には，以下に説明するとおり消費者による契約の取消しが認められます。なお，2022（令和４）年６月１日に公布された「消費者契約法及び消費者の財産的被害の集団的な回復のための民事の裁判手続の特例に関する法律の一部を改正する法律」により消費者契約法が改正され，契約の取消しが認められる場合として，勧誘をすることを告げずに退去困難な場所へ同行し勧誘した場合および威迫する言動を交え相談の連絡を妨害した場合等が追加されました。

①　誤認による取消し（消費者契約法４条１項および２項）

以下の場合，消費者は，誤認を理由として，消費者契約の申込みまたはその承諾の意思表示を取り消すことができます。

イ　事業者が重要事項について事実と異なることを告げ（不実告知），消費者が誤認した場合（消費者契約法４条１項１号）

例：中古車を販売する際に事故車であるにもかかわらず，「事故車」ではないと説明し，消費者が事故車ではないと誤認した場合

ロ　事業者が物品，権利，役務その他の当該消費者契約の目的となるものに関し，将来におけるその価額，将来において当該消費者が受け取るべき金額その他の将来における変動が不確実な事項につき断定的判断を提供し，消費者が誤認した場合（消費者契約法４条１項２号）

例：先物取引の勧誘の際に「金は値上がりするから絶対に儲かる」

と説明し，消費者が誤認した場合

ハ　事業者がある重要事項または当該重要事項に関連する事項について当該消費者の利益となる旨を告げ，かつ，当該重要事項について当該消費者の不利益となる事実（当該告知により当該事実が存在しないと消費者が通常考えるべきものに限る）を故意にまたは重大な過失により告げなかったことにより，当該事実が存在しないとの誤認をした場合（ただし，当該事業者が当該消費者に対し当該事実を告げようとしたにもかかわらず，当該消費者がこれを拒んだときは，取消しは認められない）（消費者契約法４条２項）

例：マンションの販売の際に，販売業者は当該マンションの南側に高層ビルが建築される予定であり，そのために日当たりが悪くなることを知っていたにもかかわらず，「日当たりがよい」ことを説明し，当該マンションの南側に高層ビルが建築される予定であることをあえて告げなかったため，消費者がマンションの南側に高層ビルが建築される予定であることを知らなかった場合

なお，イおよびハの「重要事項」とは，消費者契約に関する次に掲げる事項をいいます（消費者契約法４条５項）。

a. 物品，権利，役務その他の当該消費者契約の目的となるものの質，用途その他の内容であって，消費者の当該消費者契約を締結するか否かについての判断に通常影響を及ぼすべきもの

b. 物品，権利，役務その他の当該消費者契約の目的となるものの対価その他の取引条件であって，消費者の当該消費者契約を締結するか否かについての判断に通常影響を及ぼすべきもの

c. 物品，権利，役務その他の当該消費者契約の目的となるものが当該消費者の生命，身体，財産その他の重要な利益についての損害または危険を回避するために通常必要と判断される事項（例「真実に反して「溝が大きくすり減っていてこのまま走ると危ない，タイヤ交換が必要である」と告げて新しいタイヤを購入させる事例」）

②　困惑による取消し（消費者契約法４条３項）

以下の場合，消費者は，困惑を理由として，消費者契約の申込みまたはその承諾の意思表示を取り消すことができます。

イ　事業者に対し，消費者が，その住居またはその業務を行っている場所から退去すべき旨の意思を示したにもかかわらず，それらの場所から退去しない場合（消費者契約法４条３項１号）

例：消費者の玄関の内部に販売業者が立ち入って勧誘し，消費者が玄関から出るように告げたにもかかわらず，販売業者は玄関に居座り続けた場合

ロ　事業者が消費者契約の締結について勧誘をしている場所から消費者が退去する旨の意思を示したにもかかわらず，その場所から消費者を退去させない場合（消費者契約法４条３項２号）

例：店舗で勧誘されて，消費者が当該店舗から出たいと告げたにもかかわらず，店舗から出させない場合

ハ　消費者契約の締結について勧誘をすることを告げずに，消費者が任意に退去することが困難な場所であることを知りながら，当該消費者をその場所に同行し，その場所において当該消費者契約の締結について勧誘をした場合（消費者契約法４条３項３号）

ニ　消費者契約の締結について勧誘を受けている場所において，消費者が当該消費者契約を締結するか否かについて相談を行うために電話その他の方法によって当該事業者以外の者と連絡する旨の意思を示したにもかかわらず，威迫する言動を交えて，当該消費者が当該方法によって連絡することを妨げること（消費者契約法４条３項４号）

ホ　社会生活上の経験不足を不当に利用し，以下の事項に対する願望の実現について不安をあおり，消費者契約の締結の目的が当該願望を実現するために必要である旨を告げた場合（消費者契約法４条３項５号）

①　進学，就職，結婚，生計その他の社会生活上の重要な事項

② 容姿，体型その他の身体の特徴または状況に関する重要な事項

例：就活中の学生の不安を知りつつ，「このままでは一生成功しない，この就職セミナーが必要」と告げて勧誘した場合

ヘ　社会生活上の経験不足を不当に利用し，恋愛感情等に乗じて，消費者契約を締結しないと関係が破たんすることになる旨を告げた場合（消費者契約法４条３項６号）

例：消費者の恋愛感情を知りつつ，「契約してくれないと関係を続けない」と告げて勧誘した場合

ト　加齢または心身の故障により判断力が著しく低下していることを不当に利用し，生計，健康その他の事項に関して不安をあおり，消費者契約を締結しなければ現在の生活維持が困難となる旨を告げた場合（消費者契約法４条３項７号）

例：認知症で判断力が著しく低下した消費者の不安を知りつつ，「この食品を買って食べなければ，今の健康は維持できない」と告げて勧誘した場合

チ　霊感等による知見として重大な不利益を与える事態が生じる旨を告知して不安をあおり，消費者契約を締結することにより確実にその重大な不利益を回避することができる旨を告げた場合（消費者契約法４条３項８号）

例：「私は霊が見える。あなたには悪霊が憑いておりそのままでは病状が悪化する。この数珠を買えば悪霊が去る」と告げて勧誘した場合

リ　消費者による申込みまたは承諾前に，消費者契約が締結されたならば負う義務の全部または一部を実施し，その全部または一部の実施前の原状回復を著しく困難にした場合（消費者契約法４条３項９号）

例：注文を受ける前に，消費者が必要な寸法に竿竹を切断し，代金を請求した場合

ヌ　消費者による申込みまたは承諾前に，消費者契約の目的物の現状

を変更し，その変更前の原状回復を著しく困難にした場合（消費者契約法４条３項９号）

例：購入の注文前に，対象となる商品のきれいにパッケージされているパッケージを開封して中身を見せ，消費者が断りにくくすること

ル　消費者による申込みまたは承諾前に，消費者契約の締結を目指した事業活動を実施した場合において，正当な理由なく，その事業活動による損失の補償を請求した場合（消費者契約法４条３項10号）

例：マンション投資の勧誘で会ってほしいと言われたが，事業者は他都市の者で，「あなたのためにここまで来た。断るなら交通費を支払え」と告げて勧誘した場合

③　過量な内容の契約の取消し（消費者契約法４条４項）

以下の場合，消費者は，消費者契約の申込みまたはその承諾の意思表示を取り消すことができます。

契約の目的となるものの分量等が当該消費者にとっての通常の分量等（注）を著しく超えるものであることを，勧誘の際に事業者が知っていた場合において，消費者が，その勧誘によって当該消費者契約の申込みまたは承諾の意思表示をした場合（消費者契約法４条４項）

（注）消費者契約の目的となるものの内容および取引条件ならびに事業者がその締結について勧誘をする際の消費者の生活の状況およびこれについての当該消費者の認識に照らして，当該消費者契約の目的となるものの分量等として通常想定される分量等を指します。

④　取消権の行使期間

取消権は，次のときに時効により消滅します（消費者契約法７条１項）。

イ　追認をすることができる時から１年間取消権を行使しないとき

ロ　消費者契約の締結の時から５年を経過したとき

⑤　民法の適用

消費者契約法は民法の特別法ですが，民法の詐欺または強迫による取消

の規定（民法96条）の適用は排除されませんので（消費者契約法６条），要件を充たしていれば消費者は民法上の詐欺または強迫による取消しをすることも可能です。

(3)　消費者契約の条項の無効

①　事業者の損害賠償の責任を免除する条項の無効

以下の条項が消費者契約に含まれている場合には，当該条項は無効となります（消費者契約法８条１項）。

イ　事業者の債務不履行により消費者に生じた損害を賠償する責任の全部を免除する条項または事業者にその責任の有無を決定する権限を付与する条項（「当社が過失のあることを認めた場合に限り損害賠償責任を負う」等）

ロ　事業者の債務不履行（当該事業者，その代表者またはその使用する者の故意または重大な過失によるものに限る）により消費者に生じた損害を賠償する責任の一部を免除する条項または事業者にその責任の有無を決定する権限を付与する条項（「当社が過失のあることを認めた場合に限り損害賠償責任を負う」等）

ハ　消費者契約における事業者の債務の履行に際してされた当該事業者の不法行為により消費者に生じた損害を賠償する責任の全部を免除する条項または事業者にその責任の有無を決定する権限を付与する条項（「当社が過失のあることを認めた場合に限り損害賠償責任を負う」等）

ニ　消費者契約における事業者の債務の履行に際してされた当該事業者の不法行為（当該事業者，その代表者またはその使用する者の故意または重大な過失によるものに限る）により消費者に生じた損害を賠償する責任の一部を免除する条項または事業者にその責任の有無を決定する権限を付与する条項（「当社が過失のあることを認めた場合に限り損害賠償責任を負う」等）

さらに，事業者の損害賠償責任の一部を免除する条項のうち，損害賠償責任の免除が軽過失の場合のみを対象としていることを明らかにしていない条項は無効です（消費者契約法８条３項）。これにより，たとえば，「法令に反しない限り，当社は１万円を上限として賠償する」というように，責任を限定する範囲を契約において明確にせずに事業者の責任を限定する条項は無効となります。他方で，例えば，「軽過失の場合は，当社は１万円を上限として賠償する」という条項は，損害賠償責任の免除が軽過失の場合のみを対象としていることを明らかにしているため有効です。

②　消費者の解除権を放棄させる条項の無効

事業者の債務不履行により生じた消費者の解除権を放棄させる条項または事業者にその解除権の有無を決定する権限を付与する条項が消費者契約に含まれている場合には，当該条項は無効になります（消費者契約法８条の２）。

③　消費者の後見開始等を理由とする解除条項の無効

消費者が後見開始，保佐開始または補助開始の審判を受けたことのみを理由として事業者が解除できるとする条項（「賃借人（消費者）が成年被後見人になった場合，直ちに賃貸人（事業者）は契約を解除できる」等）が消費者契約に含まれている場合には，当該条項は無効になります（消費者契約法８条の３）。

④　消費者が支払う損害賠償の額を予定する条項等の無効

以下の条項が消費者契約に含まれている場合には，当該条項の以下の部分は無効となります（消費者契約法９条１項）。

イ　当該消費者契約の解除に伴う損害賠償の額を予定し，または違約金を定める条項であって，これらを合算した額が，当該条項において設定された解除の事由，時期等の区分に応じ，当該消費者契約と同種の消費者契約の解除に伴い当該事業者に生ずべき平均的な損害の額を超えるもの⇒当該超える部分

ロ　当該消費者契約に基づき支払うべき金銭の全部または一部を消費者が支払期日（支払回数が２回以上である場合には，それぞれの支払期日を指す）までに支払わない場合における損害賠償の額を予定し，または違約金を定める条項であって，これらを合算した額が，支払期日の翌日からその支払をする日までの期間について，その日数に応じ，当該支払期日に支払うべき額から当該支払期日に支払うべき額のうち，すでに支払われた額を控除した額に年14.6％の割合を乗じて計算した額を超えるもの⇒当該超える部分

また，事業者は，消費者契約の解除に伴う損害賠償の予定または違約金条項に基づき損害賠償または違約金を請求する場合で，消費者から説明を求められたときは，当該請求額の算定の根拠の概要を説明するよう努力する義務を負います（消費者契約法９条２項）。

⑤　消費者の利益を一方的に害する条項の無効

消費者の不作為をもって当該消費者が新たな消費者契約の申込みまたはその承諾の意思表示をしたものとみなす条項その他の法令中の任意規定の適用による場合に比して，消費者の権利を制限し，または消費者の義務を加重する消費者契約の条項であって，信義誠実の原則に反して消費者の利益を一方的に害するものは，無効となります（消費者契約法10条）。

(4)　事業者の努力義務

事業者は，以下の措置を講じるように努力する義務を負います（消費者契約法３条）。

①　消費者契約の条項の作成に当たり，消費者契約の内容が，その解釈に疑義が生じない明確なもので，かつ，消費者にとって平易なものになるよう配慮すること

②　消費者契約の締結の勧誘に際して，消費者契約の目的となるものの性質に応じ，事業者が知ることができた個々の消費者の年齢，心身の状態，知識および経験を総合的に考慮したうえで，消費者契約の内容

についての必要な情報を提供すること

③　定型約款に該当する消費者契約の締結の勧誘に際して，消費者が定型約款の内容を容易に知り得る状態に置く措置を講じているときを除き，定型約款の内容の開示を求める消費者の請求（民法第548条の３第１項に規定する請求）を行うために必要な情報を提供すること

④　消費者の求めに応じて，消費者契約により定められた当該消費者が有する解除権の行使に関して必要な情報を提供すること

(5)　消費者団体訴訟制度

①　差止請求

消費者契約法上，一定の消費者団体には，消費者全体の利益保護のために，事業者の不当な行為に対する差止請求権が認められています（消費者契約法12条１項）。すなわち，内閣総理大臣が認定する適格消費者団体は，事業者の不当な行為（不特定かつ多数の消費者に対して前述の消費者契約の取消しが認められる行為）が現に行われ，または行われるおそれがあるときは，当該行為の停止・予防または当該行為に供した物の廃棄・除去その他の当該行為の停止もしくは予防に必要な措置を請求することができます。

②　被害回復請求

消費者契約法とは別に，「消費者の財産的被害の集団的な回復のための民事の裁判手続の特例に関する法律」（以下「消費者裁判手続特例法」といいます）という法律があり，この消費者裁判手続特例法に基づき，適格消費者団体の中から内閣総理大臣が認定する団体は，事業者および一定の要件を満たしたその被用者が消費者に対して負う金銭の支払義務であって，消費者契約に関する以下の請求に係るものについて（消費者裁判手続特例法３条１項），相当多数の消費者に生じた財産的損害を回復するために裁判手続を行うことができます（同法65条１項）。

①　契約上の債務の履行の請求

② 不当利得に係る請求

③ 契約上の債務の不履行による損害賠償の請求

④ 不法行為に基づく民法の規定による損害賠償の請求

犯罪による収益の移転防止に関する法律

⑴ 概　要

犯罪による収益移転の防止に関する法律（以下「犯罪収益移転防止法」という）は，犯罪組織によるマネー・ローンダリング（資金洗浄）の防止やテロ資金対策のため，本人確認や記録の作成・保存，疑わしい取引の国への届出などを一定の者に義務付ける法律です。

犯罪収益移転防止法の規制は，①犯罪による収益防止を図り，また，②テロリズムに対する資金供与の防止を図るためのものであって（犯罪収益移転防止法１条参照），金サ法や消費者契約法等の顧客保護目的の規制とは異なります。

⑵ 具体的な規定

① 対象者

犯罪収益移転防止法では，本人特定事項の確認を含む取引時確認の義務が課されています（犯罪収益移転防止法４条１項）。そして，この特定事業者には，銀行，金融商品取引業者，保険会社等の金融機関が幅広く含まれています（犯罪収益移転防止法２条２項）。

② 取引時確認場面

金融機関が取引時確認を行わなければならない場面のうち，代表的な場面は以下のとおりです（犯罪収益移転防止法４条１項，同法施行令７条１項１号）。

- ・預金口座の開設
- ・有価証券の売買
- ・金銭消費貸借契約の締結
- ・10万円を超える現金での振込み
- ・200万円を超える現金取引
- ・200万円を超える本国通貨と外国通貨の両替
- ・顧客が氏名や住居等を偽っている疑いのある取引

金融機関等の特定事業者は，顧客が取引時確認に応じない場合には，取引時確認に応じるまでの間，取引にかかる義務の履行を拒むことができます（犯罪収益移転防止法５条）。

③　取引時確認の内容

特定事業者は，本人特定事項の確認を含む取引時確認として，以下の事項を確認しなければなりません（犯罪収益移転防止法４条１項）。

【個人（自然人）の顧客等である場合】

- ・本人特定事項（氏名，住居および生年月日）
- ・取引を行う目的
- ・職業
- ・資産および収入の状況（ただし，所定の場合に限る）

【法人の顧客等である場合】

- ・本人特定事項（名称および本店または主たる事務所の所在地）
- ・取引を行う目的
- ・事業の内容
- ・法人の事業経営を実質的に支配することが可能となる関係にある者の本人特定事項
- ・資産および収入の状況（ただし，所定の場合に限る）

④　本人特定事項等の確認方法

イ　個人（自然人）の顧客等の場合

金融機関が日本人である個人の顧客等に対して本人特定事項（氏名，住居および生年月日）の確認を行うときには，本人確認書類として，顧客等から窓口で各種の運転免許証，マイナンバーカード，旅券（パスポート），在留カード，特別永住者証明書，その他の公的書類で氏名，住居，生年月日の記載があり，顔写真が貼付されているものの原本の提示を受ける等の方法によらなければなりません（犯罪収益移転防止法４条１項，同法施行規則６条１項１号イ，７条１号）。

また，各種健康保険証，国民年金手帳，母子健康手帳等の場合には，原本の提示を受けるとともに，①当該文書に記載された顧客の住居宛に取引に関係する文書を転送不要郵便物として送付するか，または②提示を受けた文書以外の本人確認書類または補完書類（納税証明書，社会保険料領収書，公共料金領収書等）の提示を受ける必要があります（犯罪収益移転防止法４条１項，同法施行規則６条１項１号ハ）。

さらに，それ以外の戸籍謄本や住民票の写し，その他の公的書類で氏名，住居，生年月日の記載があり，顔写真のないものの場合には，その提示を受けるだけでは足りず，当該文書に記載された住居宛に取引に関する文書を転送不要郵便物として送付することが必要になります（犯罪収益移転防止法４条１項，同法施行規則６条１項１号ロ）。

日本に住居を有する外国人についての本人特定事項の確認方法は，基本的に日本人の場合と変わりはありません（犯罪収益移転防止法４条１項，同法施行規則６条１項１号イ，７条１号）。すなわち，外国人である顧客等から窓口で，本人確認書類として，旅券（パスポート），在留カード，特別永住者証明書等の原本の提示を受ける等の方法によらなければなりません。また，外国人でも運転免許証や健康保険証を有する者については，運転免許証または健康保険証の提示を受ける方法によることもできます。

なお，社員証の提示は，本人特定事項の確認方法としては認められていません。税金の領収証書・納税証明書，社会保険料の領収証書，公共料金等の領収証書等は，提示された本人確認書類に現在の住居の記載がない場合の補完資料として認められるにとどまり（犯罪収益移転防止法施行規則６

条２項)，これらを本人確認書類とすることは認められていません。

他方，「取引を行う目的」および「職業」については，顧客からの申告により確認することとされています（犯罪収益移転防止法４条１項，同法施行規則９条・10条１号)。

ロ　代理人等による取引の場合

代理人等による取引では，顧客についての取引時確認とともに，当該代理人についての本人特定事項の確認の義務が課されます（犯罪収益移転防止法４条４項)。たとえば，未成年者が利用する預金口座を親権者が開設する場合には，未成年についての取引時確認とともに，代理人である親権者についての本人特定事項の確認が必要となります。

ハ　法人の顧客の場合

法人顧客の取引の場合，法人自体についての取引時確認とともに，取引担当者についての本人特定事項の確認の義務が課されます（犯罪収益移転防止法４条４項)。

まず，法人自体の取引時確認として本人特定事項（名称および本店または主たる事務所の所在地）の確認を行うときには，登記事項証明書（登記簿謄本）や印鑑登録証明書等の提示を受ける等の方法によらなければなりません(犯罪収益移転防止法４条１項, 同法施行規則６条１項３号, ７条２号)。「取引を行う目的」については，自然人が顧客である場合と同様に顧客からの申告により確認することになりますが，「事業の内容」については，定款または登記事項証明書等により確認する必要があります（犯罪収益移転防止法４条１項，同法施行規則９条・10条２号)。法人の事業経営を実質的に支配することが可能となる関係にある者（法人の実質的支配者）の本人特定事項については，申告を受けることにより確認することになります（犯罪収益移転防止法４条１項４号，同法施行規則11条１項)。ここで，法人の実質的支配者とは，＜図表５＞に規定される自然人をいいます（犯罪収益移転防止法４条１項，同法施行規則11条２項)。実質的支配者は自然人とされ，自然人にまで遡る必要があります。ただし，国，地方公共団体，上場会社

＜図表５＞

資本多数決の原則をとる法人（株式会社，投資法人等）	①議決権の総数の50％を超える議決権を直接または間接に有していると認められる自然人
	②上記①の自然人がいない場合，議決権の総数の25％を超える議決権を直接または間接に有していると認められる自然人
	③上記①および②の自然人がいない場合，出資，融資，取引その他の関係を通じて当該法人の事業活動に支配的な影響力を有すると認められる自然人
上記以外の法人（一般社団法人，一般財団法人，学校法人，医療法人等）	④当該法人の事業から生じる収益もしくは当該事業に係る財産の総額の４分の１を超える収益の配当もしくは財産の分配を受ける権利を有していると認められる自然人または出資，融資，取引その他の関係を通じて当該法人の事業活動に支配的な影響力を有すると認められる自然人
上記①～④の各自然人がいない法人	⑤当該法人を代表し，その業務を執行する自然人

などは自然人とみなされるため（同法施行規則11条４項），当該国，地方公共団体，上場会社などについて本人特定事項を確認することで足ります。

次に，取引担当者の本人特定事項の確認を行うときには，原則として前述のイ個人（自然人）の顧客等の場合と同様の方法によらなければなりません（犯罪収益移転防止法４条４項，同法施行規則12条）。

また，当該取引担当者の本人特定事項を確認するにあたっては，その前提として，当該取引担当者が委任状を有していること，顧客等を代表する権限を有する役員として登記されていること，または電話により顧客等のために取引の任にあたっていることが確認できること等の当該取引担当者が顧客のために取引の任にあたっていると認められる事由が必要になります（同法施行規則12条４項２号）。

ニ　高リスク取引についての厳格な顧客管理

以下の取引は「高リスク取引」として位置付けられ，確認方法も厳格となります（犯罪収益移転防止法４条２項，同法施行令12条，同法施行規則15条）。

① 継続的取引である特定取引について，なりすましの疑いがある場合

② 継続的取引である特定取引について，取引時の確認事項を偽っていた疑いがある場合

③ イラン・北朝鮮に居住しまたは所在する顧客等との取引

④ 外国ＰＥＰｓ（重要な公的地位にある者（Politically Exposed Persons））との取引

具体的には，下記の者との取引をいいます。

a. 外国の元首

b. 外国において下記の職にある者

・わが国における内閣総理大臣その他の国務大臣および副大臣に相当する職

・わが国における衆議院議長，衆議院副議長，参議院議長または参議院副議長に相当する職

・わが国における最高裁判所の裁判官に相当する職

・わが国における特命全権大使，特命全権公使，特派大使，政府代表または全権委員に相当する職

・わが国における統合幕僚長，統合幕僚副長，陸上幕僚長，陸上幕僚副長，海上幕僚長，海上幕僚副長，航空幕僚長または航空幕僚副長に相当する職

・中央銀行の役員

・予算について国会の議決を経，または承認を受けなければならない法人の役員

c. 過去にａまたはｂであった者

d. ａ～ｃの家族

e. ａ～ｄが実質的支配者である法人

こうした高リスク取引に関しては，以下の対応が必要になります。

・本人特定事項につき，追加の本人確認書類または補完書類を求めて

(再) 確認すること (犯罪収益移転防止法４条２項, 同法施行規則14条１項)
実質的支配者の本人特定事項について, 株主名簿や有価証券報告書等 (資本多数決の原則をとる法人) または登記事項証明書等 (それ以外の法人) の書類を確認し, かつ, 実質的支配者の本人特定事項について顧客から申告を受ける方法で確認すること (犯罪収益移転防止法４条２項, 同法施行規則14条３項)

さらに, ①から④の高リスク取引のうち200万円を超える財産の移転を伴う場合には, (a)自然人の顧客については源泉徴収票, 確定申告書, 預貯金通帳, 支払調書, 給与支払明細書等, (b)法人の顧客については貸借対照表, 損益計算書, 有価証券報告書等の書面により, 資産および収入の状況を確認する必要があります (犯罪収益移転防止法４条２項, 同法施行令11条, 同法施行規則14条４項)。

ホ　そ の 他

取引時確認済みの顧客等と取引を行う場合には, 所定の方法によりその顧客等が取引時確認済みの顧客等であることを確かめる措置をとりさえすれば, a. 当該相手方が取引時確認済みの顧客等になりすましている疑いがある場合, b. すでに行った取引時確認の際に取引時確認にかかる事項を偽った疑いがある場合, c. 疑わしい取引および d. 同種の取引態様と著しく異なる態様で行われる取引を除き, 当該取引について再度の取引時確認は不要とされています (犯罪収益移転防止法４条３項, 同法施行令13条２項, 同法施行規則16・17条)。たとえば, 口座開設時に顧客の取引時確認を行えば, 当該顧客が取引時確認済みであることを確かめる措置をとった場合には, なりすまし等の疑いがある場合等を除き, その後の取引時確認対象取引 (現金送金取引等) を行うに際しては, 再度犯罪収益移転防止法に定める取引時確認を行う必要はありません。

⑤　確認記録, 取引記録の作成・保存

特定事業者が顧客の取引時確認を行った場合, ただちに確認記録を作成し, 口座を閉鎖した日等から７年が経過するまで保存しなければなりません（犯罪収益移転防止法６条）。この確認記録には，当該取引時確認に係る事項，当該取引時確認のためにとった措置のほか，確認担当者名，日付，確認方法および取引記録を検索するための事項等を記載しなければなりません（犯罪収益移転防止法６条１項，同法施行規則20条１項）。

また，特定事業者は，顧客等との間で金融業務にかかる取引を行う場合，ただちに当該取引の記録を作成するとともに，その取引が行われた日から７年が経過するまで保存しなければなりません（犯罪収益移転防止法７条）。取引記録には，口座番号等の確認記録を検索するための事項，取引の日付，種類および金額等を記載しなければなりません（犯罪収益移転防止法７条１項，同法施行規則24条）。ただし，財産の移転を伴わない取引，その価額が１万円以下の財産の移転に係る取引等については，例外的に取引記録の作成・保存は不要です（犯罪収益移転防止法７条１項，同法施行令15条１項）。

さらに，金融機関は，確認した本人特定事項等に係る情報を最新の内容に保つための措置を講ずるものとされるほか，使用人に対する教育訓練の実施その他の必要な体制の整備に努めなければなりません（犯罪収益移転防止法11条）。

⑥　疑わしい取引の届出

金融機関等は，取引時確認の結果その他の事情を勘案して，金融に関する業務等において収受した財産が犯罪による収益である疑いがある場合等には，速やかに，行政庁に届け出なければなりません（犯罪収益移転防止法８条）。

⑦　義務違反の効果等

特定事業者が上記の各種義務を怠った場合には，ただちに罰則の適用があるわけではありませんが，報告・資料の提出（犯罪収益移転防止法15条）や立入検査（同法16条）などの機会を通じて監督当局が違反を認めたときは，是正命令の対象となることがあります（同法18条）。

また，かかる是正命令に違反した者その他犯罪収益移転防止法上の所定の規定に違反した者は懲役刑もしくは罰金刑に処しまたはこれを併科するものとされています（犯罪収益移転防止法25条から30条まで）。

4 私的独占の禁止および公正取引の確保に関する法律〜不公正な取引（優越的地位の濫用等）

私的独占の禁止および公正取引の確保に関する法律（以下「独占禁止法」という）においても，金融商品の販売に関係する規定が存在します。

独占禁止法とは，公正かつ自由な競争を促進すること等によって，一般消費者の利益を確保することを目的とする法律です。そして，独占禁止法の規制は，大きく分けて，①共同行為の規制（不当な取引制限），②企業結合に関する規制，③私的独占の禁止，および④不公正な取引方法の４つから成り立っています。

このうち，金融機関による金融商品の販売に関しては，④不公正な取引方法を定めた「金融機関の業態区分の緩和および業務範囲の拡大に伴う不公正な取引方法について」との指針が出されています。

同指針では，さまざまな類型について不公正な取引方法となりうる行為があげられています。たとえば，投資信託の販売業務において，銀行が融資先企業に対し，自己と取引しない場合の融資の取りやめ，または融資に関する不利な取扱いを示唆して投資信託等の購入を事実上余儀なくさせた場合（取引強制，優越的地位の濫用）は不公正な取引となるとされています。

なお，不公正な取引方法が行われた場合には，公正取引委員会による排除措置がとられるほか（独占禁止法20条），私人による損害賠償等の請求（独占禁止法25条・26条，民法709条）がなされる可能性があります。ただし，刑罰規定はありません。

5 フィデューシャリー・デューティーとスチュワードシップ・コード

以下で説明するフィデューシャリー・デューティーおよびスチュワードシップ・コードは，金融庁によって示された原則ですが，いずれも法令ではありません。すなわち，これらにより具体的な義務や禁止事項が課せられるわけではなく，違反した場合も法令違反として処分対象となるわけではありません。こうしたコードが定めるのは，主として大きな考え方や理念を示した原則（プリンシプル）で，これをどのようにして具体化していくかは，各対象者の自主性に委ねられています。

このように具体的なルールを強制的に適用するのではなく，原則（プリンシプル）を示したうえで，これに沿った自主的な取組みを促す手法は，「プリンシプルベース・アプローチ」と呼ばれます。

(1)　フィデューシャリー・デューティー

金融庁は，「顧客本位の業務運営に関する原則」を公表しています。これは，いわゆるフィデューシャリー・デューティー（Fiduciary duty）に関する原則を定めたものです。フィデューシャリー・デューティーとは，他者の信認を得て，一定の任務を遂行すべき者が負っている幅広い様々な役割・責任の総称です。

この原則の対象者は「金融事業者」ですが，特に「金融事業者」の定義はされておらず，幅広い事業者がこの原則を採択することが期待されています。

「顧客本位の業務運営に関する原則」は，以下の7つの原則から構成されています。

①　顧客本位の業務運営に関する方針の策定および公表等
②　顧客の最善の利益の追求
③　利益相反の適切な管理
④　手数料等の明確化
⑤　金融商品・サービスの販売・推奨等に係る重要な情報の分かりやすい提供
⑥　顧客にふさわしいサービスの提供
⑦　従業員に対する適切な動機づけの枠組み等

このうち，⑤金融商品・サービスの販売・推奨等に係る重要な情報の分かりやすい提供については，以下の事項に留意が必要です。

イ　重要な情報には以下の内容が含まれるべきであること

・顧客に対して販売・推奨等を行う金融商品・サービスの基本的な利益（リターン），損失その他のリスク，取引条件

・顧客に対して販売・推奨等を行う金融商品の組成に携わる金融事業者が販売対象として想定する顧客属性

・顧客に対して販売・推奨等を行う金融商品・サービスの選定理由（顧客のニーズおよび意向を踏まえたものであると判断する理由を含む）

・顧客に販売・推奨等を行う金融商品・サービスについて，顧客との利益相反の可能性がある場合には，その具体的内容（第三者から受け取る手数料等を含む）およびこれが取引または業務に及ぼす影響

ロ　複数の金融商品・サービスをパッケージとして販売・推奨等する場合には，個別に購入することが可能であるか否かを顧客に示すとともに，パッケージ化する場合としない場合を顧客が比較することが可能となるよう，それぞれの重要な情報について提供すべきであること

ハ　顧客の取引経験や金融知識を考慮の上，明確，平易であって，誤解を招くことのない誠実な内容の情報提供を行うべきであること

ニ　顧客に対して販売・推奨等を行う金融商品・サービスの複雑さに見合った情報提供を，分かりやすく行うべきであること。単純でリスクの低い商品の販売・推奨等を行う場合には簡潔な情報提供とする一方，複雑またはリスクの高い商品の販売・推奨等を行う場合には，顧客において同種の商品の内容と比較することが容易となるように配意した資料を用いつつ，リスクとリターンの関係など基本的な構造を含め，より分かりやすく丁寧な情報提供がなされるよう工夫すべきであること

ホ　顧客に対して情報を提供する際には，情報を重要性に応じて区別し，より重要な情報については特に強調するなどして顧客の注意を促すべきであること

「顧客本位の業務運営に関する原則」を採用する金融事業者は，上記①に従って，顧客本位の業務運営に関する方針を策定・公表したうえで，当該方針において，上記②から⑦の各原則を実施する場合にはその対応方針を，当該各原則を実施しない場合にはその理由や代替策を説明することが求められます。

(2)　スチュワードシップ・コード

金融庁は，「『責任ある機関投資家』の諸原則≪日本版スチュワードシップ・コード≫」を公表しています。これは機関投資家の資産運用受託者としての責任（スチュワードシップ責任）に関する原則を定めたものです。「スチュワードシップ責任」とは，機関投資家が，投資先の日本企業やその事業環境等に関する深い理解に基づく建設的な「目的を持った対話」（エンゲージメント）などを通じて，当該企業の企業価値の向上や持続的成長を促すことにより，顧客・受益者の中長期的な投資リターンの拡大を図る責任を意味します。

この原則の対象者は，資産運用会社，保険会社，年金基金等の機関投資家です。

「責任ある機関投資家の諸原則」は，以下の８つの原則から構成されています。

①　機関投資家は，スチュワードシップ責任を果たすための明確な方針を策定し，これを公表すべきである。

②　機関投資家は，スチュワードシップ責任を果たす上で管理すべき利益相反について，明確な方針を策定し，これを公表すべきである。

③　機関投資家は，投資先企業の持続的成長に向けてスチュワードシップ責任を適切に果たすため，当該企業の状況を的確に把握すべきであ

る。

④　機関投資家は，投資先企業との建設的な「目的を持った対話」を通じて，投資先企業と認識の共有を図るとともに，問題の改善に努めるべきである。

⑤　機関投資家は，議決権の行使と行使結果の公表について明確な方針を持つとともに，議決権行使の方針については，単に形式的な判断基準にとどまるのではなく，投資先企業の持続的成長に資するものとなるよう工夫すべきである。

⑥　機関投資家は，議決権の行使も含め，スチュワードシップ責任をどのように果たしているのかについて，原則として，顧客・受益者に対して定期的に報告を行うべきである。

⑦　機関投資家は，投資先企業の持続的成長に資するよう，投資先企業やその事業環境等に関する深い理解のほか，運用戦略に応じたサステナビリティの考慮に基づき，当該企業との対話やスチュワードシップ活動に伴う判断を適切に行うための実力を備えるべきである。

⑧　機関投資家向けサービス提供者は，機関投資家がスチュワードシップ責任を果たすに当たり，適切にサービスを提供し，インベストメント・チェーン全体の機能向上に資するものとなるよう努めるべきである。活動に伴う判断を適切に行うための実力を備えるべきである。

「責任ある機関投資家の諸原則」を受け入れる機関投資家は，同原則を受け入れる旨を公表し，さらに上記各原則に関して公表を求められる項目および実施しない原則についてその理由の説明の公表が求められます。

第2

投資信託

銀行業務検定試験－過去の出題

…2023年（第155回）・問18，問19，問20，問21，問22，問23，問24，問34，問37，問38，問39，問40，問41，問42
…2022年（第152回）・問18，問19，問20，問21，問22，問23，問24，問37，問38，問39，問40，問41，問42
…2021年（第149回）・問18，問19，問20，問21，問22，問23，問37，問38，問39，問40
…2020年（第147回）・問18，問19，問20，問21，問22，問23，問37，問38，問39，問40，問41

1 はじめに

銀行や信用金庫などの金融機関（銀行，共同組織金融機関その他金商法施行令１条の９で定める金融機関（金商法33条１項），以下，第３編第２において「銀行等」という）は，投資信託を顧客へ販売する業務を行うことが法律上認められています。

この業務は，金商法において，①投資信託または外国投資信託の受益証券，および②投資証券もしくは投資法人債券または外国投資証券についての，③募集の取扱いまたは私募の取扱いとして規定されているものです。

以下では，①②③の意味および販売業務に関する規制について説明します。

投資信託・投資法人の定義

(1)　投資信託・投資法人

投資信託と投資法人は，いずれも資産運用のためのファンドを構築する手法ですが，投資信託は委託者がその財産を受託者に信託するという信託契約の形式をとり，投資法人は投資を目的とする法人に対して投資家がその財産を出資するという形式をとります。

【投資信託】

投資信託及び投資法人に関する法律（以下「投信法」という）上の投資信託には，委託者指図型投資信託と委託者非指図型投資信託があり（投信法２条３項），それぞれ以下のように定義されています。

①　委託者指図型投資信託

信託財産を委託者の指図（政令（投信法施行令２条）で定める者に指図に係る権限の全部または一部を委託する場合における当該政令で定める者の指図を含む）に基づいて主として有価証券，不動産その他の資産で投資を容易にすることが必要であるものとして政令（投信法施行令３条）で定めるもの（以下「特定資産」という）に対する投資として運用することを目的とする信託であって，投信法に基づき設定され，かつ，その受益権を分割して複数の者に取得させることを目的とするもの（投信法２条１項）。

さらに，委託者指図型投資信託は，以下のように，証券投資信託と証券以外の投資信託に分類されます。

イ　証券投資信託

委託者指図型投資信託のうち，投資信託財産の総額の二分の一を超える額を，第一項有価証券に対する投資として運用すること（第一項有価証券についての有価証券関連デリバティブ取引（金商法28条８項６号）を行うことを含む）を目的とするもの（投信法２条４項，同法施行令5条，6条）。

ロ　証券投資信託以外の投資信託（法律上の用語ではないが，一般に用いられている）

証券投資信託以外の委託者指図型投資信託

② 委託者非指図型投資信託

1個の信託約款に基づいて，受託者が複数の委託者との間に締結する信託契約により受け入れた金銭を，合同して，委託者の指図に基づかず主として特定資産に対する投資として運用（政令（投信法施行令4条）で定める者に運用に係る権限の一部を委託する場合における当該政令で定める者による運用を含む）することを目的とする信託であって，投信法に基づき設定されるもの（投信法2条2項）。

【投資法人】

投資法人とは，資産を主として特定資産に対する投資として運用することを目的として，投信法に基づき設立された社団をいいます（投信法2条12項）。

<図表6>

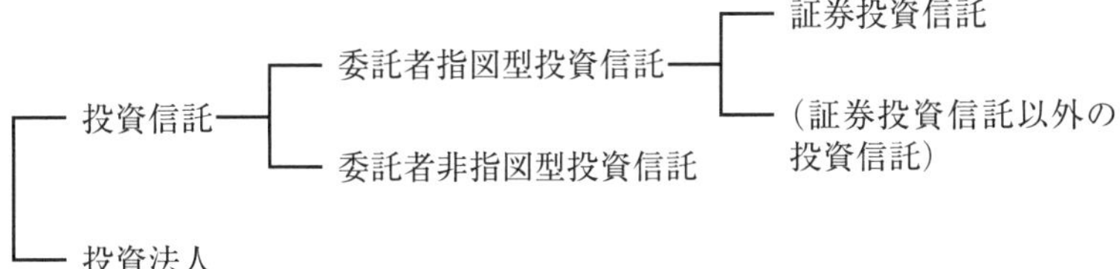

【外国投信】

外国投信とは，外国において外国の法令に基づいて発行された投資信託であり，投信法においては，国内の投資信託・投資法人に対応して外国投資信託と外国投資法人が定義されています。

① 外国投資信託

外国において外国の法令に基づいて設定された信託で，投資信託に類するもの（投信法2条24項）。

② 外国投資法人

外国の法令に準拠して設立された法人たる社団または権利能力のない社団で，投資証券，新投資口予約権証券または投資法人債券に類する証券を発行するもの（投信法２条25項）。

⑵ 投資対象

① 特定資産

投資信託および投資法人は，主として特定資産に対する投資をするものとして定義されています。

特定資産とは，投信法２条１項において「有価証券，不動産その他の資産で投資を容易にすることが必要であるものとして政令で定めるもの」と規定されており，これを受けて，投信法施行令３条１号～12号が特定資産の内容を具体的に定めています。

【特定資産の範囲】（投信法施行令３条）

1　有価証券
2　デリバティブ取引に係る権利
3　不動産
4　不動産の賃借権
5　地上権
6　約束手形（１号に該当するものを除く）
7　金銭債権（１号，２号，６号，および10号に該当するものを除く）
8　当事者の一方が相手方の行う前各号に掲げる資産の運用のために出資を行い，相手方がその出資された財産を主として当該資産に対する投資として運用し，当該運用から生ずる利益の分配を行うことを約する契約に係る出資の持分（１号に該当するものを除く）
9　商品（商品先物取引法２条１項に規定する商品）
10　商品投資等取引（次のイからニまでに掲げる取引）に係る権利
　イ　商品投資に係る事業の規制に関する法律２条１項に規定す

る商品投資（同項3号に掲げるものを除く）に係る取引

ロ　商品先物取引法2条14項に規定する店頭商品デリバティブ取引

ハ　当事者が元本として定めた金額について当事者の一方が相手方と取り決めた商品の価格もしくは商品指数（商品先物取引法2条2項に規定する商品指数）の約定した期間における変化率に基づいて金銭を支払い，相手方が当事者の一方と取り決めた商品の価格，商品指数もしくは金融指標（金商法2条25項）の約定した期間における変化率に基づいて金銭を支払うことを相互に約する取引（これらの金銭の支払とあわせて当該元本として定めた金額に相当する金銭または商品を授受することを約するものを含む）またはこれに類似する取引（イ及びロに掲げる取引に該当するものを除く）

ニ　当事者の一方の意思表示により当事者間においてハに掲げる取引を成立させることができる権利を相手方が当事者の一方に付与し，当事者の一方がこれに対して対価を支払うことを約する取引またはこれに類似する取引

11　電気事業者による再生可能エネルギー電気の調達に関する特別措置法2条3項に規定する再生可能エネルギー発電設備

12　民間資金等の活用による公共施設等の整備等の促進に関する法律2条7項に規定する公共施設等運営権

そして，「主として特定資産に対する投資」という文言の意味は，資産の50％超が特定資産に投資されることであると解釈されています。したがって，投資信託・投資法人は，資産の50％未満であれば，特定資産以外の資産（たとえば，商標権など）に対して投資することが認められています。

②　証券投資信託の投資対象

上述のように，証券投資信託は，投資信託財産の総額の二分の一を超える額を，第一項有価証券に対する投資として運用（第一項有価証券につい

ての有価証券関連デリバティブ取引を含む）しなければなりません。

なお，証券投資信託を除くほか，信託財産を主として第一項有価証券に対する投資として運用する信託は認められません（受益証券発行信託（信託法185条３項）以外の信託であって受益権を分割して複数の者に取得させることを目的としないものを除く）（投信法７条）。

③　委託者非指図型投資信託の投資対象

委託者非指図型投資信託は，主として第一項有価証券に対して投資することが認められません（投信法48条）。したがって，第一項有価証券への投資は資産の２分の１以下にする必要があります。

⑶　受益証券・投資証券・投資法人債券

投資信託においては，信託契約にかかる受益権を表示する証券が発行されます。これを，受益証券といいます（投信法２条７項）。委託者指図型投資信託の場合は委託者が，委託者非指図型投資信託の場合は受託者が，受益証券を発行します。なお，外国投資信託についての証券も受益証券と定められています（投信法２条７項）。顧客への販売の対象となるのが，受益証券です。

投資法人においては，投資法人の社員の地位（投資口（株式会社の株式に相当））を表示する証券である投資証券（投信法２条15項）と，投資法人が行う割当てにより発生する投資法人を債務者とする金銭債権（投資法人債（株式会社の社債に相当））を表示する証券である投資法人債券（投信法２条19項）が発行されます。なお，外国投資法人の発行する投資証券，新投資口予約権証券または投資法人債券に類する証券を，「外国投資証券」といいます（投信法220条１項）。投資証券もしくは投資法人債券または外国投資証券が，顧客への販売の対象となります。

⑷　募集・私募の取扱い

投資信託または外国投資信託の受益証券，および投資証券，新投資口予約権証券もしくは投資法人債券または外国投資証券は，金商法上の有価証券のうちの第一項有価証券に該当します（金商法２条１項10号・11号)。銀行等がこれらの有価証券の発行に際して，顧客に対して，有価証券の取得を勧誘する行為は有価証券の募集の取扱いまたは私募の取扱いに該当します。有価証券の募集の取扱いまたは私募の取扱いは，金融商品取引業に該当し（金商法２条８項９号)，第一項有価証券の募集の取扱いまたは私募の取扱いを業として行うことは，第一種金融商品取引業に該当します（金商法28条１項１号)。

しかし，銀行等は，原則として有価証券関連業を行うことが禁止されています(金商法33条１項)。有価証券の募集の取扱いまたは私募の取扱いは，有価証券関連業に含まれるので（金商法28条８項８号)，原則として禁止されます。ただし，例外として有価証券関連業に該当する業務の一部が登録金融機関業務として認められています（金商法33条１項・２項)。

投資信託または外国投資信託の受益証券，および投資証券，新投資口予約権証券もしくは投資法人債券または外国投資証券の募集の取扱いまたは私募の取扱いは，この例外的に認められた業務の１つです(金商法33条２項２号)(第１編第６参照)。

銀行等は，登録金融機関としての登録を受けてこれらの業務を行うことが認められます（金商法33条の２)。

(5)　有価証券の売買，その媒介・取次ぎ・代理

投資信託または外国投資信託の受益証券，および投資証券，新投資口予約権証券もしくは投資法人債券または外国投資証券のような第一項有価証券であって，すでに発行済となっているものを販売することは，有価証券の売買またはその媒介・取次ぎ・代理として，金融商品取引業に該当します（金商法２条８項１号・２号)。したがって，これらの業務についても，登録金融機関業務に該当する場合がありますが，詳細は，第１編第６❼を参照してください。

3 投資信託・投資法人の運営の仕組み

で述べたように，投信法上のファンドの形態は投資信託と投資法人があり，さらに，投資信託には委託者指図型投資信託と委託者非指図型投資信託があります。これらは，資産の運用者・資産の保管者・投資家の法的関係が異なるため，投信法においてそれぞれ別々の規定がおかれています。

以下，それぞれの運営の仕組みを見ていきます。

(1) 委託者指図型投資信託

① 仕組み

委託者指図型投資信託においては，１つの投資信託委託会社（委託者）と１つの受託会社（受託者）の間で信託契約が締結されます（投信法３条）。投資信託委託会社は，その信託契約に基づく受益権を分割して受益証券を発行し，投資家は受益証券を取得することによって受益者になります。投資信託委託会社は，信託財産の運用を受託会社に指図します。受託会社は，その指図に基づいて主として特定資産に対する投資を行います。運用の結果生じた収益を受益者が受け取ります。

委託者指図型投資信託（主として換価の容易な資産に対する投資として運用することを目的とする投資信託であって受益者の保護に欠けるおそれのないものとして政令（投信法施行令12条）で定めるものを除く）は，金銭信託でなければなりません（投信法８条１項）。

したがって，委託者指図型投資信託は，原則として，金銭によって設定され，信託終了時には金銭で受益者に交付されますが，一定の要件を満たす証券投資信託や上場投資信託（ETF）などについては，現物を拠出することや受益証券をその投資信託財産に属する現物と交換することが認められています。

<図表７>

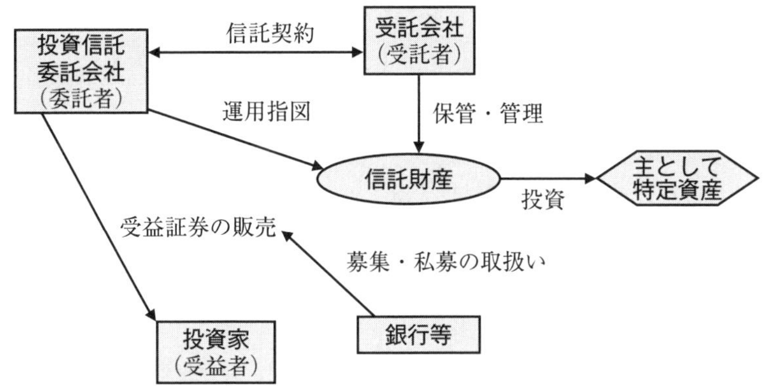

②　投資信託委託会社

投資信託委託会社とは，委託者指図型投資信託の委託者である金融商品取引業者（投資運用業を行う者に限り，信託会社を除く）をいいます（投信法２条11項）。したがって，投資信託委託会社となるためには，投資運用業についての金融商品取引業登録（金商法28条４項，29条）が必要となります。

さらに，投資の対象に不動産（建物または宅地（宅地建物取引業法２条１号））が含まれる場合は，宅地建物取引業の免許を受けている必要があり，信託財産を主として不動産に対する投資として運用することを目的とする場合には，取引一任代理等についての国土交通大臣の認可を受けている必要があります（投信法３条１号・２号）。

投資信託委託会社は，運用指図権限の全部または一部を外部の運用機関に委託することが認められます（投信法２条１項）。委託先として認められているのは，投資運用業を行う金融商品取引業者等，外国の法令に準拠して設立された法人で外国において投資運用業を行う者，免許を受けた信託会社または信託業務を営む金融機関（当該投資信託の受託者を除き，有価証券またはデリバティブ取引以外の運用に限る）ならびに商品投資顧問業者もしくは外国において同種の許可を受けている法人（商品または商品投資等取引に対する運用に限る）です（投信法施行令２条，金商法施行令16条の12）。

ただし，運用の指図を行うすべての委託者指図型投資信託につき，当該指図権限の全部を委託することは認められません（投信法12条）。

投資信託委託業者の業務には，以下のようなものがあります。

- ・運用の指図（投信法２条）
- ・信託契約の締結（投信法３条）
- ・信託約款の作成，内閣総理大臣への届出（投信法４条）
- ・信託約款の投資家への交付（投信法５条）
- ・受益証券の発行（投信法６条）
- ・目論見書の作成（金商法13条）
- ・信託財産の組入有価証券の議決権等の指図行使（投信法10条）
- ・特定資産の価格等の調査（投信法11条）
- ・運用報告書の作成，受益者への交付（投信法14条）
- ・信託財産に関する帳簿書類の作成，保存（投信法15条）
- ・有価証券届出書の作成（金商法５条１項）（有価証券の発行者として）
- ・日々の基準価額の算出・組入れ資産の評価（投信協会規則）

③　受託会社

委託者指図型投資信託の受託者は，信託会社または信託業務を営む金融機関でなければなりません（投信法３条）。受託会社は信託財産を保管・管理するのがその主たる業務で，受託会社が信託財産の名義人となります。受託会社は，信託財産を自己の固有財産とは分別して管理しなければなりません（信託法34条）。

登記または登録をしなければ権利の得喪・変更を第三者に対抗できない財産については，信託の登記または登録がなければ当該財産が信託財産に属することを第三者に対抗することができませんが（信託法14条），登記・登録をすべき財産にあたらない金銭，動産，現物の有価証券については，信託の表示がなくても第三者に対抗することができます。

このほか，受託会社は，受益証券を認証する業務を行います。

④　受益者

受益者は，信託財産の運用収益の分配および償還金を受領する権利（投信法6条3項），投資信託委託会社に対して信託財産の帳簿書類の閲覧または謄写を請求する権利（投信法15条2項）などを有しています。また，投資信託委託会社が，投資信託約款の重大な変更，委託者指図型投資信託の併合，投資信託契約の解約をしようとする場合には，受益者の書面による決議が必要とされています（投信法17条，20条）。さらに，これらの場合には，書面決議に反対した受益者は，受益権の買取りを請求することができます（投信法18条，20条）。ただし，受益者が償還を請求したときは，投資信託委託会社が一部解約により当該請求に応じ，公正な価格が受益者に償還されることになる委託者指図型投資信託については，例外的に受益権の買取請求の適用はないものとされています（投信法18条2項，同法施行規則40条の2）。

受益権の譲渡および行使は，記名式の場合を除き，受益証券をもって行わなければなりません（投信法6条2項）。

⑵　委託者非指図型投資信託

委託者非指図型投資信託においては，委託者（投資家）と受託者との間で信託契約が締結され，信託財産の運用はあらかじめ定められた約款に基づき受託者が個々の委託者の資金を合同して行います。委託者は運用指図を行わず，受益者として運用の収益を受け取ります。

<図表8>

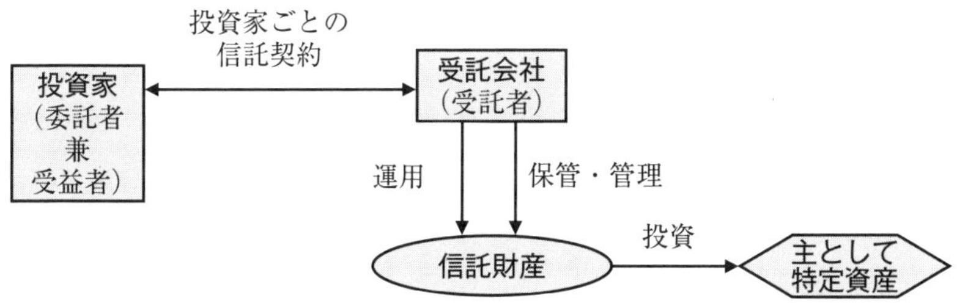

委託者非指図型投資信託の受託者は，免許を受けた信託会社または信託業務を営む金融機関（以下「信託会社等」という）でなければなりません（投信法47条１項）。投資信託財産は，それ以外の信託財産と分別して運用しなければなりません（投信法53条）。信託会社等は，運用権限の一部を政令で定める者に委託することは認められますが（委託先として認められている運用機関は委託者指図型投資信託の場合と同じ）（投信法２条２項，同法施行令４条），全部を委託することは認められません（投信法55条１項）。

⑶　投資法人

投資法人は，資産運用を行うためには，内閣総理大臣への登録が必要です（投信法187条）。投資法人の資産運用業務は，外部の資産運用会社に委託することが義務付けられています（投信法198条１項）。資産運用会社とは，投資運用業を行う金融商品取引業者です（投信法２条21項･11項）（注1）。資産運用会社は，運用権限の一部を政令で定める者に再委託することができますが（金商法42条の３，同法施行令16条の12）（注2），権限の全部を再委託することはできません（投信法202条）。

（注1）投資信託委託会社の場合と同様に，投資の対象に不動産が含まれる場合は，宅地建物取引業の免許を受けている必要があり，主として不動産に対する投資として運用することを目的とする場合は取引一任代理等についての国土交通大臣の認可を受けている必要があります（投信法199条）。

（注2）委託先として認められている運用機関は，委託者指図型投資信託の場合と同じ。

また，投資法人は，資産保管業務を資産保管会社に委託することが義務付けられています（投信法208条１項）。資産保管会社とは，信託会社等，有価証券等管理業務を行う金融商品取引業者，その他内閣府令（投信法施行規則252条）で定める法人です（投信法208条２項）。資産保管会社は，投資法人の資産を自己の固有財産と分別して保管しなければなりません（投信法209条の２）。

＜図表９＞

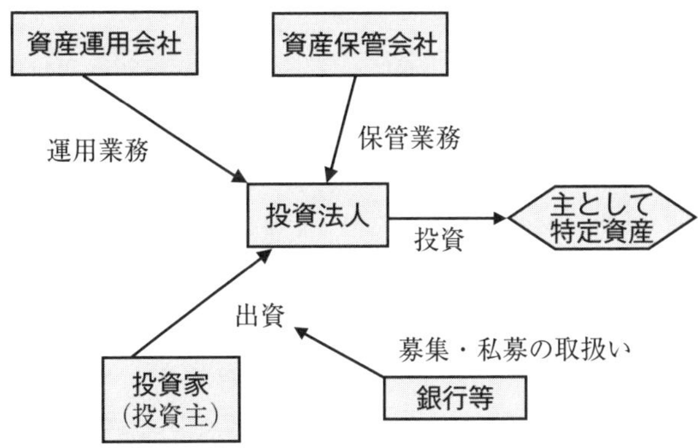

このほか，資産運用および保管以外の業務にかかる事務についても外部の者（一般事務受託者）に委託しなければなりません（投信法117条)。

⑷　外国投信

外国籍のファンドは各国の法令に準拠してそれぞれ設定されており，必ずしもわが国の投信法と同様の法体系に基づいていません。したがって，外国籍ファンドが投信法において定義される外国投資信託または外国投資法人に該当するのかについては，個別具体的な検討が必要となります。

なお，日本証券業協会の協会員が顧客（適格機関投資家を除く）に対し勧誘を行うことができる外国投資信託証券は，協会の定める選別基準に適合しているものでなければなりません（日本証券業協会「外国証券の取引に関する規則｣)。

⑸　販売会社の業務

販売会社である第一種金融商品取引業者および登録金融機関は，投資信託または外国投資信託の受益証券，および投資証券，新投資口予約権証券もしくは投資法人債券または外国投資証券について，募集の取扱いまたは私募の取扱いのほか，以下のような業務を行い，当該業務の対価として，投資家から手数料を受領します。①②③の業務を登録金融機関が行うには，原則として登録が必要です（金商法33条の２）。このほか，法令によって許容される範囲で，投資信託委託会社・受託会社・投資法人から委託を受けて，その他の業務・事務を行います。

① 売買（金商法33条２項２号，２条８項１号）

② 売買の媒介，取次ぎまたは代理（金商法33条２項２号，２条８項２号）

③ 売買の委託の媒介，取次ぎまたは代理（金商法33条２項２号，２条８項３号）

④ 目論見書の交付（金商法15条２項）

また，販売会社は受益者との間で収益分配金の自動再投資契約を締結している場合には，投資信託委託会社から支払われた分配金を，源泉徴収を行ったうえで受益者に代わって再投資します。

金融商品取引業者・登録金融機関の役職員のうち，有価証券の売買や募集の取扱いなどを行う者は，外務員登録が必要です（金商法64条）（第１編第10参照）。実際には，日本証券業協会の会員については日本証券業協会が登録事務を行っています（金商法64条の７，業府令248条）。

⑹ 適用法令および自主規制機関

① 適用法令

上述のように，投資信託および投資法人については投信法が規定しています。信託契約や受託会社の業務については，さらに信託法および信託業法の適用もあります。金融商品取引業者および登録金融機関の業務については，金商法が規定しています。さらに，銀行については銀行法，信用金庫は信用金庫法の適用も受けます。そのほか，投信の販売については金サ法の適用を受けます。

また，金融商品取引業者，登録金融機関および受託会社は，金融庁の監督を受けており，金融庁の監督指針にも留意する必要があります。

②　投信協会，証券業協会

一般社団法人投資信託協会（以下「投信協会」という）は，投資運用業者（投資信託委託会社・資産運用会社），委託者非指図型投資信託の信託会社・信託銀行を正会員とする団体で，金商法上の公益法人金融商品取引業協会に該当します（金商法78条）。投信協会は，投資信託・投資法人についての運用・販売等に関する自主ルールを設けており，会員はこれを遵守する必要があります。

さらに，日本証券業協会（以下「証券業協会」という）は，第一種金融商品取引業者を会員とし，登録金融機関を特別会員とする団体で，金商法上の認可金融商品取引業協会に該当します（金商法67条）。証券業協会は，金融商品取引業に関する自主ルールを設けており，協会員はこれを遵守する必要があります。

③　上場投信に対する規制

金融商品取引所に上場している投資信託・投資法人については，当該取引所の規則を遵守する必要があります。現在，東京証券取引所には，不動産に投資する投資法人の投資証券（いわゆるJ-REIT）や証券投資信託（いわゆるETF）が上場されています。

4　公募と私募，発行開示規制

投資家が受益証券や投資証券などについて投資判断を行うためには，その金融商品および発行者に関する情報が正確，公正，かつ適時に開示される必要があります。そこで，投信法および金商法によって以下のようなディスクロージャー制度が設けられています。

(1)　投信法上の公募と私募

投信法では，新たに発行される受益証券の取得の申込みの勧誘について，以下のように「公募」，「適格機関投資家私募等」，「一般投資家私募」の3

類型に分類しています（投信法２条８項から10項，この分類は投資信託の受益証券に関するものであり，投資法人には適用がない）。

【公　募】

50人以上の者（適格機関投資家（金商法２条３項１号，定義府令10条）が含まれる場合，適格機関投資家以外の者に譲渡されるおそれが少ないものとして内閣府令（投信法施行規則４条）に定める場合に該当するときは，当該適格機関投資家を除く）を相手方として行うもの（適格機関投資家私募等を除く）（投信法２条８項，同法施行令７条）。

【適格機関投資家私募等】

次に掲げる場合に該当するもの

①　適格機関投資家私募

適格機関投資家のみを相手方として行う場合で，適格機関投資家以外への譲渡が禁止される等の法令に定める要件に該当するもの（投信法２条９項１号，同法施行令８条１項，同法施行規則４条の２，５条１項）。

②　特定投資家私募

特定投資家（金商法２条31項）のみを相手方として行う場合で，特定投資家以外への譲渡が禁止される等の法令に定める要件に該当するもの（投信法２条９項２号，同法施行令８条２項・３項，同法施行規則５条２項・３項・４項）。

【一般投資家私募】

公募または適格機関投資家私募等のいずれにも該当しないもの（投信法２条10項）。

これらの３類型のいずれであっても，委託者指図型投資信託の投資信託委託会社および委託者非指図型投資信託の受託者は，投資信託契約を締結しようとするときは，あらかじめ，投資信託約款の内容を所管の内閣総理大臣へ届け出なければなりません（投信法４条，49条）。

投資信託約款に記載すべき事項は，法令により定められています（投信法４条２項，同法施行規則７条，８条，同法49条２項，同法施行規則78条，79条）。

委託者指図型投資信託の投資信託委託会社および委託者非指図型投資信託の受託者は，投資信託約款の内容等を記載した書面を投資家に交付する義務がありますが，一定の要件を満たす適格機関投資家私募等の場合はその交付義務が免除されます（投信法５条１項，同法施行規則10条１号・２号，同法54条）。また，当該書面に記載すべき事項が目論見書に記載されている場合や，投資家が現にその受益証券を所有している場合には，当該書面の交付義務が免除されます（投信法施行規則10条３号）。

なお，外国投資信託の受益証券について募集・私募の取扱い等が行われる場合には，あらかじめ内閣総理大臣への届出が必要で（投信法58条），国内の受益証券と同様に，発行者は投資家に対して投資信託約款の内容等を記載した書面を交付する義務があります（投信法59条）。

⑵　金商法上の募集と私募

金商法では，新たに発行される有価証券の取得の申込みの勧誘（「取得勧誘」）について，以下のように「募集」（公募）と「私募」を定めています（金商法２条３項）（第１編第３参照）。以下では，第一項有価証券である受益証券，投資証券，新投資口予約権証券，投資法人債券，外国投資証券に適用される場合の「募集」（公募）と「私募」を意味します。募集（公募）に該当する場合，発行価額が１億円未満であるなどの例外事由に該当しない限り，財務局への有価証券届出書の提出が必要となり（金商法４条１項），目論見書の作成，投資家への交付が必要となります（金商法13条，15条）。公募（募集）の場合には，金商法上，投資信託の受益証券の勧誘は有価証券届出書の提出後に行われなければなりません（金商法４条１項）。また，有価証券届出書が効力を発生した後でなければ，投資信託有価証券を取得させること（すなわち，購入の申し込みを受け付けること）はできません（金商法15条１項）。有価証券届出書が効力を発生するのは，届出後15日を経過した日です（金商法８条１項）。

なお，継続して受益証券の募集を行っている追加型投資信託については，有価証券報告書を継続して定期的に提出するとともに同時期に有価証券届出書を提出するか，または証券情報に相当する事項を記載した書面（募集事項等記載書面）を有価証券報告書とあわせて提出する（金商法５条10項～12項等）必要があります。

【募　集】

① 50人以上の者（適格機関投資家が含まれる場合，適格機関投資家以外の者に譲渡されるおそれが少ないものとして政令（金商法施行令１条の４）で定める場合に該当するときは，当該適格機関投資家を除く）を相手方として行う場合（特定投資家のみを相手方とする場合を除く）（金商法２条３項１号，同法施行令１条の５）

② 次のいずれにも該当しない場合（金商法２条３項２号）

イ　適格機関投資家のみを相手方として行う場合で，その取得者から適格機関投資家以外の者に譲渡されるおそれが少ないものとして政令（金商法施行令１条の４）で定める場合

ロ　特定投資家のみを相手方として行われる場合であって，金商法２条３項２号ロに定める要件すべてを充たす場合

ハ　①および②イロに掲げる場合以外（政令（金商法施行令１条の６）で定める要件に該当する場合を除く）で，多数の者に所有されるおそれが少ないものとして政令（金商法施行令１条の７）で定める場合

【私　募】

取得勧誘であって募集に該当しないもの。

⑶　投資信託の目論見書の記載事項

投資信託の受益証券の募集について有価証券届出書の提出が義務付けられる場合には，有価証券の発行者（委託者指図型投資信託においては投資信託委託会社）は目論見書を作成しなければなりません（金商法13条１項）。目論見書の説明については，第１編第３❷⑶を参照してください。投資信託の受益証券の場合，目論見書は，①交付目論見書（原則として交付が必

須である目論見書）と②請求目論見書（請求があった場合のみ交付すれば足りる目論見書）の２種類に分けられます。

交付目論見書および請求目論見書の交付が例外的に不要な場合は，以下のとおりです（金商法15条２項ただし書）。

> ⑴　適格機関投資家に取得させ，または売り付ける場合（当該適格機関投資家から当該目論見書の交付の請求があった場合を除く）
> ⑵　当該目論見書の交付を受けないことについて同意した次の者に投資信託の受益証券を取得させ，または売り付ける場合（当該同意した者から当該目論見書の交付の請求があった場合を除く）
> ①　当該投資信託の受益証券と同一の銘柄を有する者
> ②　その同居者がすでに当該目論見書の交付を受け，または確実に交付を受けると見込まれる者

国内投資信託の受益証券の交付目論見書の記載事項および主な留意点については，以下を参照してください（特定有価証券の内容等の開示に関する内閣府令第25号様式等および投資信託協会の「交付目論見書の作成に関する規則」）。他方，請求目論見書の記載内容は有価証券届出書と概ね同様の内容です。

> **【交付目論見書に記載すべき主な事項・主な留意点】**
> １　表示
> ⑴　交付目論見書である旨
> ⑵　金商法上の目論見書である旨
> ⑶　ファンドの名称および商品分類
> ⑷　委託会社等の情報
> ⑸　受託会社に関する情報
> ⑹　詳細情報の入手方法
> ⑺　使用開始日
> ⑻　届出の効力に関する事項
> ⑼　商品分類および属性区分表

⑽　その他の記載事項

①　商品内容に関して重大な変更を行う場合には，投信法に基づき事前に受益者の意向を確認する旨

②　投資信託の財産は受託会社において信託法に基づき分別管理されている旨

③　請求目論見書は投資者の請求により販売会社から交付される旨および当該請求を行った場合にはその旨の記録をしておくべきである旨

④「ご購入に際しては，本書の内容を十分にお読みください。」との趣旨を示す記載

２　本文

⑴　ファンドの目的・特色

①　ファンドの目的

約款の「運用の基本方針」に記載された「基本方針」や「投資態度」等に基づき，ファンドの目的とする事項を記載するものとする。

②　ファンドの特色

約款の「運用の基本方針」に記載された「基本方針」や「投資態度」等を踏まえ，ファンドの商品性に鑑み，投資者がファンドの特色を容易に理解できるよう投資の着目点を分かりやすく説明する。また，たとえば，「ファンドの仕組み」，「運用手法」，「運用プロセス」，「投資制限」，「分配方針」等のファンドの特色となる事項を記載するものとする。この場合，以下の事項に留意するものとする。

イ　ファンドの特色の記載にあたっては，文章による説明のほか，必要に応じて図表等を付加して説明することができるものとする。特に，ファンドの仕組みの説明にあたっては，当該ファンドが収益の源泉とする主な投資対象，投資方法（当該ファンドが直接投資するのか，ファミリーファンド方式等により間接的に投

資するのか）の内容を投資者が容易に理解できるよう図表等により説明することが望ましい。

ロ　運用の権限を委託する場合は，運用の委託先の名称および委託の内容等を記載するものとする。

ハ　信託期間中に運用目標や運用方針を変更することを想定しているファンドは，当初設定時および変更後の内容について記載するものとする。

ニ　通貨選択型投資信託等については，全体像がイメージできるように，ファンドの仕組みと収益源を理解できるイメージ図を明示するとともに，収益源のリスク・リターンを要素別にイメージ図を用いて説明する。なお，イメージ図等の記載にあたっては，細則に定める記載方法を参考として，各ファンドの仕組みに合わせて工夫して記載するものとする。

ホ「分配方針」の記載にあたっては，将来の分配金が保証されているものではない旨を細則に定める記載方法を参考として工夫して記載するものとする。

(2)　投資リスク

①　基準価額の変動要因

投資リスクの記載にあたっては，ファンドに与える影響度に応じた掲載順序にすることや文字の大きさや太さに強弱をつける等工夫するものとする。

また，投資リスクの項の冒頭において，ファンドの運用による損益はすべて投資者に帰属する旨，投資信託が元本保証のない金融商品である旨，および投資信託が預貯金と異なる旨の記載をするものとする。

②　その他の留意点

その他の留意点として，次に掲げる事項を記載するものとする。

イ　クーリング・オフの適用がない旨

ロ　その他，特筆すべき事項

③　リスクの管理体制

ファンドおよび委託会社の管理体制について，簡潔に記載するものとする。

④　代表的な資産クラスとの騰落率の比較（2014（平成26）年12月１日施行の平成25年投信法改正および改正「交付目論見書の作成に関する規則」により追加）

参考情報として，当該ファンドと代表的な資産クラスとの騰落率を比較したグラフについて，次に掲げる方法により，細則に定める記載方法を参考として工夫して記載するものとする。

イ　当該ファンドの年間騰落率および代表的な資産クラス（有価証券その他の投資資産に係る６種類程度の指標で，客観的かつ公正な基準に基づき算出される指標であって，継続的に公表されるものをいう。以下④において同じ）の指数の年間騰落率については，１ヵ月ずつ計測期間をずらした60個のデータの平均値，最大値，最小値を棒グラフにより記載するものとする。

ロ　ファンドの年間騰落率のデータが60個ないファンドのうちベンチマークのあるファンドは，ファンドの年間騰落率がない期間のデータについてファンドの年間騰落率のデータの代わりにベンチマークの年間騰落率のデータを用いて平均値，最大値，最小値を算出する。ただし，当該ベンチマークの年間騰落率のデータを用いることで投資者に誤解を生じさせる懸念がある場合はこの限りでない。

ハ　ファンドの年間騰落率のデータの代わりにベンチマークの年間騰落率のデータを用いて平均値，最大値，最小値を算出した場合には，その旨を記載したうえで，投資者に誤解を生じさせることとならないようにするために必要な事項を記載するものとする。また，ベンチマークの年間騰落率のデータを用いることで投資者に誤解を生じさせる懸念があるためにベンチマークの年間騰落率を用いなかった場合には，その旨およびその理由

を記載するものとする。（以下⑤において同じ）

ニ　ファンドの年間騰落率（ベンチマークの年間騰落率を用いた場合を含む。以下ニにおいて同じ）のデータが60個ないファンドにおいて，当該ファンドの年間騰落率と代表的な資産クラスの指数の年間騰落率を同じ図に表示することで投資者に誤解を生じさせる懸念がある場合には，これらの図を明確に区別する等工夫するものとする。

ホ「分配金再投資基準価額」が当該ファンドの実際の基準価額と異なる場合には，「税引前の分配金を再投資したものとみなして計算した年間騰落率が記載されており，実際の基準価額に基づいて計算した年間騰落率とは異なる場合がある」旨の注記を記載するものとする。（以下⑤において同じ。）

⑤　ファンドの年間騰落率および分配金再投資基準価額の推移

参考情報として，当該ファンドの年間騰落率および分配金再投資基準価額の推移について，次に掲げる方法により，細則に定める記載方法を参考として工夫して記載するものとする。

なお，記載にあたっては，上記「④代表的な資産クラスとの騰落率の比較」の横に並べて記載することを原則とするものとする。

イ　ファンドの年間騰落率および分配金再投資基準価額の推移の記載にあたり，ファンドの年間騰落率については，１ヵ月ずつのファンドの年間騰落率のデータ60個を棒グラフにより表示し，また，分配金再投資基準価額については，折れ線グラフにより表示するものとする。

ロ　ファンドの年間騰落率のデータが60個ないファンドのうちベンチマークのあるファンドは，ファンドの年間騰落率のデータがない期間について当該ベンチマークの年間騰落率のデータを記載する。ただし，当該ベンチマークの年間騰落率のデータを用いることで投資者に誤解を生じさせる懸念がある場合はこの限りでない。

ハ　ベンチマークの年間騰落率を用いる場合には，ファンドの年間騰落率とベンチマークの年間騰落率が明確に区別できるよう別グラフにすることや色分けすること等により記載するものとする。

ニ　記載した「分配金再投資基準価額」が実際の基準価額と異なる場合には，「税引前の分配金を再投資したものとみなして計算した基準価額が記載されており，実際の基準価額と異なる場合がある」旨の注記を記載するものとする。

⑶　運用実績

ファンドの運用状況について，以下の事項を記載するものとする。当該事項は，届出書の「運用状況」「運用実績」の末尾等に，参考情報である旨を明記してこれらの情報を記載するものとする。

なお，ａ）の①基準価額（分配金を再投資して指数化したもの等を含む。以下同じ。）・純資産の推移，④年間収益率の推移およびｂ）の①７日間平均年換算利回り・純資産の推移については，直近10年間の運用状況を記載することを原則とし，運用期間が10年未満のファンドは当該運用期間までの運用状況を記載するものとする。

また，当該運用実績の内容は「投資リスク」の内容と見開きページに掲載することが望ましい。

ａ）日々決算ファンド以外のファンドの記載事項

①　基準価額・純資産の推移

基準価額・純資産の推移について，次に掲げる方法により記載するものとする。

イ　基準価額の推移を折れ線グラフにより記載するものとする。

ロ　当該折れ線グラフに純資産の推移の棒グラフもしくは面グラフを併記するものとする。

②　分配の推移

分配の推移について，次に掲げる方法により記載するものとする。

イ　決算期毎の分配の推移を細則で定める方法により記載するものとする。

ロ　分配金のデータが税引前の数字である旨の注記をするものとする。

③　主要な資産の状況

主要な資産の状況について，次に掲げる方法により記載するものとする。

イ　ファンドの特色およびリスクの特性を考慮して，運用に及ぼす影響の大きいものおおむね10銘柄について記載するものとする。この場合，ファミリーファンド方式等により運用するファンドは実質的な投資先により記載することができるものとする。

ロ　ポートフォリオの状況を投資者が容易に理解できるように，ファンドの特色に応じて，業種別比率（組入上位業種），資産別投資比率等の状況を図表等により記載することが望ましい。

④　年間収益率の推移

年間収益率の推移について，原則，暦年毎に次に掲げる方法により記載するものとする。

イ　ファンドの騰落率の推移を棒グラフにより記載するものとする。

ロ　新規に設定するファンドのうちベンチマークのあるファンドは，原則として当該ベンチマークの10年間の騰落率の推移を棒グラフにより記載するものとする。ただし，当該ベンチマークの騰落率を記載することで投資者に誤解を生じさせる懸念がある場合はこの限りでない（以下ハにおいて同じ。）。

ハ　運用期間が10年未満のファンドのうちベンチマークのあ

るファンドは，直近10年間のうちのファンドの設定前年までの期間について当該ベンチマークの騰落率の推移を記載する，または，過去10年間のベンチマークの騰落率の棒グラフを併記するかいずれかの方法によるものとする。この場合，ファンドの騰落率とベンチマークの騰落率が明確に区別できるよう別表にすることや色分けすること等により記載するものとする。

ニ　ベンチマークのない場合には，「ない」旨を，また，ベンチマークを記載することで投資者に誤解を生じさせる懸念がある場合にはその旨を記載するものとする。

⑤　①および④の記載にあたっては，「決算時の分配金を非課税で再投資したものとして計算しております。」等の計算根拠を注記等により記載するものとする。

b）日々決算ファンドの記載事項

①　７日間平均年換算利回り・純資産の推移

７日間平均年換算利回り・純資産の推移について，次に掲げる方法により記載するものとする。

イ　７日間平均年換算利回りの推移を折れ線グラフにより記載するものとする。

ロ　当該折れ線グラフに純資産の推移の棒グラフもしくは面グラフを併記するものとする。

ハ　７日間平均年換算利回りのデータが税引き前である旨の注記をするものとする。

②　主要な資産の状況

主要な資産の状況について，次に掲げる方法により記載するものとする。

イ　ファンドの特色およびリスクの特性を考慮して，運用に及ぼす影響の大きいものおおむね10銘柄について記載するものとする。

ロ　ポートフォリオの状況を投資者が容易に理解できるように，ファンドの特色に応じて，資産別投資比率等の状況を図表等により記載することが望ましい。

c）運用実績の記載に関する注記事項

運用実績の注記事項として，次に掲げる事項を記載するものとする。

イ　ファンドの運用実績はあくまで過去の実績であり，将来の運用成果を約束するものではない旨

ロ　ベンチマークを記載する場合は，当該ベンチマークの情報はあくまで参考情報として記載していること，およびファンドの運用実績ではない旨

ハ　委託会社ホームページ等で運用状況が開示されている場合（または開示することを予定している場合）はその旨

(4)　手続・手数料等

手続・手数料等について，細則に定める様式により記載するものとする。

・投資者が直接的に負担する費用（購入時手数料，信託財産留保額），間接的に負担する費用（運用管理費用（信託報酬），その他の費用・手数料）について，手数料の金額または料率，徴収方法および徴収時期等を記載するものとする。なお，購入時手数料，信託財産留保額，運用管理費用（信託報酬（総額）），換金時の手数料の記載にあたっては，赤字や下線など目立つように工夫するものとする。

・購入時手数料については，当該手数料を対価とする役務の内容を当該手数料と対比できるよう表内に記載するものとする。

・運用管理費用（信託報酬）については，運用管理費用（信託報酬）の総額表示のみでなく，支払先毎にその算出方法，金額または料率，徴収方法および徴収時期を記載するとともに，以下の事項を参考に対比できるよう表内に記載するものとする。

第３編

信託報酬＝運用期間中の基準価額×信託報酬率

（委託会社）委託した資金の運用の対価

（販売会社）運用報告書等各種書類の送付，口座内でのファンドの管理，購入後の情報提供等の対価

（受託会社）運用財産の管理，委託会社からの指図の実行の対価

・その他の費用・手数料は，主要なものについて，支払先毎にその算出方法，金額または料率，徴収方法および徴収時期ならびに当該手数料等を対価とする役務の内容（たとえば，監査に係る手数料等）を記載する。また，事前に料率等を記載することができない場合はその旨およびその理由，請求目論見書で確認できる場合はその旨の記載をするものとする。

3　追加的情報

上記事項の他，ファンドの特色やリスク等として投資者に開示すべき情報のあるファンドは，「追加的記載事項」と明記して当該情報の内容等を届出書の記載に従い記載するものとする。この場合，以下の各号に掲げる事項に留意するものとする。なお，下記各号に掲げる事項については，「追加的記載事項」に代えて「ファンドの目的・特色」や「投資リスク」として記載することを妨げない。

(1)　ファンド・オブ・ファンズは，投資先のファンド，または投資予定のファンドの一覧や当該ファンドの概要（主な投資対象や投資地域等）の内容を交付目論見書に記載しなければならないこと。

(2)　仕組債への投資またはその他特殊な仕組みを用いることにより，目標とする運用成果（基準価額，償還価額，収益分配金等）や信託終了日等が，明示的な指標等の値により定められる一定の条件によって決定されるファンドは，仕組債またはその他特殊な仕組みの内容，および目標とする運用成果の内容を交付目論見書に記載しなければならないこと。

(3)　特定の市場に左右されにくい収益の追求を目指すファンドやロ

ング・ショート戦略により収益の追求を目指すファンドは，運用目標や運用方法の内容を交付目論見書に記載しなければならないこと。

(4) 派生商品取引を積極的に利用するファンドの場合は，当該派生商品取引による運用方法の内容，目標とする運用成果およびリスクの内容を交付目論見書に記載しなければならないこと。

(5) 仕組債等の価額の公表や換金時期が特定日に限定されている資産を主な投資対象とする場合，当該状況によりファンドの基準価額計算や換金に影響がある旨の内容を交付目論見書に記載しなければならないこと。

(6) 毎月分配型投資信託および隔月分配型投資信託（決算頻度が毎月および隔月のもの）は，次に掲げる内容を細則に定める記載方法により，交付目論見書に記載しなければならないこと。

① 分配金は投資信託の純資産から支払われる旨

② 分配金が収益を超えて支払われる場合がある旨

③ 分配金の一部または全部が元本の一部払戻しに相当する場合がある旨（具体的には，「分配後の投資者の個別元本は，元本払戻金つまり特別分配金の額だけ減少する」旨の記載等）

(7) レバレッジ指標等に関する投資信託である場合，以下を交付目論見書に記載しなければならないこと。

① 当該レバレッジ指標等の変動率とその原指標の変動率に一定の数を乗じて得た率とに差が生ずることとなるおそれがある場合にあっては，その旨およびその理由

② 当該レバレッジ指標等に関する有価証券に対する投資が中長期的な投資の目的に適合しないものであるときは，その旨およびその理由

③ 当該レバレッジ指標等および当該レバレッジ指標等に関する有価証券の概要および特性その他当該レバレッジ指標等および当該レバレッジ指標等に関する有価証券の性質に関し顧客の注

第3編

意を喚起すべき事項

5 投資制限

他の投資手法と区別するためまたは他の投資手法を禁止するために，投資信託・投資法人は，主として❷(2)に述べた投資対象に対して運用がなされることが規定されていますが，さらに，運用上のリスク管理の観点などから，投信法，金商法および投信協会の規則により詳細な投資制限に関する規制が設けられています。

(1) 投信法上の投資制限

委託者指図型投資信託においては，投資信託委託会社が運用指図を行うすべての委託者指図型投資信託につき，信託財産として有する同一法人の発行する株式の議決権の総数が，当該株式にかかる議決権総数の50％を超えることが認められません（投信法9条，同法施行規則20条）。

委託者非指図型投資信託および投資法人についても，同様の規制がおかれています（投信法54条，194条，同法施行規則221条）。

(2) 金商法上の規制

公募の委託者指図型投資信託においては，運用財産に関し，金利，通貨の価格，金融商品市場における相場その他の指標に係る変動その他の理由により発生しうる危険に対応する額としてあらかじめ金融商品取引業者等が定めた合理的な方法により算出した額が当該運用財産の純資産額を超えることとなる場合において，デリバティブ取引（新株予約権証券またはオプションを表示する証券もしくは証書に係る取引および選択権付債券売買を含む）を行い，または継続することを内容とした運用を行うことは禁止されています（金商法42条の2第7号，業府令130条1項8号・2項）。

(3) 投信協会規則の投資制限

投信協会の規則は，商品類型・投資対象別にさまざまな投資制限の規定を設けています。主な規則は以下のとおりですが，詳しくは各規則を参照してください。

① 投資信託等の運用に関する規則

「投資信託等の運用に関する規則」においては，信用リスクの集中回避のための投資制限が新たに設けられ，原則として同一の者に係るエクスポージャーの投資信託財産の純資産総額に対する比率を株式等・債券等・デリバティブ等の３つのカテゴリーごとに10%，合計で20%を超えることのないように運用するなどの制限が新たに設けられました（同規則17条の２）。

イ　公募の証券投資信託

・組み入れる株式は，次のいずれかに該当するものに限ること（同規則11条）。

ａ．金融商品取引所または外国金融商品市場に上場されているものおよび外国において開設されている店頭売買金融商品市場に登録等されているもの

ｂ．未上場株式または未登録株式のうち，金商法または会社法もしくはこれらに準じて開示が行われているもので，細則に定める要件を満たすもの（外国で発行される株式でこれらと同様のものとして自主規制委員会が定める株式を含む）

・組み入れる受益証券・投資証券は，所定のものに限るものとし（同規則12条１項），その合計額は，投資信託財産の純資産総額の５％を超えてはならないこと（同規則12条２項）。

・投資信託間の相互および循環保有を行ってはならず，また，ファンド・オブ・ファンズ（ただし，例外あり）への投資を行ってはならないこと（同規則12条４項）。

・組み入れる証券化関連商品は，流動性に考慮して時価の取得が可能なものに限ること（同規則13条）。

・中期国債ファンドは，次に掲げる資産の組入れは行わないこと（同規則14条）。

ａ．証券化関連商品

ｂ．抵当証券

ｃ．匿名組合出資持分

ｄ．投資事業有限責任組合出資持分

ｅ．金銭の信託の受益権（有価証券に該当するものを除く）であって，信託財産を主として匿名組合出資持分に対する投資として運用することを目的とするもの

ｆ．不動産

ｇ．不動産の賃借権

ｈ．地上権

ｉ．商品（投信法施行令３条９号に規定するもの）

ｊ．商品投資等取引に係る権利（投信法施行令３条10号に規定するもの）

・投資信託財産に関し，金利，通貨の価格，金融商品市場における相場その他の指標に係る変動その他の理由により発生しうる危険に対応する額としてあらかじめ委託会社が定めた合理的な方法により算出した額が当該投資信託財産の純資産総額を超えることとなる場合において，デリバティブ取引等（デリバティブ取引とは金商法２条20項に規定するものをいい，新株予約権証券，新投資口予約権証券またはオプションを表示する証券もしくは証書に係る取引，選択権付債券売買および商品投資等取引（政令３条10号に規定するものをいう）を含む。以下「デリバティブ取引等」という）を行い，または継続することを内容とした運用を行ってはならないこと（同規則17条１項）。

・デリバティブ取引をヘッジ目的以外で利用する場合には，約款（付表を含む）に投資態度を明確に記載すること（同規則18条1項）。ただし，中期国債ファンド等所定のものについては，デリバティブ取引の利用をヘッジ目的に限ること（同規則18条２項）。

・委託会社は，投資信託財産に組入れられた株式から派生する株主優待等の名目で支給される物品その他のもので次に該当するものについては，受託者と協議のうえ，換金して投資信託財産に繰り入れるものとすること（同規則10条）。

ａ．個別に換金する市場が存在する等容易に換金できるもの

ｂ．基準価額に影響する等受益者の利益のため必要と判断されるもの

・委託会社は，投資信託財産に次に掲げる事象等が生じた場合には，当該各号に定める期間内に所定の限度内となるよう調整すること（同規則19条１項）

ａ．株式の値上りまたは解約によって株式組入限度を超える事態が発生した場合 発生の日を含め６営業日以内

ｂ．外国証券の値上り等によってその組入限度および外国為替の予約の範囲を超える事態が発生した場合であって，約款において「相当期間内に調整する」とされているもの 発生の日を含め１か月以内

ロ　公募のファンド・オブ・ファンズ

・組み入れる不動産投資信託証券およびインフラ投資信託証券は，次に掲げる要件を満たすものに限ること（同規則22条２項）。

ａ．上場または店頭登録（以下「上場等」という）をしているもの（上場等の前の新規募集または売出し，もしくは上場等の後の追加募集または売出しに係るものを含む）で，常時売却可能（市場急変等により一時的に流動性が低下している場合を除く）なものであること

b．価格が日々発表されるなど，時価評価が可能なものであること

c．決算時点における運用状況が開示されており，当該情報の入手が可能であること

・組み入れる上場投資信託は，次に掲げる要件を満たすものに限ること（同規則22条３項）。

a．上場しているもので，常時売却可能（市場急変等により一時的に流動性が低下している場合を除く）なものであること

b．価格が日々発表されるなど，時価評価が可能なものであること

c．決算時点における運用状況が開示されており，当該情報の入手が可能であること

・委託会社は，少なくとも６か月に１回（計算期間が６か月に満たない場合には毎決算報告時），投資される投資信託等が保有している有価証券その他の資産の直近の明細（組み入れた投資信託の直近の決算時または半期時の報告等，当該委託会社が知り得る直近の明細をいう）を知り得る範囲で開示すること。ただし，投資した投資信託証券が不動産投資信託証券およびインフラ投資信託証券の場合については，当該不動産投資信託証券およびインフラ投資信託証券の直近の決算時等における運用概要等について，知り得る範囲で開示すること（同規則22条４項）。

・原則として，複数の投資信託証券に投資するものであること。ただし，当該ファンド・オブ・ファンズが，上場投資信託の場合であって，かつ外国における資産で当該国からの持出し制限のある資産への投資を目的とする投資信託証券に投資する場合には，この限りではない（同規則23条）。

②　不動産投資信託及び不動産投資法人に関する規則

・投資信託財産または投資法人の財産の総額の２分の１を超える額

を「不動産等」および「不動産等を主たる投資対象とする資産対応型証券等」に対する投資として運用することを目的とする旨を規定していること（これを満たす投資信託および投資法人が「不動産投信等」と定義される）（同規則３条１項）。

・「不動産等」とは，次に掲げる資産をいう（同規則３条２項）。

イ　不動産

ロ　不動産の賃借権

ハ　地上権

ニ　外国の法令に基づく上記イ～ハに掲げる資産

ホ　次に掲げる資産を信託する信託の受益権（不動産に付随する金銭と合せて信託する包括信託を含む。）

ａ．不動産

ｂ．不動産の賃借権

ｃ．地上権

ｄ．外国の法令に基づく上記ａ.からｃ.に掲げる資産

ヘ　上記イ～ニに掲げる資産に対する投資として運用することを目的とする金銭の信託の受益権

ト　不動産に関する匿名組合出資持分（投資者の一方が相手方の行う上記イ～ヘに掲げる資産の運用のために出資を行い，相手方がその出資された財産を主として当該資産に対する投資として運用し，当該運用から生じる利益の分配を行うことを約する契約に係る出資の持分をいう）

チ　信託財産を主として上記トに掲げる資産に対する投資として運用することを目的とする金銭の信託の受益権

リ　外国の法令に準拠して組成されたホ～チに掲げる資産と同様の性質を有する資産

ヌ　投信法194条２項に規定する場合において，投資信託及び投資法人に関する法律施行規則221条の２に規定する法人のうち，

資産のすべてが不動産および当該不動産に係る金銭債権等である法人（外国金融商品市場に上場されているものおよび外国において開設されている店頭売買金融商品市場に登録等をされているものを除く）が発行する株式または出資

・「不動産等を主たる投資対象とする資産対応証券等」とは，資産の２分の１を超える額を不動産等に投資することを目的とする次の各号に掲げるもので，当該各号に定めるものをいう（同規則３条３項）。

イ　優先出資証券：資産の流動化に関する法律２条９項に規定する優先出資証券

ロ　親投資信託受益証券：投信法２条７項に規定する投資信託の受益証券（振替投資信託受益権を含む。以下「受益証券」という）であって，当該受益証券を他の特定の投資信託（以下「子投資信託」という）の受託者に取得させることを目的とするもので，当該投資信託の受託者と当該投資信託の受益証券を取得する子投資信託の受託者が同一であり，かつ当該投資信託受益証券を取得する子投資信託の約款においてその旨が規定されている当該投資信託の受益証券

ハ　親投資証券：投信法２条15項に規定する投資証券（振替投資口を含む）であって，当該投資証券を他の特定の投資法人（以下「子投資法人」という）の財産に取得させることを目的とするもので，当該投資法人の投資証券を取得する子投資法人の規約においてその旨が規定されている当該投資法人の投資証券

ニ　特定目的信託受益証券：資産の流動化に関する法律２条13項および15項に規定する特定目的信託受益証券

ホ　匿名組合出資持分証券　金商法２条２項５号に規定する匿名組合出資持分

ヘ　外国の法令に準拠して組成されたイまたはニに掲げる資産と

同様の性質を有する資産

⑷　取引所規則の投資制限

たとえば，東京証券取引所の上場規程においては，上場審査の要件として，不動産投資信託証券は，運用資産等の総額に占める不動産等の額の比率が一定以上になる見込みのあること，運用資産等の総額に占める不動産等，不動産関連資産および流動資産等の合計額の比率が上場の時までに一定以上になる見込みのあることを挙げています。

運用ルール

上記❺は投資信託･投資法人の投資内容についての制限ですが，さらに，運用機関に対して投資の態様に関する制限が課せられます。投資信託委託会社および資産運用会社は，投資運用業を行う金融商品取引業者として，金商法の行為規制に従って運用を行う必要があります（第１編第７参照）。

投資信託委託会社がその任務を怠ったことにより受益者に損害を生じさせたときは，当該受益者に対して損害を賠償する責任を負います（投信法21条）。資産運用会社が，その任務を怠ったことにより投資法人に損害を生じさせたときは，当該投資法人に対して損害を賠償する責任を負います（投信法204条１項）。

販売ルール

受益証券や投資証券・投資法人債券を顧客に販売するにあたっては，顧客を保護するため，販売会社である第一種金融商品取引業者および登録金融機関に対しては，以下のような行為規制が金商法に設けられています。金商法は，同じ経済的機能を有する金融商品には同じルールを適用することにより，同法を金融商品の販売・勧誘に関する一般的な性格を有するものと位置づけています。したがって，投資信託・投資法人の投資対象や運営方法については投信法が定めていますが，販売・勧誘については他の有価証券と同様に金商法によって定められています（金商法の各行為規制については第１編第７も参照)。

さらに，投信協会および証券業協会の規則においても，会員の行う販売・勧誘行為について規定を設けています。

(1)　販売に関する義務

①　誠実公正義務・投資者本位の営業活動

金融商品取引業者等ならびにその役職員は，顧客に対する誠実公正義務を負っています（金商法36条)。さらに，証券業協会は，常に投資者の信頼の確保を第一義として，投資者本位の事業活動に徹しなければならないことを規定しています（協会員の投資勧誘，顧客管理等に関する規則３条１項)。

②　適合性の原則

金融商品取引業者等は，顧客の知識，経験，財産の状況および契約締結の目的に照らして不適当と認められる勧誘を行ってはなりません（金商法40条１号)。投信協会の規則では，投資信託委託会社は，自ら設定する委託者指図型投資信託の受益証券のうち，新たな投資信託の受益証券の取得の勧誘にあたっては，当該投資信託の特性やリスクを十分に把握し，当該投資信託に適合する顧客が想定できないものは，取得の勧誘を行ってはならないと規定し（受益証券等の直接募集等に関する規則４条２項，店頭デリバティブ取引に類する複雑な投資信託に関する規則３条１項)，また，投資信託委託会社は，顧客（個人に限り，特定投資家を除く）に対し，自ら設定するレバレッジ投資信託や店頭デリバティブ取引に類する複雑な投資信託の受益証券の取得の勧誘（当該取得の勧誘の要請をしていない顧客に対し，訪問しまたは電話をかけて行うものならびに営業所において行うものに限る）を行うにあたっては，勧誘開始基準を定め，当該基準に適合した者でなければ，当該取得の勧誘を行ってはならないと規定しています（受益証券等の直接募集等に関する規則６条の２，店頭デリバティブ取引に類する複雑な投資信託に関する規則４条)。また，証券業協会も同趣旨の規定をおいています（協会員の投資勧誘，顧客管理等に関する規則５条の２)。

適合性の原則の意義は上記のとおりであり，顧客の状況を総合的に考慮して，それに見合った勧誘をすることが求められています。したがって，高齢者への金融商品の販売に関して，顧客の知識や経験等に関係なく，一律に高齢者にはリスクの高い商品を販売しない，一律に高齢者には一度目の訪問では販売しない，一律に高齢者には親族の同席がなければ販売しないなどの対応をとることは，制度の趣旨に整合しません（2008（平成20）年２月21日金融庁公表の「金融商品取引法の疑問に答えます｣)。

なお，日本証券業協会の「協会員の投資勧誘，顧客管理等に関する規則」では高齢顧客に対する勧誘方法に関する社内規則の制定が義務付けられており（同規則５条の３)，また，同協会の制定した「高齢顧客への勧誘による販売に係るガイドライン」は，適合性の原則に基づいて高齢顧客（75歳以上）に勧誘しても問題がないと考えられる商品の範囲を定め，それ以外の商品の勧誘を行う場合には所定の手続や条件を定めて慎重に対応することが求められています。

③　自己責任原則の徹底

投信協会は，正会員が顧客に受益証券等の取得の勧誘を行う場合には，目論見書等を用い，投資者に対し，商品の性格を十分に説明し，その取得は投資者自身の判断と責任において行うべきものであることを理解させるとともに，投資者の投資経験，投資目的，資力等を十分に把握し，投資者の意向と実情に適合した募集等を行うべきことを規定しています（受益証券等の直接募集等に関する規則４条１項)。また，証券業協会も同趣旨の規定をおいています（協会員の投資勧誘，顧客管理等に関する規則４条)。

④　広告規制

販売会社は，投信商品についての広告を行う際には，顧客の支払う対価，契約に関する重要な事項について顧客に不利益となる事実や，販売会社の商号・登録番号，加入している金融商品取引業協会の名称等の金商法に定める事項を表示する義務があります（金商法37条）。なお，投資信託・投資法人の場合，当該ファンドについての手数料だけでなく，組み入れる受益証券等に係る信託報酬その他の手数料についても表示が必要です（業府令74条２項）。

さらに，投信協会は，広告についての自主規制として「広告等の表示及び景品類の提供に関する規則」，「広告等に関するガイドライン」を設けています。会員は，広告審査担当者を設置し，広告等の表示を審査しなければならないとし，広告表示の留意事項を定めています。

また，証券業協会も，「広告等の表示及び景品類の提供に関する規則」を設け，投信協会規則と同様の規定をしています。

⑤　目論見書の交付

勧誘が金商法上の募集に該当し有価証券届出書の提出が必要な場合には，有価証券の発行者は目論見書を作成しなければなりません（❹(2)参照）。販売会社は，顧客に投信商品を取得させる場合には，あらかじめまたは同時に目論見書を交付する必要があります（金商法15条２項）。さらに，顧客からの請求があった場合に交付を要する目論見書もあります（金商法15条３項）（❹(3)参照）。

⑥　信託約款の内容を記載した書面の交付

投資信託の場合，受益証券を取得する者に対して投資信託約款の内容その他内閣府令（投信法施行規則９条）で定める事項を記載した書面を交付する義務があります。ただし，当該書面に記載すべき事項が目論見書に記載されている場合は不要となります（投信法５条，54条）（❹(1)参照）。

⑦　契約締結前交付書面の交付

投信商品の販売にあたっては，購入の契約の前にあらかじめ，金商法に定める事項を記載した書面を顧客に交付しなければなりません（金商法37条の３）。ただし，契約締結前交付書面記載事項がすべて記載されている目論見書を交付している場合または目論見書の交付が免除される場合（金商法15条２項２号）には，契約締結前交付書面の交付は必要ありません（金商法37条の３第１項ただし書，業府令80条１項３号）。

投資信託･投資法人の場合，当該ファンドについての手数料だけでなく，組み入れる受益証券等に係る信託報酬その他の手数料についても記載が必要です（業府令81条２項）。

⑧　契約内容の説明

契約締結前交付書面またはこれに代替する目論見書の交付に関しては，契約締結前にあらかじめ，同書面に記載すべき事項について顧客の知識，経験，財産の状況および契約締結の目的に照らして顧客に理解されるために必要な方法および程度による説明を行う必要があります（金商法38条８号，業府令117条１号）。

⑨　契約締結時等書面の交付

購入の契約が成立したとき，信託契約の解約があったとき，投資口の払戻しがあったときには，その内容を記載した書面（取引報告書）を顧客に交付する必要があります（金商法37条の４，業府令98条１項）。また，契約成立または有価証券もしくは金銭の受渡しを行った場合には，その都度または４半期ごと（ただし，取引や金銭，有価証券の受渡しがない場合には，１年ごとでもよいとされています）に取引残高報告書を顧客に交付する必要があります（業府令98条１項３号，108条）。

取引残高報告書には，報告対象期間の末日における金銭および有価証券の残高，ならびに報告対象期間において行った金銭の受渡しの年月日およびその金額などを記載することを要しますが，評価損益は必ずしも記載する必要はありません（業府令108条）。

なお，顧客に対し契約内容を記載した書面を定期的に交付し，かつ，顧客からの個別の取引に関する照会に対して，速やかに回答する体制が整備されているときは，累積投資契約による買付け，受益証券の収益金をもって同一の銘柄の受益証券の取得，公社債投資信託（計算期間が１日のものに限る）の売買または解約について書面の交付が不要となります（業府令

第３編

110条1号)。

⑩　乗換勧誘

受益証券，投資証券，外国投資証券で投資証券に類するもの（上場されているものを除く）の乗換えを勧誘するに際し，重要な事項を顧客に説明する必要があります（金商法40条2号，業府令123条9号)。投信協会は，「受益証券等の乗換え勧誘時の説明義務に関するガイドライン」および「投資信託等の乗換え勧誘時の説明義務に関するQ&A」を定めています。

なお,ここでいう乗換勧誘は,「解約」と「募集」をセットで（乗換えの）勧誘する行為を指し，たとえば顧客に対し，商品の購入を勧誘しつつ，購入資金の調達方法として顧客の現に保有する銘柄の解約または売却等を勧める行為がこれに該当します。乗換勧誘に該当するかどうかは，「解約」と「募集」の約定が同時に行われたかどうかによって判断されるものではなく，あくまでも両者を関連づけて（乗換えの）勧誘がなされたかどうかがポイントとなります。

乗換えを勧誘するに際しては，以下の点に留意して，顧客の投資判断に影響を及ぼすと考えられるそれぞれの重要な事項について説明を行う必要があります。

① 乗換え勧誘に該当する場合，あらかじめ，当該乗換えに係る「解約する投資信託等」と「取得する投資信託等」の商品性，顧客のニーズや利益等を勘案し，当該乗換えが顧客の投資方針に適したものとなるのか，顧客にどのようなリスクが生じることとなるのか，顧客にどのような費用が生じるのか，顧客は乗換えの目的等を正しく理解できるのか等を総合的に検討する。

② 上記の検討の結果，顧客に乗換え勧誘を行うことが合理的であると判断した場合には，取得する投資信託等の目論見書による説明に加えて，顧客が自らの投資方針に照らして合理的であるかを判断するために必要となる事項について説明する。

③ 乗換え勧誘をする際の説明内容およびそれに要する資料や説明時間

は，顧客の属性や投資経験および投資信託等の性質等によって異なることから，勧誘を受ける顧客の理解度に応じて適当であると考えられる方法により行う。

このように，乗換勧誘を実施するに際しては，ルールに従った顧客に対する説明をする必要がありますが，これに従っていれば，乗換勧誘自体が禁止されるわけではありません。

乗換勧誘の際の「重要な事項」の説明と，他の法令，規則等との関係は以下のとおりです。

①　目論見書による説明

一般的に，顧客に受益証券等の募集の勧誘を行う場合には，「重要な事項」以外の事項についても目論見書の内容に基づき説明を行う必要があります。

②　適合性の原則との関係

「重要な事項」の説明は，適合性の原則を踏まえたうえで行われるものであるとの観点から，顧客の投資経験，投資目的，資力等を十分に把握し，顧客の意向と実情に適合した投資勧誘を行う必要があります。また,社内において取引開始基準を定めている場合には,当該基準に適合していることを確認し，投資勧誘を行う必要があります。

「乗換勧誘」に該当するケースとして，次のような場合が挙げられます。

①　当初は，新規の資金で投資信託の買付けを勧めていたが，顧客が買付け資金を手当てできないということなので現在保有している投資信託を売却して買い付けることを勧めた場合

②　営業員が電話，訪問などで売り・買いをセットで勧誘し，実際の買付けおよび売付けはインターネットで発注し，取引する場合

③　売り・買いをセットで勧誘しているが，買い付ける投資信託の買付け資金がいったんＭＲＦ，ＭＭＦ等の規制対象外となっている投資信託を経由して充当される場合

第3編

④　顧客から資金運用に関する相談を持ち掛けられ，相談に応じるなかで投資信託の売り・買いをセットで勧誘した場合

⑤　売り・買いをセットで勧誘しているが，当該投資信託の買い代金は他の商品の売り代金（あるいは別途の資金）で充当している場合（あるいは，売り代金がいったん顧客に返金されて，買い代金として再度入金される場合）

「乗換勧誘」に該当しないケースとして，次のような場合が挙げられます。ただし，実際の顧客への勧誘状況によっては乗換え勧誘に該当する場合もあり得ます。

①　当初は，新規の資金で投資信託の買付けを勧め，その結果顧客が投資信託を買い付けて受渡しが終了した後，顧客より資金が必要であることを相談され，別の投資信託の売却を勧めた場合

②　新規の資金で投資信託の買付けを勧誘し，顧客がそれに応じて約定が成立した場合で，その受渡日（払込日）までの間に顧客の判断で（営業員からは売付けの勧誘をすることなしに）当該投資信託の買付け代金に充当するために別の投資信託を売却した場合

③　明らかに営業員からの勧誘がなく，顧客から銘柄指定により乗り換える旨の指示があった場合

⑪　トータルリターンの通知

日本証券業協会の「協会員の投資勧誘，顧客管理等に関する規則」では，個人の顧客にトータルリターンを年１回以上通知しなければならないとされました（同規則23条の２）。ここでいうトータルリターンとは，「評価金額＋累計受取分配金額＋累計売付金額－累計買付金額」により算出された金額とされます。

⑫　顧客カードの整備

日本証券業協会の協会員は，以下の事項を記載した顧客カードを備え付けなければなりません（協会員の投資勧誘，顧客管理等に関する規則５条１項）。

① 氏名または名称
② 住所または所在地および連絡先
③ 生年月日（顧客が自然人の場合のみ）
④ 職業（顧客が自然人の場合のみ）
⑤ 投資目的
⑥ 資産の状況
⑦ 投資経験の有無
⑧ 取引の種類
⑨ その他各協会員において必要と認める事項

(2) 販売に関する禁止行為

販売会社である第一種金融商品取引業者および登録金融機関は，販売・勧誘に関して以下の行為を禁止されています。

① 虚偽の表示（金商法38条１号），重要事項について誤解を生じさせる表示（金商法38条８号，業府令117条２号）
② 断定的判断の提供（金商法38条２号）
③ 特別の利益の提供（金商法38条８号，業府令117条３号）
④ 偽計，暴行，脅迫（金商法38条８号，業府令117条４号）
⑤ 顧客（個人）に迷惑を覚えさせる時間に電話または訪問により勧誘する行為（金商法38条８号，業府令117条７号）
⑥ 損失補てん（金商法39条）
⑦ 有利な価格での自己売買（金商法38条８号，業府令117条10号）
⑧ 無断売買（金商法38条８号，業府令117条11号）
⑨ 職務上の地位を利用した自己売買（金商法38条８号，業府令117条12号）
⑩ 大量推奨販売（金商法38条８号，業府令117条17号）
⑪ 外国会社届出書等が英語で記載される旨の説明を行わないこと（金商法38条８号，業府令117条25号）

また，証券業協会は，以下のとおり，会員である会社およびその役職員の禁止行為および不適切行為を規定しています（「協会員の従業員に関する規則」，「協会員の投資勧誘，顧客管理等に関する規則」）。

① 預金等との誤認防止（協会員の投資勧誘，顧客管理等に関する規則10条）

登録金融機関は誤認防止のため，次の各号に掲げる事項を説明します。

1　預金等ではないこと（保険会社にあっては保険契約でないこと）。

2　預金保険法53条に規定する保険金の支払いの対象とはならないこと（保険会社にあっては保険業法270条の3第2項1号に規定する補償対象契約に該当しないこと）。

3　金商法79条の21に規定する投資者保護基金による同法79条の56の規定に基づく一般顧客に対する支払いの対象でないこと（特別会員が有価証券の預託を受ける場合に限る）。

4　元本の返済が保証されていないこと。

5　契約の主体

6　その他預金等との誤認防止に関し参考となると認められる事項

② 信用取引，新株予約権証券取引，新投資口予約権証券およびデリバティブ取引等の節度ある利用（協会員の投資勧誘，顧客管理等に関する規則11条）

③ 過当勧誘の防止等（協会員の投資勧誘，顧客管理等に関する規則12条）

④ 店頭有価証券の投資勧誘の禁止（協会員の投資勧誘，顧客管理等に関する規則12条の2）

⑤ 仮名取引の受託および名義貸しの禁止（協会員の投資勧誘，顧客管理等に関する規則13条）

8 運用報告

自己の資金を投資し，運用機関に対して運用を委託している投資家に対して，運用機関はその運用結果を正確かつ適時に説明する必要があります。そこで，投信法は，運用報告書の作成を義務付けています。

(1) 運用報告書

運用報告書は，委託者指図型投資信託においては投資信託委託会社が，委託者非指図型投資信託においては受託会社が，投資信託の運用状況を受益者に対して報告する書面です。この運用報告書については，①運用報告書（全体版）と②交付運用報告書の二段階に分けられています。

まず，運用報告書（全体版）は，下記で説明する例外的な場合を除き，受益者に書面または電子的方法により交付する必要があります（投信法14条1項・5項，54条1項）。しかしながら，投資信託約款においてかかる運用報告書（全体版）は電磁的方法により提供する旨（たとえば，投資信託委託会社のホームページにおいて受益者が閲覧できるようにすることがこれにあたります）を定めている場合には，電磁的方法により提供することができ，受益者から交付の請求がない限りこれを交付する必要はありません（投信法14条2項・3項，54条）。

次に，交付運用報告書は，上記の運用報告書（全体版）とは別に，下記で説明する例外的な場合を除き，運用報告書に記載すべき事項のうち重要なものを記載した書面を交付運用報告書として作成し，受益者に書面または電子的方法により交付する必要があり（投信法14条4項・5項，54条1項），運用報告書（全体版）のように電磁的方法による提供で済ませることはできません。

なお，以下の場合には，例外的にいずれの運用報告書の作成・交付は不要です（投信法14条1項，54条1項，同法施行規則25条，88条）。

第3編

(a)　適格機関投資家私募により行われたものであって，投資信託約款において運用報告書を交付しない旨を定めている場合

(b)　受益者の同居人が確実に当該運用報告書の交付を受けると見込まれる場合であって，かつ，当該受益者が当該運用報告書の交付を受けないことについて同意している場合（ただし，当該受益者から交付の請求があった場合を除く）

(c)　受益証券が金融商品取引所に上場されている場合（ＥＴＦ等）

(d)　（委託者指図型投資信託につき）計算期間が１日の投資信託財産であって，かつ投資信託約款で所定の事項を定めている公社債投資信託（ＭＭＦ）

運用報告書（全体版）および交付運用報告書に記載すべき事項は，投資信託財産の計算に関する規則58条，58条の２および投資信託協会の「投資信託及び投資法人に係る運用報告書等に関する規則」において詳細が定められています。

具体的には次のとおりです。

【運用報告書（全体版）において記載すべき主な事項】

１　表紙

(1)　「運用報告書（全体版）」の表示

(2)　当該投資信託の名称

(3)　期別および決算年月日

(4)　当該投資信託の仕組み（当該投資信託財産の運用方針を含む。）

(5)　投資信託委託会社の名称および住所

(6)　問合せ先の名称および電話番号等

２　本文

(1)　設定以来の運用実績（分配金，期中騰落率，受益者利回り，ベンチマーク等）

(2)　基準価額と市況推移

(3)　運用経過等の説明

⑷　１万口当たりの費用明細
⑸　売買および取引の状況
⑹　派生商品の取引状況等
⑺　株式売買比率
⑻　主要な売買銘柄（上位10銘柄程度）
⑼　利害関係人との取引状況等
⑽　第一種金融商品取引業，第二種金融商品取引業または商品取引債務引受業を兼業している委託会社の自己取引状況
⑾　委託会社による自社が設定する投資信託の受益証券または投資法人の投資証券の自己取得および処分の状況
⑿　組入れ資産の明細
⒀　信用取引の状況
⒁　債券空売りの状況
⒂　有価証券の貸付および借入の状況
⒃　投資信託財産の構成
⒄　特定資産の価格等の調査
⒅　資産，負債，元本および基準価額の状況ならびに損益の状況
⒆　投資信託財産運用総括表
⒇　分配金等の表示
(21)　お知らせ（当期中において，投資信託約款の内容に委託会社が重要と判断した変更等があった場合，または運用体制の変更等委託会社が重要と判断した変更等があった場合はその内容）
(22)　不動産等およびインフラ資産等の開示

【交付運用報告書において記載すべき主な事項】

1 表紙

(1) 「交付運用報告書」の表示

(2) 交付目論見書の表紙に記載の当該投資信託の名称および商品分類

(3) 期別および決算年月日ならびに作成対象期間

(4) 決算年月日における基準価額および純資産総額

(5) 計算期間中における分配金再投資基準価額の騰落率および分配金合計

(6) 委託会社の名称および住所

(7) 問合せ先の名称および電話番号等

(8) 受益者の皆様へ（交付目論見書の「ファンドの目的・特色」に記載した内容を引用したうえで表示する）

(9) 運用方針（交付目論見書の「ファンドの目的・特色」の運用方針を参考に文章にて簡潔にわかりやすく表示するものとする。なお，表示にあたっては前号との重複を避けるため，表示箇所をまとめる等，受益者へわかりやすく表示するために工夫するものとする）

(10) その他の記載事項

投資信託約款において運用報告書（全体版）に記載すべき事項を電磁的方法により提供する旨を定めている投資信託にあっては，その旨および運用報告書（全体版）に記載すべき事項を閲覧するために必要な情報

2 本文

(1) 運用経過の説明

① 基準価額等の推移

② 基準価額の主な変動要因

③ 当期中の１万口当たりの費用明細

④ 最近５年間の基準価額等の推移

⑤ 当該投資信託の投資環境

⑥　当該投資信託のポートフォリオについては，交付目論見書の「ファンドの目的・特色」の運用方針をもとに当期中における運用経過およびその結果を組入れ資産毎に，文章にて，簡潔にわかりやすく説明するものとする。

⑦　当該交付運用報告書作成対象期間中の当該投資信託のベンチマークとの差異を表示するものとする。

⑧　分配金等の表示については，計算期間が6ヵ月未満の投資信託は，作成期末から過去6ヵ月間における各計算期間の分配金等を表示するものとする。

⑨　親投資信託に係る運用経過や運用状況の推移は，当該投資信託について記載する箇所にあわせて記載できるものとする。

(2)　今後の運用方針

(3)　お知らせ（当期中において，投資信託約款の内容に，委託会社が重要と判断した変更等があった場合，または運用体制の変更等委託会社が重要と判断した変更等があった場合はその内容）

(4)　当該投資信託の概要（商品分類，信託期間，運用方針，主要投資対象，運用方法および分配方針）を表を用いて表示するものとする。

(5)　代表的な資産クラスとの騰落率の比較参考情報として，交付目論見書に記載の「代表的な資産クラスとの騰落率の比較」について，計算期間末日の直近月末時点のデータを用いて最新のデータに更新したものを表示するものとする。

(6)　当該投資信託のデータ

①　当該投資信託の組入資産の内容

②　純資産等

③　組入上位ファンドの概要

上記運用報告書の作成・交付は，年1回決算のファンドは1年ごと，年2回以上決算のファンドは半年ごとに行います。ただし，計算期間が1日の投資信託財産であって，かつ投資信託約款で所定の事項を定めている公社債投資信託（MMF）については，１年ごとに作成･交付を行います（投資信託財産の計算に関する規則59条，62条）。

なお，投資信託委託会社または受託会社は，運用報告書（全体版）および交付運用報告書を作成した後遅滞なく内閣総理大臣に届け出なければなりません（投信法14条６項，54条１項）。

⑵　運用評価

基準価額は，投資信託財産の時価を示す価額であり，信託財産の純資産総額を受益権の総口数で除して計算されます。原則として，基準価額は日々算定されます。投資信託財産は，原則として組入れ資産の時価によって評価されます。評価方法については，投資信託財産の計算に関する規則のほか，投信協会の「投資信託財産の評価及び計理等に関する規則」が定めていますので，これに従って評価を実施しなければなりません。

以下に，「投資信託財産の評価及び計理等に関する規則」の評価方法に関する部分（「第２編　組入資産の評価」）のうち，重要な部分を抜粋します。

具体的には，公社債や株式，外貨建資産の評価方法などが定められています。

第２編　組入資産の評価

第１章　通　則（抜粋）

（組入資産の評価の原則）

第３条　組入資産の評価に当たっては，次に掲げる事項を遵守するものとする。

⑴　組入資産の評価は，原則として時価（取引所若しくは店頭市場において売り手と買い手による自発的な取引又は取引の意思によって，公正に形成されたと認められる価格をいう。）により行うこと。

⑵　組入資産の評価に当たっては，継続性を原則とすること。

（評価方法等の開示）

第５条　組入資産の評価方法及び評価額は，開示を原則とする。

第２章　株式の評価（抜粋）

（国内取引所の上場株式の評価）

第６条　国内の金融商品取引所（金融商品取引法（昭和23年法律第25号，以下「金商法」という。）第２条第16項に規定する金融商品取引所をいい，以下「取引所」という。）に上場されている株式は，原則として当該取引所における計算日の最終相場で評価するものとする。

（上場予定株式の評価）

第13条　上場予定株式は，計算日の気配相場で評価し，計算日の気配相場がない場合には，計算日の直近の気配相場で評価するものとする。

ただし，気配相場の発表が行われないものは，取得価額で評価するものとする。

（未上場株式の評価）

第14条　未上場株式（上場予定株式を除く。）は，第一種金融商品取引業者（金商法第28条第１項に規定する第一種金融商品取引業を行なう者をいう。以下同じ。）等から提示される気配相場で評価し，計算日に気配相場が提示されない場合には，計算日の直近の日に提示された気配相場で評価するものとする。

２　気配相場が発表されなくなった日から起算して１ヵ月を経過しても気配相場の発表が行なわれていない場合には，気配相場が発表されるまでの間は，直近の気配相場又は直近に発表された決算期の純資産価額に基づき算出した１株当たりの価額のいずれか低い価額で評価するものとする。

（外国株式の評価）

第15条　外国株式であって本邦以外の外国金融商品市場（金商法第２条第８項第３号ロに規定するものをいう。以下「海外取引所」という。）に上場されている株式は，原則として海外取引所における計算時に知りうる直近の日の最終相場で評価するものとする。

（以下，略）

４　外国株式であって海外の店頭市場に登録されている株式は，当該海外店頭市場における計算時に知りうる直近の日の最終相場又は最終買気配相場で評価するものとする。

第３編

5　未上場株式及び未登録株式であって，次に掲げる外国株式については，当該各号に定める価額で評価するものとする。

(1)　上場予定株式及び登録予定株式（目論見書等で確認されるものに限る。）計算時に知りうる直近の日の気配相場。ただし，気配相場の発表が行われないものは，当該株式の取得価額

(2)　株主又は社債権者として割当てられる未上場株式及び新株引受権並びに株式買受権 計算時に知りうる直近の日の気配相場。ただし，気配相場の発表が行われないものは，当該株式の取得価額

(3)　前２号以外の未上場株式及び未登録株式 金融商品取引業者（第一種金融商品取引業者及び外国の法令に準拠して設立された法人でこの者に類する者をいう。以下同じ。）等から提示される気配相場。ただし，計算日に気配相場が提示されないものは，金融商品取引業者等から提示された直近の気配相場

6　第14条第２項の規定は，前項第３号に規定する未上場株式及び未登録株式の評価について準用する。

第３章　転換社債並びに新株引受権証券及び証書等の評価（抜粋）

（国内転換社債等の評価）

第16条　取引所に上場されている転換社債及び会社法第236条第１項第３号の財産が新株予約権付社債についての社債であって当該社債と新株予約権がそれぞれ単独で存在し得ないことをあらかじめ明確にしている新株予約権付社債券（会社法施行前の旧商法第341条の３第１項第７号及び第８号の定めがある新株予約権付社債券を含む。）（以下「転換社債等」という。）は，原則として当該取引所における計算日の最終相場で評価するものとする。

2　計算日において当該転換社債等に係る最終相場がなく気配相場が表示され，かつ当該気配相場が直近の日の最終相場を下回った場合には，前項の規定にかかわらず，当該気配相場で評価するものとする。

3　第８条第２項なお書の規定は，計算日の気配相場で評価することとなった日の翌日以降継続して気配相場のみとなった場合並びに最終相場及び気配相場がない場合の当該転換社債等の評価について準用する。

4　前３項の規定にかかわらず，当該転換社債等の取引所における値付状況等を

勘案して，次の各号に掲げるいずれかの価額で評価することができるものとする。

ただし，第2条の規定に定める忠実義務に従って評価額の入手に十分な努力を行ったにもかかわらず当該転換社債等の評価額を入手できなかった場合又は入手した評価額が時価と認定できない事由を認めた場合は，委託会社は忠実義務に基づき当該委託業者が合理的事由をもって時価と認める評価額又は受託者と協議のうえ両者が合理的な事由をもって時価と認める評価額により評価するものとする。

⑴　日本証券業協会が発表する売買参考統計値（平均値）

⑵　金融商品取引業者，銀行等の提示する価額（売気配相場を除く。）

⑶　価格情報会社の提供する価額

（新株引受権証券（ワラント），新株予約権証券及び新投資口予約権証券の評価）

第19条　国内で発行された新株引受権証券（ワラント），新株予約権証券及び新投資口予約権証券（以下「新株予約権証券等」という。）は，取引所に上場されるまでの間は取得価額で評価し，取引所に上場した後においては，当該取引所における計算日の最終相場で評価するものとする。

なお，第8条の規定は，取引所における計算日の最終相場がない場合の当該新株予約権証券等の評価について準用する。

（以下，略）

第4章　公社債等の評価（抜粋）

（公社債の評価）

第21条　国債証券，地方債証券その他の細則で定める有価証券等（以下「公社債等」という。）は，次の各号に掲げるいずれかの価額で評価するものとする。

⑴　日本証券業協会が発表する売買参考統計値（平均値）

⑵　金融商品取引業者，銀行等の提示する価額（売気配相場を除く。）

⑶　価格情報会社の提供する価額

2　委託会社が，第2条の規定に定める忠実義務に従って評価額の入手に十分な努力を行ったにもかかわらず当該公社債等の評価額を入手できなかった場合，又は入手した評価額が時価と認定できない事由を認めた場合は，委託会社は忠実義務に基づき当該委託会社が合理的事由をもって時価と認める評価額又は受託者と協議のうえ両者が合理的な事由をもって時価と認める評価額により評価するものとする。

第５章 その他の組入資産の評価（抜粋）

（投資信託又は貸付信託等の受益証券の評価）

第24条　次に掲げる受益証券又は投資証券（以下「受益証券等」という。）について，第６条から第11条及び第13条の規定は，国内取引所に上場されているものの評価について準用し，第15条第１項から第４項までの規定は，海外取引所に上場されているものの評価について準用する。この場合において，第９条から第11条中「株式」とあるのは「受益証券等」と，「旧株式」とあるのは「旧受益証券等」と，「新株式」とあるのは「新受益証券等」と読み替え，第９条中「合併新株式」とあるのは「合併投資証券」と，第11条中「上場新株式」とあるのは「上場新受益証券等」と，第13条中「上場予定株式」とあるのは「上場予定受益証券等」と第15条中「外国株式」とあるのは「外国受益証券等」とそれぞれ読み替えるものとする。

ただし，海外取引所に上場されているオープン・エンド型の受益証券等（上場投資信託（政令第12条第１号及び第２号に規定する投資信託及び租税特別措置法第９条の４の２に規定する上場証券投資信託をいう。以下同じ。）を除く。）の評価については，当該受益証券等の運用会社等が公表する基準価額で評価することができるものとする。

⑴　投資信託又は外国投資信託の受益証券

⑵　投資法人又は外国投資法人の投資証券

⑶　貸付信託の受益証券（外国法人の発行するものでこれと同様の性質を有するものを含む。）

⑷　外国貸付債権信託受益証券

⑸　受益証券発行信託の受益証券（金商法第２条第１項第14号に規定する受益証券発行信託の受益証券をいい，貸付債権信託受益権（金商法第２条第１項第14号に規定する受益証券発行信託の受益証券のうち銀行，協同組織金融機関の優先出資に関する法律（平成５年法律第44号）第２条第１項に規定する

協同組織金融機関及び金融商品取引法施行令（昭和40年政令第321号）第１条の９各号に掲げる金融機関又は信託会社の貸付債権を信託する信託（当該信託に係る契約の際における受益者が委託者であるものに限る。）の受益権並びに外国の者に対する権利で同様の権利の性質を有するものをいう。）と指定金銭信託（金商法第２条第１項第14号に規定する受益証券発行信託の受益証券のうち投資信託及び投資法人に関する法律施行規則（平成12年府令第129号）第22条第１項第２号に規定する元本補填契約のある金銭信託の受益権をいう。）を含む。）

⑹　前５号に掲げる受益証券等に係る預託証券又は預託証書

２　第21条の規定は，前項に掲げる受益証券等のうち取引所に上場されていない受益証券等（以下「未上場受益証券等」という。）の評価について準用する。この場合において，同条第１項中「国債証券，地方債証券その他の細則で定める有価証券等（以下「公社債等」という。）」とあるのは「未上場の受益証券等」と，第２項中「当該公社債等」とあるのを「当該未上場の受益証券等」と読み替えるものとする。

ただし，前項第１号及び第２号に掲げる未上場受益証券等の評価については，当該受益証券等の運用会社等が公表する基準価額で評価することができるものとする。

（商品の評価）

第31条の２　商品（商品取引所法（昭和25年法律第239号）第２条第４項に規定する商品をいう。）のうち商品市場に上場されているもの（商品投資等取引に該当するものを除く。）は，当該取引所の計算日における最終相場で評価するものとする。

ただし，当該商品の取引所における過去の出来高等の状況を踏まえ，最終相場によることが適当でないと委託会社が判断した場合には第３項により評価することができるものとする。

２　海外の商品市場に上場されているもの（商品投資等取引に該当するものを除く。）は，当該海外の取引所における計算日に知り得る直近の日の最終相場で評価するものとする。

第３編

ただし，当該商品の取引所における過去の出来高等の状況を踏まえ，最終相場によることが適当でないと委託会社が判断した場合には第3項により評価することができるものとする。

3　第21条の規定は，前各項以外の商品の評価について準用する。この場合において，同条第1項中「国債証券，地方債証券，その他細則に定める有価証券（以下「公社債等」という。）」とあるのを「商品」と，第2項中「当該公社債等」とあるのを「当該商品」と読み替えるものとする。

第6章　外貨建資産の評価（抜粋）

（外貨建資産の評価レート）

第32条　基準価額表示通貨に外貨建資産（基準価額表示通貨以外の通貨表示の有価証券（利金及び償還金が異なる通貨によって表示され支払われる複数通貨建公社債であって，利金又は償還金のいずれかが基準価額表示通貨以外の通貨によって表示され支払われるものを含む。以下「外貨建証券」という。）及び基準価額表示通貨以外の通貨表示の預金その他の資産をいう。以下同じ。）を換算する場合に使用する為替相場は，計算日における対顧客相場（対顧客直物電信売買相場をいう。）の仲値（売相場と買相場の平均値をいう。以下同じ。）をもとに細則で定める計算方法により算出されるレート（以下「クロスレート」という。）で評価するものとする。

2　対顧客相場が発表されていない場合又は対顧客相場による取引が停止した場合その他やむを得ない事由が生じた場合には，その都度自主規制委員会において評価に用いるクロスレートを決定するものとする。

3　前項の規定にかかわらず，自主規制委員会の招集が困難である等やむをえない事情がある場合には，自主規制委員会委員長は他の委員等と協議の上，当該クロスレートを決定することができるものとする。なお，この場合において，本会はその決定内容を速やかに自主規制委員会委員へ報告するとともに，委託会社に通知するものとする。

＊ 細則第7条

＊ 委員会決議第2

 投資信託に係る顧客資産の保全

⑴　販売会社の破綻からの保全

販売会社は，投資信託の受益証券を保護預かりする場合，分別保管が義務付けられています（金商法43条の２）。したがって，販売会社が破綻した場合，顧客は分別保管されている受益証券を取り戻すことにより資産の保全を図ります。

なお，販売会社が第一種金融商品取引業者である場合，投資者保護基金への加入義務があります（金商法79条の27）。投資者保護基金は，第一種金融商品取引業者が顧客からの預かり資産の返還が困難である場合に，顧客１人につき1,000万円を上限として補償を行います。銀行などの登録金融機関は，投資者保護基金に加入することはできません。

⑵　委託会社の破綻からの保全

投資信託財産は受託者が保有していますので，委託会社が破綻しても投資信託財産に直接の影響はありません。この場合，委託会社が行っていた業務を引継ぐ別の委託会社を選定する必要が生じますが，当該引継ぎが行われず投資信託の繰上げ償還が発生する場合もあります。

⑶　信託受託者の破綻からの保全

投資信託財産は，信託受託者の名義で保有されていますが，信託受託者には分別保管義務が課されており，法人としての信託受託者が破綻した場合でも，投資信託財産の分別保管が行われている限り，法人としての信託受託者の債権者が投資信託財産に対して強制執行することはできません。

10 振替制度

「社債，株式等の振替に関する法律」に基づき，株式会社証券保管振替機構（「ほふり」）は振替機関として委託者指図型投資信託（単位型投資信託および追加型投資信託のいずれも含みます）の振替制度を行っており，この制度の適用を受けることとなった投資信託については，受益証券は発行されず，受益権の発生・消滅・移転をほふりの振替口座簿への記載・記録によってなされることとなりました（いわゆるペーパーレス化）。こうした投資信託については，販売会社は口座管理機関として振替口座等を作成し，受益権の記録を行わなければなりません。

投資法人の投資口および投資法人債券についても，ほふりによる振替制度の適用を受ける投資口および投資法人債券については，証券のペーパーレス化がされています。

11 投資信託の適時開示

投信協会の「投資信託及び投資法人に係る運用報告書等に関する規則」は，運用報告書による定期的な情報提供に加えて，投資信託委託会社は，その運用の指図を行う投資信託について，一定の事項を月次ベース（当分の間は四半期ベースによることができる）で当該投資信託委託会社のホームページその他の方法により適時開示するものとしています（同規則18条）。

適時開示を要する事項は，概略以下のとおりで，投資信託の種類よって異なります。

(1) 株式投資信託の適時開示事項

① 当該投資信託の概要

設定日，償還日，決算日ならびに基準日（適時開示を行うにあたり委託会社が任意に定めた当該適時開示の基準となる日をいう。以下同じ）の基準価額および純資産総額等について表示するものとする。

② 基準価額推移のグラフ

過去３年以上の期間について表示するものとする。表示にあたっては，税金控除前分配金込みなど，その計算根拠を明確にする。また，目論見書にベンチマーク（同規則３条２項に規定するベンチマークをいう。以下同じ）を明記している投資信託については，当該ベンチマークと比較して表示するものとする。

③ 当該投資信託の期間別騰落率

基準日の基準価額を基準とし，１年間および３年間（設定から３年未満の投資信託は，設定来の期間とする）の期間の騰落率を表示するものとする。表示にあたっては，税金控除前分配金込みなど，その計算根拠を明確にする。

なお，目論見書にベンチマークを明記している投資信託については，当該ベンチマークの各期間における騰落率を併せて表示するものとする。

④ 費用に関する開示

前記②の開示にあたっては，当該投資信託の信託報酬率または当該信託報酬率が変動する場合における基準日の直近の信託報酬率ならびに当該基準価額が信託報酬率控除後のものである旨を注記する。なお，この場合，信託報酬額の表示に代えることもできるものとする。

⑤ 分配金の実績

過去３期以上の期間について表示するものとする。

⑥ 資産の組入れ状況

当該投資信託の商品性格に応じて，資産構成，組入上位銘柄および業種別比率等により当該投資信託のポートフォリオの状況を表示するものとする。

⑦ ポートフォリオの状況

債券を主要投資対象とする投資信託で委託会社が当該投資信託の商品性格上適切と判断する投資信託については，組入債券の平均残存期間またはデュレーション等によりポートフォリオの状況を表示するものとする。

⑵　公社債投資信託の適時開示事項

①　当該投資信託の概要

設定日，償還日，決算日ならびに基準日の基準価額および純資産総額等について表示するものとする。

②　費用に関する開示

当該投資信託の信託報酬率（当該信託報酬率が変動する場合には，基準日の直近の信託報酬率とする）および当該基準価額が信託報酬率控除後のものである旨を表示するものとする。なお，この場合，信託報酬額の表示に代えることができるものとする。

③　分配金の実績および利回りの推移

過去3期以上の期間について表示するものとする。なお，日々決算型公社債投信は，過去3か月以上の期間について，直近7日間の年換算利回りまたは分配金の実績を表示するものとする。

④　資産の組入れ状況

当該投資信託の商品性格に応じて，資産構成，組入上位銘柄および種類別比率等により当該投資信託のポートフォリオの状況を表示するものとする。

⑤　ポートフォリオの状況

委託会社が当該投資信託の商品性格上適切と判断する投資信託については，組入債券の平均残存期間またはデュレーション等によりポートフォリオの状況を表示するものとする。

第3
保　険

銀行業務検定試験－過去の出題

…2023年（第155回）・問25，問26，問27，問28，問29，問30，問43，問44，問45，問46，問47，問48
…2022年（第152回）・問25，問26，問27，問28，問29，問30，問43，問44，問45，問46，問47，問48
…2021年（第149回）・問24，問25，問26，問27，問28，問29，問43，問44，問45，問46，問47，問48
…2020年（第147回）・問24，問25，問26，問27，問28，問29，問43，問44，問45，問46，問47，問48

1　はじめに

銀行や信用金庫などの金融機関（銀行その他保険業法施行令39条で定める者（保険業法275条１項１号），以下，第３編第３において「銀行等」という）は，保険商品を顧客へ販売する業務を行うことが法律上認められています。この業務は，保険業法において「保険募集」と規定されているものです。以下では，保険募集とその関連業務に関する規制について説明します。

2　保険募集

(1)　保険業

日本において保険業を行うことが認められているのは，保険会社（日本の株式会社または相互会社で保険業の免許を取得した会社（保険業法２条２項，５条の２）），外国保険会社等（外国法人で日本に支店等を設けて保険業の免許を取得した法人（保険業法２条７項)），および少額短期保険業者（日本の株式会社または相互会社で少額短期保険業の登録を受けた会社（保険業法２条18項，272条の４第１項１号)）です。

保険会社および外国保険会社等に取得が認められるのは，生命保険・損害保険のいずれかのみを営むことの免許です。少額短期保険業とは，保険業のうち，保険期間が２年以内の政令（保険業法施行令１条の５）で定める期間以内であって，保険金額が1,000万円を超えない範囲内において政令（保険業法施行令１条の６）で定める金額以下の保険（政令（保険業法施行令１条の７）で定めるものを除く）のみの引受けを行う事業をいい（保険業法２条17項)，少額短期保険業の登録により生命保険・損害保険の両方を営むことが認められます。保険会社と少額短期保険業者を併せて「保険会社等」といいます（保険業法２条の２第１項)。

⑵　保険募集

保険募集とは，保険契約の締結の代理または媒介を行うことをいいます（保険業法２条26項)。金融庁の「保険会社向けの総合的な監督指針」（以下「監督指針」という）では，保険募集に該当する行為として，次の行為が掲げられています（監督指針Ⅱ－４－２－１⑴①)。

イ　保険契約の締結の勧誘

ロ　保険契約の締結の勧誘を目的とした保険商品の内容説明

ハ　保険契約の申込の受領

ニ　その他の保険契約の締結の代理または媒介

また，以下の行為のみを行う場合には，基本的に保険募集には該当しないものとされています（監督指針Ⅱ－４－２－１⑵)。

イ　保険会社または保険募集人の指示を受けて行う商品案内チラシの単なる配布

ロ　コールセンターのオペレーターが行う，事務的な連絡の受付や事務手続き等についての説明

ハ　金融商品説明会における，一般的な保険商品の仕組み，活用法等についての説明

ニ　保険会社または保険募集人の広告を掲載する行為

銀行等は，保険会社・外国保険会社等・少額短期保険業者（以下「所属保険会社等」と総称する（保険業法2条24項））から委託を受けて保険募集を行います。

銀行等が生命保険会社・外国生命保険会社等から委託を受ける場合，当該銀行等およびその役職員を「生命保険募集人」といいます（保険業法2条19項）。銀行等が損害保険会社・外国損害保険会社等から委託を受ける場合，当該銀行等を「損害保険代理店」（保険業法2条21項）といい，当該銀行等とその役職員を「損害保険募集人」といいます（保険業法2条20項）。銀行等が少額短期保険業者から委託を受ける場合，当該銀行等とその役職員を「少額短期保険募集人」といいます（保険業法2条22項）。

生命保険募集人，損害保険募集人または少額短期保険募集人を併せて，「保険募集人」といいます（保険業法2条23項）。保険募集人による保険募集は，保険契約の締結の代理権がある場合と，代理権はなく契約締結の媒介のみを行うことができる場合があります。自己が所属保険会社等の代理人として保険契約を締結するか，または保険契約の締結を媒介するかの別は，保険募集に際して顧客に対して明示しなければなりません（保険業法294条3項2号）。一般的に，損害保険代理店は代理権を有し，生命保険募集人は代理権を有しない場合が多く見られます。

生命保険募集人，損害保険代理店，少額短期保険募集人（特定少額短期保険募集人を除く）は，保険募集を行うためには内閣総理大臣に登録を受けなければなりません（財務局長に登録申請書を提出）（保険業法276条，277条）。損害保険代理店は，保険募集を行う役職員について内閣総理大臣に届け出なければなりません（届出書を財務局長へ提出）（保険業法302条）。

このように，銀行等がその役職員によって生命保険の募集を行う場合には，法人と役職員個人の両方について生命保険募集人登録が必要ですが，

銀行等がその役職員によって損害保険の募集を行う場合には，法人についての損害保険代理店の登録と役職員についての届出で足ります。

なお，社団法人生命保険協会は，生命保険業界共通の生命保険募集人教育制度を設けており，一般課程試験に合格した者を生命保険募集人として登録することとしています。一般社団法人日本損害保険協会も，損害保険業界共通の教育制度を設け，損保一般試験に合格した者について損害保険代理店登録および募集人届出を行うこととしています。同様に，特定非営利活動法人少額短期保険募集人研修機構は，少額短期保険募集人の登録を行おうとする者を対象に少額短期保険募集人試験を実施しています。

保険募集の再委託は原則として禁止されており，一定の要件を満たし，かつ当該再委託をする者および所属保険会社等が，あらかじめ，当該再委託に係る契約の締結について，内閣総理大臣の認可を受けた場合に限り，行うことが認められています（保険業法275条３項）。

生命保険募集人については，いわゆる一社専属制が採られており，生命保険会社またはその委託を受けた者は，原則として，他の生命保険会社の生命保険募集人に対して，保険募集の委託または再委託をすることが禁止されています（保険業法282条１項）。また，生命保険募集人は，原則として，次に掲げる行為を行うことが禁止されています（同条２項）。

①　他の生命保険会社の役員もしくは使用人もしくはこれらの者の使用人を兼ねること

②　他の生命保険会社の委託もしくはその委託を受けた者の再委託を受けて保険募集を行うこと

③　他の生命保険会社の委託もしくはその委託を受けた者の再委託を受けて保険募集を行う者の役員もしくは使用人として保険募集を行うこと

ただし，保険募集に係る業務遂行能力その他の状況に照らして，保険契約者等の保護に欠けるおそれがないものとして一定の要件を満たす場合には，複数の所属保険会社等を有することが認められています（保険業法282

条３項，同法施行令40条)。

⑶　保険窓販の対象商品―全面解禁について

2001（平成13）年４月から銀行等が保険募集を行うことが認められましたが，次表に示すようにその当時に銀行等が取り扱うことのできる保険商品は限定的でした。

その後段階的に商品の範囲が拡大し，2007（平成19）年12月に全面解禁されました。

❹で述べるように，各保険商品に適用される規制は，当該商品の解禁時期によって異なる点に留意してください。

⑷　適用法令

銀行等が行う保険募集業務は，保険業法によって規制されます。このほか，金融庁の監督指針（主要行等向け，中小･地域金融機関向け，保険会社向け，少額短期保険業者向け）や検査マニュアル（預金等受入金融機関，保険会社）の記載にも留意する必要があります。

また，社団法人生命保険協会および一般社団法人日本損害保険協会は，保険募集についての自主規制を設けています。

⑸　金商法と保険業法の関係（特定保険契約）

保険契約は，金商法上の有価証券や金融商品には該当せず，金商法の適用を直接受けることはありません。しかし，金融商品取引法制では，同じ経済的実質を有する金融商品には同じ利用者保護ルールを適用する観点から，投資性の強い商品について横断的法制が整備されることとなり，保険契約のなかでも投資性の強い商品については，保険業法において金商法の規定が準用され，金商法と同様の規制が適用されます（❹⑺参照)。

金商法の規定が準用される保険契約は，「特定保険契約」と定義され，金利，通貨の価格，金融商品市場における相場その他の指標にかかる変

<図表10>　各保険商品の解禁時期

		第１次	第２次	第３次	全面解禁
		H13. 4	H14.10	H17.12	H19.12
規則212条１項	生保	１号　住宅関連信用生命保険	２号　個人年金保険 ３号　財形保険	４号　一時払終身保険，一時払養老保険，短期平準払養老保険，貯蓄性生存保険（死亡保障部分の小さいもの） ５号　積立傷害保険	６号　その他の保険（定期保険，平準払終身保険，長期平準払養老保険，医療・介護保険，等）
規則212条の２第１項	損保	１号　住宅関連長期火災保険 ２号　住宅関連債務返済支援保険 ３号　海外旅行傷害保険	４号　年金払積立傷害保険 ５号　財形傷害保険	５号の３，６号　個人向け賠償保険，積立火災保険 ５号の２　積立傷害保険	８号　その他の保険（自動車保険，団体火災保険，事業関連保険，団体傷害保険，等）
規則212条の４第１項	少額短期保険	H18. 4			H19.12
		１号　212条１項１号の保険 ２号　212条の２第１項１号の保険 ３号　212条の２第１項２号の保険 ４号　212条の２第１項３号の保険		５号　個人向け賠償保険，積立火災保険	６号　その他の保険

動により損失が生ずるおそれ（当該保険契約が締結されることにより顧客が支払うこととなる保険料の合計額が，当該保険契約が締結されることにより当該顧客が取得することとなる保険金，返戻金その他の給付金の合計額を上回る

こととなるおそれをいう）がある保険契約として内閣府令（保険業法施行規則234条の２）で定めるものをいいます（保険業法300条の２）。具体的には，変額保険，変額年金保険，外貨建保険，市場価格調整（マーケット・バリュー・アジャストメント）機能を有する保険などが該当します。なお，保険が有配当であっても，配当の変動が元本欠損の直接の原因とはならないことなどから，有配当であることのみで「特定保険契約」に該当するものではないと考えられます。

(6) 保険法

2008（平成20）年に新たに保険法が成立し，2010（平成22）年４月１日から施行されました。保険法は，保険にかかる契約の成立，効力，履行および終了について定めており，保険会社による保険契約だけでなく，共済契約にも適用されます。

3 保険契約

(1) 契約の締結・責任の開始

保険契約は，契約の一般原則に従い，保険者と保険契約者の間の申込みと承諾の意思表示の合致により成立します。保険募集人が保険者のために契約締結の代理権を有している場合には，保険募集人が承諾の意思表示をすることによって，当該代理権を有していない場合には，保険会社が承諾の意思表示をすることによって（生命保険の場合，実務上，保険証券の作成をもって承諾があったものとして扱っています），保険者と保険契約者の間に契約が成立します。保険料の支払は保険契約の成立の要件ではありません。

(2) 保険者の責任の開始時期

保険契約の成立時期と，責任の開始時期は一致するとは限りません。

実務上，承諾がなされた場合に保険者が契約者の申込および告知（診査）が完了し，かつ，保険料を受領したときから保険者の責任が開始するという約款の規定がおかれています。なお，がん保険やがんの保障をする特約については，一般的に，責任開始期日または契約日を基準として，90日間または３か月間の待機期間が設けられており，待機期間満了日の翌日０時から保険者の責任が開始します。

(3) 被保険者の同意

他人の生命の保険契約においては，契約の効力発生要件として被保険者の同意が必要とされます（保険法38条）。被保険者の同意の取得方法については，金融庁の監督指針に規定がおかれています（監督指針Ⅳ－1－16）。

(4) 告知義務等

① 損害保険

保険契約者または被保険者になる者は，損害保険契約の締結に際し，損害保険契約によりてん補することとされる損害の発生の可能性（「危険」）に関する重要な事項のうち保険者になる者が告知を求めたものについて，事実の告知をしなければなりません（保険法４条）。

保険者は，損害保険契約を締結したときは，遅滞なく，保険契約者に対し，以下の事項を定めた書面を交付する義務があります（保険法６条）。

一　保険者の氏名または名称

二　保険契約者の氏名または名称

三　被保険者の氏名または名称その他の被保険者を特定するために必要な事項

四　保険事故

五　その期間内に発生した保険事故による損害をてん補するものとして損害保険契約で定める期間

六　保険金額（保険給付の限度額として損害保険契約で定めるものをいう）

または保険金額の定めがないときはその旨

七　保険の目的物（保険事故によって損害が生ずることのある物として損害保険契約で定めるものをいう）があるときは，これを特定するために必要な事項

八　約定保険価額があるときは，その約定保険価額

九　保険料およびその支払の方法

十　危険増加に係る告知事項について，その内容に変更が生じたときは保険契約者または被保険者が保険者に遅滞なくその旨の通知をすべき旨が当該損害保険契約で定められているときは，その旨

十一　損害保険契約を締結した年月日

十二　書面を作成した年月

②　生命保険

保険契約者または被保険者になる者は，生命保険契約の締結に際し，保険事故（被保険者の死亡または一定の時点における生存をいう）の発生の可能性（「危険」）に関する重要な事項のうち保険者になる者が告知を求めたものについて，事実の告知をしなければなりません（保険法37条）。

保険者は生命保険契約を締結したときは，遅滞なく，保険契約者に対し，以下の事項を定めた書面を交付する義務があります（保険法40条）。

一　保険者の氏名または名称

二　保険契約者の氏名または名称

三　被保険者の氏名その他の被保険者を特定するために必要な事項

四　保険金受取人の氏名または名称その他の保険金受取人を特定するために必要な事項

五　保険事故

六　その期間内に保険事故が発生した場合に保険給付を行うものとして生命保険契約で定める期間

七　保険給付の額およびその方法

八　保険料およびその支払の方法

九　危険増加に係る告知事項について，その内容に変更が生じたときは保険契約者または被保険者が保険者に遅滞なくその旨の通知をすべき旨が当該生命保険契約で定められているときは，その旨

十　生命保険契約を締結した年月日

十一　書面を作成した年月日

③　傷害疾病定額保険

保険契約者または被保険者になる者は，傷害疾病定額保険契約の締結に際し，給付事由（傷害疾病による治療，死亡その他の保険給付を行う要件として傷害疾病定額保険契約で定める事由をいう）の発生の可能性（「危険」）に関する重要な事項のうち保険者になる者が告知を求めたものについて，事実の告知をしなければなりません（保険法66条）。

保険者は傷害疾病定額保険契約を締結したときは，遅滞なく，保険契約者に対し，以下の事項を定めた書面を交付する義務があります（保険法69条）。

一　保険者の氏名または名称

二　保険契約者の氏名または名称

三　被保険者の氏名その他の被保険者を特定するために必要な事項

四　保険金受取人の氏名または名称その他の保険金受取人を特定するために必要な事項

五　給付事由

六　その期間内に傷害疾病または給付事由が発生した場合に保険給付を行うものとして傷害疾病定額保険契約で定める期間

七　保険給付の額およびその方法

八　保険料およびその支払の方法

九　危険増加に係る告知事項について，その内容に変更が生じたときは保険契約者または被保険者が保険者に遅滞なくその旨の通知をすべき旨が当該傷害疾病定額保険契約で定められているときは，その旨

十　傷害疾病定額保険契約を締結した年月日

十一　書面を作成した年月日

⑸　保険契約者保護機構

保険契約者保護機構は，保険会社が破綻した場合に，保険契約者等を保護することを目的とする制度です。日本国内で事業を行う生命保険会社は生命保険契約者保護機構に加入する義務を負い，日本国内で事業を行う損害保険会社は損害保険契約者保護機構に加入する義務を負います。なお，

＜図表11＞

<table>
<tr><th colspan="2"></th><th>保険金支払</th><th>解約返戻金・満期返戻金など</th></tr>
<tr><td rowspan="4">損害保険（下記以外）</td><td>自賠責保険・家計地震保険</td><td colspan="2">補償割合100％</td></tr>
<tr><td>自動車保険</td><td rowspan="4">破綻後３か月間は保険金を全額支払（補償割合100％）
3か月経過後は補償割合80％</td><td rowspan="4">補償割合80％</td></tr>
<tr><td>火災保険</td></tr>
<tr><td>その他損害保険（賠償責任保険，動産総合保険，海上保険，運送保険，信用保険，労働者災害補償責任保険など）</td></tr>
<tr><td rowspan="3">疾病・傷害に関する保険</td><td>短期傷害，特定海旅</td></tr>
<tr><td>年金払型積立傷害保険，財産形成貯蓄傷害保険，確定拠出年金傷害保険</td><td rowspan="2">補償割合90％</td><td>補償割合90％</td></tr>
<tr><td>その他の疾病・傷害保険
（上記以外の傷害保険，所得補償保険，医療・介護（費用）保険など）</td><td>補償割合90％（積立型保険の場合，積立部分は80％）</td></tr>
</table>

（損害保険契約者保護機構 HP より）

少額短期保険業者および共済事業者は，いずれも保険契約者保護機構に加入する義務を負いません。

生命保険契約者保護機構では，生命保険会社が破綻した場合には，原則として，破綻時の責任準備金の90％が補償されます。他方，損害保険契約者保護機構では，損害保険会社が破綻した場合には，次表のとおり，損害保険の種類により，補償の内容が異なります。

⑹　ソルベンシー・マージン比率

ソルベンシー・マージン比率とは，保険会社のリスクに対応するための支払余力を判断するための指標です。この比率が高い保険会社は，財務の健全性が高いと考えられます。ソルベンシー・マージン比率が200％を下回った場合には，監督当局は，当該保険会社に対してその是正を求めるため，監督上必要な措置を命じます。

4　販売ルール

⑴　情報提供義務

保険会社または保険募集人は，保険契約の締結または保険募集に関して，原則として，保険契約の種類および性質等を踏まえ，保険契約の内容その他保険契約者等に参考となるべき情報の提供を適正に行うことが義務付けられています（保険業法294条）。

①　契約概要・注意喚起情報

書面の交付またはこれに代替する電磁的方法により情報の提供を行うにあたっては，顧客が保険商品の内容を理解するために必要な情報（「契約概要」）と顧客に対して注意喚起すべき情報（「注意喚起情報」）について記載することが必要です（保険業法施行規則227条の２第３項１号，監督指針Ⅱ－４－２－２⑵）。

なお,「契約概要」と「注意喚起情報」の主な項目は,以下のとおりです。

(注)「契約概要」と「注意喚起情報」について，同一媒体を用いて一体で記載している場合には，以下のイ(イ)およびロ(イ)について省略したうえで，当該情報を「契約情報」として表示することで足ります。

(注) 保険業法300条の2に規定する特定保険契約については，保険業法294条1項の規定は適用されず，保険業法300条の2で準用する金商法37条の3第1項に規定する契約締結前交付書面を交付する必要があります。

イ 「契約概要」の項目

(イ) 当該情報が「契約概要」であること

(ロ) 商品の仕組み

(ハ) 保障（補償）の内容

(注) 保険金等の支払事由，支払事由に該当しない場合および免責事由等の保険金等を支払わない場合について，それぞれ主なものを記載する必要があります。保険金等を支払わない場合が通例でないときは，特に記載する必要があります。

(ニ) 付加できる主な特約およびその概要

(ホ) 保険期間

(ヘ) 引受条件（保険金額等）

(ト) 保険料に関する事項

(チ) 保険料払込みに関する事項（保険料払込方法,保険料払込期間）

(リ) 配当金に関する事項（配当金の有無，配当方法，配当額の決定方法）

(ヌ) 解約返戻金等の有無およびそれらに関する事項

ロ 「注意喚起情報」の項目

(イ) 当該情報が「注意喚起情報」であること

(ロ) クーリング・オフ（保険業法第309 条第1項に規定する保険契約の申込みの撤回等）

(ハ) 告知義務等の内容

（注）危険増加によって保険料を増額しても保険契約が継続できない（保険期間の中途で終了する）場合がある旨の約款の定めがあるときは，それがどのような場合であるか，記載する必要があります。

㈡　責任開始期

㈭　支払事由に該当しない場合および免責事由等の保険金等を支払わない場合のうち主なもの

（注）通例でないときは，特に記載すること。

㈬　保険料の払込猶予期間，契約の失効，復活等

（注）保険料の自動振替貸付制度を備えた保険商品については，当該制度の説明を含む。

(ト)　解約と解約返戻金の有無

(チ)　セーフティネット

(リ)　手続実施基本契約の相手方となる指定ＡＤＲ機関（保険業法２条28項に規定する「指定紛争解決機関」をいう。以下同じ）の商号または名称（指定ＡＤＲ 機関が存在しない場合には，苦情処理措置および紛争解決措置の内容）

(ヌ)　補償重複に関する以下の事項

（注）補償重複とは，複数の損害保険契約の締結により，同一の被保険利益について同種の補償が複数存在している状態をいう。

ａ．補償内容が同種の保険契約が他にある場合は，補償重複となることがあること

ｂ．補償重複の場合の保険金の支払に係る注意喚起

ｃ．補償重複の主な事例

(ル)　特に法令等で注意喚起することとされている事項

②　情報提供義務の適用除外（保険業法施行規則227条の２第７項）

なお，次に掲げる場合には，情報の提供が不要とされています（保険業法施行規則227条の２第７項）。

イ　次に掲げる保険契約を取り扱う場合

⑴　被保険者（保険契約者以外の者に限る。⑵において同じ）が負担する保険料の額が零である保険契約

⑵　保険期間が１か月以内であり，かつ，被保険者が負担する保険料の額が千円以下である保険契約

⑶　被保険者に対する商品の販売もしくは役務の提供または行事の実施等（以下⑶において「主たる商品の販売等」という）に付随して引き受けられる保険に係る保険契約（当該保険契約への加入に係る被保険者（保険契約者以外の者に限る）の意思決定を要しないものであって，当該主たる商品の販売等に起因する損害等を対象とするものその他の当該主たる商品の販売等と関連性を有するものに限る）

⑷　法律に基づき公的年金制度または共済制度を運営する団体その他法律または団体が定める規程に基づき年金制度を運営する団体を保険契約者とし，当該年金制度の加入者が被保険者となる保険契約

ロ　既契約の一部の変更をすることを内容とする保険契約を取り扱う場合であって，次の⑴または⑵に掲げるとき

⑴　当該変更に伴い既契約に係る情報の提供の内容に変更すべきものがないとき

⑵　当該変更に伴い一定の方法により（当該変更に掲げる部分以外の部分について）情報の提供を行っているとき

⑵　意向把握・確認義務

保険会社または保険募集人は，保険契約の締結または保険募集に関して，原則として，顧客の意向を把握し，これに沿った保険契約の締結等の提案，当該保険契約の内容の説明および保険契約の締結等に際して，顧客の意向と当該保険契約の内容が合致していることを顧客が確認する機会の提供を行うことが義務付けられています（保険業法294条の２）。

①　意向把握・確認の方法

意向把握・確認の方法については，顧客が，自らのライフプランや公的保険制度等を踏まえ，自らの抱えるリスクやそれに応じた保障の必要性を適切に理解しつつ，その意向に保険契約の内容が対応しているかどうかを判断したうえで保険契約を締結するよう図ることが求められています。そのために，公的年金の受取試算額などの公的保険制度についての情報提供を適切に行うなど，取り扱う商品や募集形態を踏まえ，保険会社または保険募集人の創意工夫による方法で行うことが求められています。

具体的には，たとえば，以下のイからニのような方法が考えられます（監督指針Ⅱ－４－２－２⑶①）。

イ　保険金額や保険料を含めた当該顧客向けの個別プランを説明・提案するにあたり，当該顧客の意向を把握します。そのうえで，当該意向に基づいた個別プランを提案し，当該プランについて当該意向とどのように対応しているかも含めて説明します。その後，最終的な顧客の意向が確定した段階において，その意向と当初把握した主な顧客の意向を比較し，両者が相違している場合にはその相違点を確認します。さらに，契約締結前の段階において，当該意向と契約の申込みを行おうとする保険契約の内容が合致しているかどうかを確認（＝「意向確認」）します。

（注）事前に顧客の意向を把握する場合，たとえば，アンケート等により把握することが考えられます。

（注）顧客の意向を把握することには，たとえば，性別や年齢等の顧客属性や生活環境等に基づき推定するといった方法が含まれます。この場合においては，個別プランの作成・提案を行う都度，設計書等の交付書類の目立つ場所に，推定（把握）した顧客の意向と個別プランの関係性をわかりやすく記載し説明するなど，どのような意向を推定（把握）して当該プランを設計したかの説明を行い，当該プランについて，当該意向とどのように対応しているかも含めて説明することが考えられます。

（注）自動車や不動産購入等に伴う補償を望む顧客に係る意向の把握および

説明･提案については，顧客自身が必要とする補償内容を具体的にイメージしやすく，そのため意向も明確となることから，主な意向・情報を把握したうえで，個別プランの作成・提案を行い，主な意向と個別プランの比較を記載するとともに，保険会社または保険募集人が把握した顧客の意向と個別プランの関係性をわかりやすく説明することが考えられます。

ロ　保険業法施行規則227条の２第３項３号イに規定する事業者の事業活動に伴って生ずる損害をてん補する保険契約については，顧客の保険に係る知識の程度や商品特性に応じて適切な意向把握および意向確認を行うものとします。

ハ　保険業法施行規則227条の２第３項３号ロに規定する１年間に支払う保険料の額（保険期間が１年未満であって保険期間の更新をすることができる保険契約にあっては，１年間当たりの額に換算した額）が５千円以下である保険契約における意向把握については，商品内容･特性に応じて適切に行うものとします。

ニ　保険業法施行規則227条の２第２項に定める団体保険の加入勧奨については，以下の(イ)から(ル)までのような体制整備と同程度の措置を講じるものとします。

(イ)　意向確認書面の作成・交付

契約の申込みを行おうとする保険商品が顧客の意向に合致しているものかどうかを，顧客が契約締結前に最終的に確認する機会を確保するために，顧客の意向に関して情報を収集し，保険商品が顧客の意向に合致することを確認する書面（以下「意向確認書面」といいます。）を作成し，顧客に交付するとともに，保険会社等において保存します。

(ロ)　意向確認書面の記載事項

意向確認書面には，以下の事項を記載します。

ａ．顧客の意向に関する情報

ｂ．保険契約の内容が当該意向とどのように対応しているか

c．その他顧客の意向に関して特に記載すべき事項

たとえば，特記事項欄等を設け，以下のような情報を記載することが考えられます。

(a)　当該保険契約の内容では顧客の意向を全部または一部満たさない場合はその旨

(b)　特に顧客から強く要望する意向があった場合や個別性の強い意向を顧客が有する場合はその意向に関する情報

(c)　当該保険契約の内容が顧客の意向に合致することを確認するために最低限必要な情報が提供されなかった場合はその旨

d．保険募集人の氏名・名称

顧客に対して当該書面の作成責任者を明らかにするために記載されているか。なお，保険募集人が旧氏を使用する場合には，保険会社において，保険募集人として登録・届出を行っている氏名と顧客に対して明らかにする氏名を適切に管理する態勢を整備する必要があります。

(ハ)　意向確認書面の記載方法

意向確認書面は顧客にとって分かりやすい記載とされているか。なお，顧客の意向に関する情報については，たとえば，当該書面にあらかじめ想定される顧客の意向に関する情報の項目を列挙するといった方法も認められますが，その場合は，あらかじめ想定できない顧客の意向に関する情報を記載するため，特記事項欄等を設けるものとします。

(ニ)　意向確認書面の確認・交付時期

意向確認書面により，保険契約を締結するまでに，顧客が申込みを行おうとしている保険契約の内容が顧客の意向と合致しているか否かの確認を行う措置を講じているか。また，顧客が確認した意向確認書面は，顧客の確認後，遅滞なく顧客へ交付する措置を講じているか。なお，顧客が即時の契約締結を求めている場合

や電話による募集の場合など当該書面の即時の交付が困難な場合は，顧客の利便性を考慮し，意向確認書面に記載すべき内容を口頭にて確認のうえ，意向確認書面を事後に遅滞なく交付することでも足ります。

(ホ)　意向確認書面の記載内容の確認・修正

意向確認書面の記載内容のうち，特に顧客の意向に関する情報（上記(ロ)ａおよびｃ）については，顧客に対して事実に反する記載がないかを確認するとともに，顧客から当該部分の記載の修正を求められた場合には速やかに対応を行うこととされているか。

(ヘ)　保険契約の内容に関する意向の確認

顧客が申込みを行おうとする保険契約の内容のうち，顧客が自らの意向に合致しているかの確認を特に必要とする事項（主契約や特約ごとの具体的な保障（補償）内容，保険料（保険料払込方法，保険料払込期間を含みます。）および保険金額，保障（補償）期間，配当の有無など）については，意向確認書面に確認のための設問を設ける等の方法により，顧客に対して再確認を促すような工夫がなされているか。

(ト)　意向確認書面の媒体等

意向確認書面については，顧客における保存の必要性を考慮し，書面（これに代替する電磁的方法を含みます。以下本(ト)において同じです。）により交付することとされているか。なお，必ずしも独立した書面とする必要はありませんが（申込書と一体で作成することも可能と考えられます。），他の書面と同一の書面とする場合には，意向確認書面に該当する部分を明確に区別して記載する必要があることに留意する必要があります。また，当該書面は保険会社または保険募集人と顧客の双方が確認するために交付される書面であることから，保険会社または保険募集人においても書面等を事後的に確認できる方法により保存することとされているか。

（注）電子メール等の電磁的方法による交付を行う場合は，顧客の了解を得ていることおよび印刷または電磁的方法による保存が可能であることが必要です。

(チ)　顧客が意向確認書面の作成および交付を希望しない場合の対応

顧客が当該書面の作成および交付を希望しない場合は，顧客に対して，当該書面の役割（契約の申込みを行おうとする保険契約の内容が顧客の意向に合致するか否かを保険会社または保険募集人および顧客の双方が確認するための書面であること等）を書面等により説明するとともに，事後に顧客が意向確認書面の作成および交付を希望しなかったことが検証できる態勢にあるか。

(リ)　意向確認書面の記載事項等の検証等

意向確認書面の作成および交付については，保険商品の特性や販売方法の状況の変化に応じて，また顧客等からの苦情・相談の内容を踏まえながら，その記載事項や記載方法，収集すべき顧客の意向に関する情報およびその収集方法等について検証のうえ，必要に応じ見直しを行うこと等の適切な措置が講じられているか。

(ヌ)　顧客が保険契約の内容等を誤解していること等が明らかな場合の対応

顧客が保険契約の内容等について，理解していないまたは誤解していることが明らかである場合は，より分かりやすい説明および誤解の解消に努めることとされているか。

(ル)　取り扱える保険会社の範囲の説明等

保険募集人が取り扱える保険会社の範囲（たとえば，専属か乗合か，乗合の場合には取り扱える保険会社の数等の情報等）を説明するとともに，顧客が告知を行おうとする際には，告知受領権の有無についてその説明が行われることとされているか。

②　意向把握・確認の対象

また，意向把握・確認の対象については，たとえば，以下に掲げる情報を把握・確認することが求められています（監督指針Ⅱ－4－2－2(3)②)。

イ　第一分野の保険商品および第三分野の保険商品について

（注）変額保険，変額年金保険，外貨建て保険等の投資性商品を含み，海外旅行傷害保険商品および保険期間が1年以下の傷害保険商品（契約締結に際し，保険契約者または被保険者が告知すべき重要な事実または事項に被保険者の現在または過去における健康状態その他の心身の状況に関する事実または事項が含まれないものに限る）を除きます。

(イ)　どのような分野の保障を望んでいるか（死亡した場合の遺族保障，医療保障，医療保障のうちガンなどの特定疾病に備えるための保障，傷害に備えるための保障，介護保障，老後生活資金の準備，資産運用など）

(ロ)　貯蓄部分を必要としているか

(ハ)　保障期間，保険料，保険金額に関する範囲の希望，優先する事項がある場合はその旨

（注）変額保険，変額年金保険，外貨建て保険等の投資性商品については，たとえば，収益獲得を目的に投資する資金の用意があるか，預金とは異なる中長期の投資商品を購入する意思があるか，資産価額が運用成果に応じて変動することを承知しているか，市場リスクを許容しているか，最低保証を求めるか等の投資の意向に関する情報を含みます。なお，市場リスクとは，金利，通貨の価格，金融商品市場における相場その他の指標に係る変動により損失が生ずるおそれをいいます。

ロ　第二分野の保険商品について

（注）上記ロに該当する保険商品は，第二分野の保険商品のほか，海外旅行傷害保険商品および保険期間が1年以下の傷害保険商品（契約締結に際し，保険契約者または被保険者が告知すべき重要な事実または事項に被保険者の現在または過去における健康状態その他の心身の状況に関する事実または事項が含まれないものに限ります）を含みます。

(イ)　どのような分野の補償を望んでいるか（自動車保険，火災保険などの保険の種類）

(ロ)　顧客が求める主な補償内容

（注）意向の把握にあたっては，たとえば，以下のような情報が考えられる。

・自動車保険については，若年運転者不担保特約，運転者限定特約，車両保険の有無など

・火災保険については，保険の目的，地震保険の付保の有無など

・海外旅行傷害保険については，補償の内容・範囲，渡航者，渡航先，渡航期間など

・保険期間が１年以下の傷害保険については，補償の内容・範囲など

(ハ)　補償期間，保険料，保険金額に関する範囲の希望，優先する事項がある場合はその旨

③　意向把握・確認義務の適用除外

なお，次に掲げる場合には，顧客の意向の把握・確認が不要とされています（保険業法施行規則227条の６）。

イ　次に掲げる保険契約を取り扱う場合

(イ)　被保険者（保険契約者以外の者に限る。(ロ)において同じ）が負担する保険料の額が零である保険契約

(ロ)　保険期間が１か月以内であり，かつ，被保険者が負担する保険料の額が千円以下である保険契約

(ハ)　被保険者に対する商品の販売もしくは役務の提供または行事の実施等（以下(ハ)において「主たる商品の販売等」という）に付随して引き受けられる保険に係る保険契約（当該保険契約への加入に係る被保険者（保険契約者以外の者に限る）の意思決定を要しないものであって，当該主たる商品の販売等に起因する損害等を対象とするものその他の当該主たる商品の販売等と関連性を有するものに限る）

(ニ)　法律に基づき公的年金制度または共済制度を運営する団体その

他法律または団体が定める規程に基づき年金制度を運営する団体を保険契約者とし，当該年金制度の加入者が被保険者となる保険契約

ロ　既契約の一部の変更をすることを内容とする保険契約を取り扱う場合であって，次の(イ)または(ロ)に掲げるとき

(イ)　当該変更に伴い既契約に係る情報の提供の内容に変更すべきものがないとき

(ロ)　当該変更に伴い一定の方法により（当該変更に掲げる部分以外の部分について）情報の提供を行っているとき

ハ　他の法律の規定により顧客が保険契約の締結または保険契約への加入を義務付けられている保険契約を取り扱う場合

ニ　勤労者財産形成貯蓄契約に該当する保険契約を取り扱う場合

(3)　窓販における契約者保護措置

保険募集人である銀行等またはその役職員は，以下の措置を講じている場合に限り，その所属保険会社等のために保険募集を行うことが認められています（保険業法275条１項）。

これらの契約者保護措置は，銀行等以外には適用がありません。

①　全商品共通

イ　非公開情報保護措置（保険業法施行規則212条２項１号，212条の２第２項１号，212条の４第２項１号）

(1)　銀行等は，その業務（保険募集に係るものを除く）において取り扱う顧客に関する非公開金融情報（注）が，事前に書面その他の適切な方法により当該顧客の同意を得ることなく保険募集に係る業務（顧客が銀行等保険募集制限先等に該当するかどうかを確認する業務を除く）に利用されないことを確保するための措置を講じる必要があります。

（注）非公開金融情報：その役職員が職務上知り得た顧客の預金，為替取引ま

たは資金の借入れに関する情報その他の顧客の金融取引または資産に関する公表されていない情報（返済能力情報（保険業法施行規則53条の９に規定する情報）およびセンシティブ情報（保険業法施行規則53条の10に規定する特別の非公開情報）を除く）

(2)　銀行等は，その保険募集に係る業務において取り扱う顧客に関する非公開保険情報（注）が，事前に書面その他の適切な方法により当該顧客の同意を得ることなく資金の貸付けその他の保険募集に係る業務以外の業務に利用されないことを確保するための措置を講じる必要があります。

（注）非公開保険情報：その役職員が職務上知り得た顧客の生活（家族構成等），身体（健康状態等）または財産（年金受給状況等）その他の事項に関する公表されていない情報で保険募集のために必要なもの（返済能力情報およびセンシティブ情報を除く）

保険募集業務とそれ以外の業務で，顧客リスト・顧客名簿などを共有する場合は，非公開情報保護措置に違反する場合がありますので，顧客の同意の有無や，共有することができる情報の範囲が適切に設定されていることを確認する必要があります。

このほか，情報の利用については，個人情報保護措置という観点からの制限もあります。詳細は，❹(6)⑯を参照してください。

なお，監督指針に非公開情報保護措置の内容についての具体的な規定がおかれ（監督指針Ⅱ－4－2－6－2），顧客の同意を取得する際には保険の勧誘の手段，利用する情報の範囲，同意の撤回の方法等を明示することが求められています。

ロ　保険募集指針の策定・公表・実施（保険業法施行規則212条２項２号，212条の２第２項２号，212条の４第２項２号）

銀行等は，保険募集の公正を確保するため，当該保険契約の引受保険会社・少額短期保険業者の商号または名称の明示，保険契約の締結にあたり顧客が自主的な判断を行うために必要と認められる情報の提供その他の事項に関する指針を定め，公表し，その実施のために必要な措置を講じる必要があります。

なお，監督指針には，指針に記載すべき内容，公表の方法について具体的な規定がおかれています（監督指針Ⅱ－4－2－6－3）。

監督指針上，保険募集指針では，以下の事項を定めることが求められています。

(1)　顧客に対し，募集を行う保険契約の引受保険会社の商号や名称を明示するとともに，保険契約を引き受けるのは保険会社であること，保険金等の支払いは保険会社が行うことその他の保険契約に係るリスクの所在について適切な説明を行うこと。

(2)　複数の保険契約の中から顧客の自主的な判断による選択を可能とするための情報の提供を行うこと。

(3)　銀行等が法令に違反して保険募集につき顧客に損害を与えた場合には，当該銀行等に募集代理店としての販売責任があることを明示すること。

(4)　銀行等における苦情・相談の受付先および銀行等と保険会社の間の委託契約等に基づき保険契約締結後に銀行等が行う業務内容を顧客に明示するとともに，募集を行った保険契約に係る顧客からの，たとえば，委託契約等に則して，保険金等の支払手続きに関する照会等を含む苦情・相談に適切に対応する等契約締結後においても必要に応じて適切な顧客対応を行うこと。

(5)　上記(1)から(4)までに掲げる顧客に対する保険募集時の説明や苦情・相談に係る顧客対応等について，顧客との面談内容等を記録するなど顧客対応等の適切な履行を管理する体制を整備するとともに，保険募集時の説明に係る記録等については，保険期間が終了するまで保存すること。

ハ　法令等遵守責任者の配置（保険業法施行規則212条２項３号，212条の２第２項３号，212条の４第２項３号）

銀行等は，保険募集に係る法令・内部規則等の遵守を確保する業務に係る責任者（法令等遵守責任者）を保険募集に係る業務を行う営業所または事務所（他の法令等の遵守を確保する業務が複数の営業所または事務所を１つの単位（保険募集に係る業務を行う営業所または事務所を含むものに限る）として行われている場合にあっては当該単位）ごとに，当該責任者を指揮し保険募集に係る法令等の遵守を確保する業務を統括管理する統括責任者（法令等遵守統括責任者）を本店または主たる事務所に，それぞれ配置する必要があります。

（注）法令等遵守統括責任者および法令等遵守責任者については，保険募集人の資格を有することを必要とせず，また，コンプライアンス担当者との兼任も認められています。

②　第３次以降解禁商品

第３次以降解禁商品については，①の規制に加えて，以下のイからハの規制があります。ただし，保険業法施行規則の改正により，2012（平成24）年４月１日からは，同規則212条１項４号および５号の生命保険（一時払終身保険（法人契約を除く），一時払養老保険（法人契約を除く），積立傷害保険など）および規則212条の２第１項５号の２，５号の３，５号の４，212条の４第１項４号の２の損害保険（積立傷害保険，積立火災保険，事業関連保険（銀行等のグループ会社を保険契約者とするものに限る）など）については，規制対象から除外されました。

イ　融資先（募集）規制（保険募集制限先規制）（保険業法施行規則212条３項１号，212条の２第３項１号，212条の４第３項１号）

銀行等は，銀行等保険募集制限先等（注1）を保険契約者または被保険者とする保険契約（注2）の締結の代理または媒介を手数料その他の報酬を得て行わないことを確保するための措置を講じる必要があります。

（注1）銀行等保険募集制限先等：以下の(1)～(3)に掲げる者（当該銀行等が，協同組織金融機関（信用金庫，労働金庫，信用協同組合および農業協同組合等）である場合（※1）は，当該協同組織金融機関の会員または組合員（会員または組合員である法人の代表者を含み，当該協同組織金融機関が農業協同組

合等である場合にあっては，組合員と同一の世帯に属する者を含む）である者を除く）

⑴　当該銀行等が法人またはその代表者に対し当該法人の事業に必要な資金の貸付け（手形の割引を含む）を行っている場合における当該法人およびその代表者

⑵　当該銀行等が事業を行う個人に対し当該事業に必要な資金の貸付けを行っている場合における当該個人

⑶　当該銀行等が，小規模事業者（※2）である個人または法人もしくはその代表者に対し，当該小規模事業者の事業に必要な資金の貸付けを行っている場合における当該小規模事業者が常時使用する従業員および当該法人の役員（代表者を除く）

（※1）保険募集人である協同組織金融機関が，当該協同組織金融機関またはその役職員が⑴から⑶までに掲げる者に該当する当該協同組織金融機関の会員または組合員を保険契約者として融資先（募集）規制（保険募集制限先規制）対象商品の締結の代理または媒介を行う場合において，当該保険契約者１人当たりの保険金その他の給付金の額を内閣府令の定める小口の金額までに限り，保険募集を行う旨の定めを保険募集指針に記載している場合に限ります。

（※2）小規模事業者：常時使用する従業員の数が50人（当該銀行等が特例地域金融機関（☆）である場合にあっては，20人）以下の事業者

（☆）特例地域金融機関：営業地域が限定されているものとして金融庁長官が定める金融機関で，事業を行う個人または法人を保険契約者として生命保険・第三分野保険の募集を内閣府令（保険業法施行規則212条４項，212条の２第４項，212条の４第４項）に定める小口の金額に限る旨を保険募集指針に記載しているもの（ただし，従業員50人超の個人または法人については，下記ハの（融資）担当者分離措置を講じていれば，当該小口規制は適用されない）

（注2）生命保険について，既契約（その締結の代理または媒介を当該銀行等またはその役職員が手数料を得て行ったものに限る）の更新に係るものを除く。損害保険について，既契約（その締結の代理または媒介を当該銀行等またはその役職員が手数料を得て行ったものに限る）の更改（保険金額その他の給付の内容の拡充（当該保険契約の目的物の価値の増加その他これに類する事情に基づくものを除く）または保険期間の延長を含むものを除く。以下同じ）に係るものを除く。少額短期保険（保険業法施行規則212条の４第１項６号商品のみ）について，既契約（その締結の代理または媒介を当該銀行等またはその役

第３編

職員が手数料を得て行ったものに限る）の更改または更新に係るものを除く。

ロ　内部管理態勢（保険業法施行規則212条３項２号，212条の２第３項２号，212条の４第３項２号）

銀行等は，顧客が銀行等保険募集制限先等に該当するかどうかを確認する業務等を的確に遂行するための措置および保険募集に係る業務が当該銀行等のその他の業務の健全かつ適切な運営に支障を及ぼさないようにするための措置を講じる必要があります。

ハ　（融資）担当者分離規制（保険業法施行規則212条３項３号，212条の２第３項３号，212条の４第３項３号）

銀行等は，その使用人のうち事業に必要な資金の貸付けに関して顧客と応接する業務を行う者（一般に支店長等はこれに該当しないと解されている）が，この規制対象商品の保険募集を行わないことを確保するための措置（当該銀行等が特例地域金融機関である場合にあっては，より簡易なものとして金融庁長官が定める措置で足りる）を講じる必要があります。

③　**第１次・第２次解禁商品**（保険業法施行規則212条６項，212条の２第６項，212条の４第６項）

これらの商品の保険募集においては，次に掲げる場合は，当該保険契約に付される保険特約は，当該保険契約の内容と関連性が高く，かつ，当該保険特約に係る保険料および保険金額が当該保険契約に係る保険料および保険金額と比べて妥当なものでなければなりません。

イ　当該銀行等が②に掲げる要件を満たしていない場合

ロ　当該保険契約の保険契約者または被保険者が銀行等保険募集制限先等である場合（イの場合を除く）

(4)　書面の交付と説明

保険会社は，保険募集に関し，保険契約者に対して以下の書面の交付と説明をする措置を講じなければなりません（保険業法100条の２，同法施行規則53条1項，53条の7）。これに伴い，保険募集人である銀行等は，以下の措置を講じることが義務付けられています。

①　変額保険（保険業法施行規則74条3号に掲げる保険契約（保険業法施行規則83条1号ロおよびニに掲げるものを除く））に関し，生命保険募集人または損害保険募集人が，対象期間ごとに，遅滞なく，当該保険契約に係る資産の運用状況を記載した運用状況報告書を作成し，保険契約者に交付するための措置（保険業法施行規則53条1項1号）

②　基礎率変更権に関する条項を普通保険約款に記載する第三分野保険の保険契約に関し，生命保険募集人または損害保険募集人が，1年ごとに，保険契約者に対し，次に掲げる事項を記載した書面を交付するための措置（保険業法施行規則53条1項2号）

イ　基礎率変更権行使基準に該当するかどうか

ロ　基礎率変更権行使基準に規定する予定発生率に対する実績発生率の状況を示す指標の推移

ハ　その他基礎率変更権行使基準に該当するかどうか参考となる事項

③　生命保険募集人または損害保険募集人の公正な保険募集を行う能力の向上を図るための措置（保険業法施行規則53条1項3号）

④　保険契約の締結，保険募集または自らが締結したもしくは保険募集を行った団体保険に係る保険契約に加入することを勧誘する行為その他の当該保険契約に加入させるための行為に際して，保険会社，生命保険募集人または損害保険募集人が，保険契約者および被保険者に対し，保険契約の内容その他保険契約者等に参考となるべき情報につき，保険契約の内容のうち重要な事項を記載した書面の交付その他適切な方法により，説明を行うことを確保するための措置　（保険業法施行規則53条1項4号）

⑤　一定の加入させるための行為が行われる団体保険に係る保険契

第3編

約に関し，当該団体保険に係る保険契約者から当該団体保険に係る保険契約に加入する者に対して必要な情報が適切に提供されることおよび当該保険契約者による当該保険契約に加入する者の意向の適切な確認を確保するための措置（保険業法施行規則53条１項５号）

⑥　保険商品が顧客のニーズに合致した内容であることを顧客が確認する機会を確保するため，意向確認書面を作成し，顧客に交付するなどの措置（保険業法施行規則53条の７第１項，監督指針Ⅱ－４－２－２⑶④イ）

⑸　クーリングオフ

①　クーリングオフが認められる場合とその例外

保険会社等もしくは外国保険会社等に対し保険契約の申込みをした者または保険契約者（以下「申込者等」という）は，以下の例外を除き，書面によりその保険契約の申込みの撤回または解除（以下「申込みの撤回等」という）を行うことができます（保険業法309条）。

イ　申込者等が，内閣府令（保険業法施行規則240条）で定めるところにより，保険契約の申込みの撤回等に関する事項を記載した書面を交付された場合において，その交付をされた日と申込みをした日とのいずれか遅い日から起算して８日を経過したとき（保険業法309条１項１号）

ロ　申込者等が，営業もしくは事業のために，または営業もしくは事業として締結する保険契約として申込みをしたとき（保険業法309条１項２号）

ハ　一般社団法人もしくは一般財団法人，特別の法律により設立された法人，法人でない社団もしくは財団で代表者もしくは管理人の定めのあるものまたは国もしくは地方公共団体が保険契約の申込みをしたとき（保険業法309条１項３号）

ニ　当該保険契約の保険期間が1年以下であるとき（保険業法309条1項4号）

ホ　当該保険契約が，法令により申込者等が加入を義務付けられているものであるとき（保険業法309条1項5号）

ヘ　申込者等が保険会社等，外国保険会社等，特定保険募集人または保険仲立人の営業所，事務所その他の場所において保険契約の申込みをした場合その他の場合で，申込者等の保護に欠けるおそれがないと認められるものとして保険業法施行令45条で定める以下の場合（保険業法309条1項6号）

(1)　申込者等が，保険会社等，外国保険会社等，特定保険募集人または保険仲立人（以下「保険業者」と総称する）に対し，あらかじめ日を通知してその営業所，事務所その他これらに準ずる場所（以下(1)および(2)において「営業所等」という）を訪問し，かつ，当該通知し，または訪問した際に自己の訪問が保険契約の申込みをするためのものであることを明らかにしたうえで，当該営業所等において当該保険契約の申込みをした場合（保険業法施行令45条1号）

(2)　申込者等が，自ら指定した場所（保険業者の営業所等および当該申込者等の居宅を除く）において保険契約の申込みをすることを請求した場合において，当該保険契約の申込みをしたとき（保険業法施行令45条2号）

(3)　申込者等が，郵便・FAX その他の内閣府令（保険業法施行規則241条）で定める方法により保険契約の申込みをした場合（保険業法施行令45条3号）

(4)　申込者等が，保険契約に係る保険料またはこれに相当する金銭の払込みを保険業者の預金または貯金の口座への振込みにより行った場合（当該保険契約の相手方である保険業者もしくは当該保険契約に係る保険募集を行った保険業者またはこれらの役職員に依頼して行った場合を除く）（保険業法施行令45条4号）

第3編

⑸　申込者等が，保険会社等または外国保険会社等の指定する医師による被保険者の診査をその成立の条件とする保険契約の申込みをした場合において，当該診査が終了したとき（保険業法施行令45条５号）

⑹　当該保険契約が，勤労者財産形成貯蓄契約，勤労者財産形成年金貯蓄契約または勤労者財産形成住宅貯蓄契約であるとき（保険業法施行令45条６号）

⑺　当該保険契約が，金銭消費貸借契約，賃貸借契約その他の契約に係る債務の履行を担保するための保険契約であるとき（保険業法施行令45条７号）

⑻　当該保険契約が，既契約の更改（保険金額その他の給付の内容または保険期間の変更に係るものに限る）もしくは更新に係るものまたは既契約の保険金額，保険期間その他の内容の変更に係るものであるとき（保険業法施行令45条８号）

②　クーリングオフの効果

イ　撤回等の効力発生時

保険契約の申込みの撤回等は，当該保険契約の申込みの撤回等に係る書面を発した時に，その効力を生じます（保険業法309条４項）。

ロ　損害賠償請求の禁止

保険会社等または外国保険会社等は，保険契約の申込みの撤回等があった場合には，申込者等に対し，その申込みの撤回等に伴う損害賠償または違約金その他の金銭の支払を請求することができません。ただし，保険契約の解除の場合における当該解除までの期間に相当する保険料として内閣府令（保険業法施行規則242条）で定める金額については，請求することができます（保険業法309条５項）。

ハ　保険料の返還

保険会社等または外国保険会社等は，保険契約の申込みの撤回等があった場合において，当該保険契約に関連して金銭を受領しているときは，申込者等に対し速やかにこれを返還しなければなりません。ただし，保険契約の解除の場合における当該保険契約に係る保険料の前払として受領した金銭のうち，当該解除までの期間に相当する保険料として内閣府令（保険業法施行規則242条）で定める金額については，返還の必要がありません（保険業法309条６項）。

ニ　保険募集人による返還

保険募集人は，保険契約につき申込みの撤回等があった場合において，当該保険契約に関連して金銭を受領しているときは，申込者等に対し速やかにこれを返還しなければなりません（保険業法309条７項）。

ホ　保険募集人による損害賠償請求の禁止

保険募集人は，保険会社等または外国保険会社等に保険契約の申込みの撤回等に伴い損害賠償その他の金銭を支払った場合において，当該支払に伴う損害賠償その他の金銭の支払を，申込みの撤回等をした者に対し請求することができません（保険業法309条８項）。

ヘ　支払事由発生の場合の取扱い

保険契約の申込みの撤回等の当時，既に保険金の支払の事由が生じているときは，当該申込みの撤回等はその効力を生じません。ただし，申込みの撤回等を行った者が，申込みの撤回等の当時，既に保険金の支払の事由の生じたことを知っているときは撤回等の効力は生じます（保険業法309条９項）。

ト　契約者に不利な特約の禁止

保険業法309条１項・４項～９項までの規定に反する特約で申込者等に不利なものは，無効です（保険業法309条10項）。

⑹　保険契約の締結または保険募集に関する禁止行為等

保険募集人は，保険契約の締結または保険募集に関して，以下の行為を禁止されています。

①　虚偽説明・重要事項不説明の禁止

イ　保険契約者または被保険者に対して，虚偽のことを告げ，または保険契約の契約条項のうち重要な事項を告げない行為（保険業法300条１項１号）

重要な事項を告げるにあたっては，重要な事項のうち顧客が保険商品の内容を理解するために必要な情報（契約概要）と顧客に対して注意喚起すべき情報（注意喚起情報）について，分類のうえ告げる必要があります（監督指針Ⅱ－４－２－２(2)）。

（注）2016（平成28）年５月29日に施行された保険業法の改正により，保険募集に係る規制等が見直され，保険契約の内容その他保険契約者等に参考となるべき情報の提供を行う義務（情報提供義務），顧客の意向を把握し，これに沿った保険契約の締結等の提案等を行う義務（意向把握・確認義務），保険募集人において，重要事項説明，顧客情報の適正な取扱い，委託先管理を含めた業務の適切な運営を確保するための体制整備を講じる義務（体制整備義務）等が導入されました。

なお，特定保険契約については重要事項不説明の禁止の適用はなく，金商法37条の３に基づく契約締結前書面の交付が必要となります（❹(7)②参照）。

ロ　保険契約者もしくは被保険者または不特定の者に対して，保険契約等に関する事項であってその判断に影響を及ぼすこととなる重要なものにつき，誤解させるおそれのあることを告げ，または表示する行為（保険業法300条１項９号，同法施行規則234条１項４号）

保険会社の信用または支払能力の表示についての留意事項が監督指針に規定されています（監督指針Ⅱ－４－２－２(12)）。

②　虚偽告知推奨の禁止

保険契約者または被保険者が保険会社等または外国保険会社等に対して重要な事項につき虚偽のことを告げることを勧める行為（保険業法300条１項２号）。

③　告知妨害・不告知推奨の禁止

保険契約者または被保険者が保険会社等または外国保険会社等に対して重要な事実を告げるのを妨げ，または告げないことを勧める行為（保険業法300条１項３号）。

④　不当な乗換勧誘の禁止

保険契約者または被保険者に対して，不利益となるべき事実を告げずに，既に成立している保険契約を消滅させて新たな保険契約の申込みをさせ，または新たな保険契約の申込みをさせて既に成立している保険契約を消滅させる行為（保険業法300条１項４号）。

一定金額の金銭をいわゆる解約控除等として保険契約者が負担することとなる場合があること，特別配当請求権その他の一定期間の契約継続を条件に発生する配当に係る請求権を失う場合があること，被保険者の健康状態の悪化等のため新たな保険契約を締結できないこととなる場合があることなど，不利益となる事実を告げる必要があります。

また，顧客からの確認印を取り付ける等の方法により顧客が不利益となる事実を了知した旨を十分確認する必要があります（監督指針Ⅱ－４－２－２⑺）。

⑤　特別利益の提供の禁止

イ　保険契約者または被保険者に対して，保険料の割引，割戻しその他特別の利益の提供を約し，または提供する行為（保険業法300条１項５号）

提供するサービスや物品の社会相当性，換金性の程度，使途の範囲，保険契約者間の公平性などに留意して，特別利益の提供に該当しないかを確認する必要があります（監督指針Ⅱ－４－２－２⑻①）。

ロ　何らの名義によってするかを問わず，300条１項５号の規定による禁止を免れる行為（保険業法300条１項９号，同法施行規則234条１項１号）

生命保険募集人やその密接な関係者を保険契約者とする場合，保険料の

割引・割戻しを目的とした保険募集とならないよう留意する必要があります（監督指針Ⅱ－４－２－2(8)③）

ハ　保険契約者または被保険者に対して，当該保険契約者または被保険者に当該保険会社等または外国保険会社等の特定関係者（注）が特別の利益の供与を約し，または提供していることを知りながら，当該保険契約の申込みをさせる行為（保険業法300条１項８号）

（注）保険業法100条の３（272条の13第２項において準用する場合を含む）に規定する特定関係者および保険業法194条に規定する特殊関係者のうち，当該保険会社等または外国保険会社等を子会社とする保険持株会社および少額短期保険持株会社（以下「保険持株会社等」という），当該保険持株会社等の子会社（保険会社等および外国保険会社等を除く）ならびに保険業を行う者以外の者をいいます。

⑥　不当な比較募集の禁止

保険契約者もしくは被保険者または不特定の者に対して，一の保険契約の契約内容につき他の保険契約の契約内容と比較した事項であって誤解させるおそれのあるものを告げ，または表示する行為（保険業法300条１項６号）。違法な比較表示についての詳細が監督指針に列挙されているので，留意する必要があります（監督指針Ⅱ－４－２－2(9)）。

⑦　断定的判断の提供の禁止

保険契約者もしくは被保険者または不特定の者に対して，将来における契約者配当または社員に対する剰余金の分配その他将来における金額が不確実な事項として内閣府令で定めるもの（資産の運用実績その他の要因によりその金額が変動する保険金，返戻金その他の給付金または保険料（保険業法施行規則233条））について，断定的判断を示し，または確実であると誤解させるおそれのあることを告げ，もしくは表示する行為（保険業法300条１項７号）。

予想配当，変額保険，外貨建て保険について，特に留意すべき事項が監督指針に規定されています（監督指針Ⅱ－４－２－2(10)）。

⑧　**生命保険の構成員契約・圧力募集の禁止**（保険業法300条1項9号，同法施行規則234条1項2号）

イ　構成員契約規制

法人である生命保険募集人，少額短期保険募集人または保険仲立人（以下，⑧において「生命保険募集人等」という）が，その役員または使用人その他密接な関係を有する者（※1）として金融庁長官が定める者に対して，金融庁長官が定める保険（※2）以外の生命保険について，保険契約の申込みをさせる行為は禁止されています。構成員契約規制の対象となるのは，密接な関係を有するグループ会社等の役員または使用人であって，これらの者が勤務する法人（当該グループ会社等）については対象となりません。

※1　密接な関係を有する者：以下に掲げる者の役職員
①　資本関係が密接な関係（特定関係法人の関係）にある法人
②　役職員の兼職などの人事交流のある法人
③　設立の経緯または取引関係に照らし密接な関係を有する法人

※2　規制対象から除外される保険
①　第三分野商品
②　医療保険（死亡保険金が入院給付日額の100倍を限度とするもの）
③　介護保険
④　死亡保障付第三分野商品
⑤　損害填補保険，海外旅行保険

ロ　圧力募集の禁止

構成員契約規制のほか，生命保険募集人等が，保険契約者または被保険者に対して，威迫し，または業務上の地位等を不当に利用して保険契約の申込みをさせ，またはすでに成立している保険契約を消滅させる行為。

⑨　**信用供与との抱合せ販売の禁止**

保険会社等または外国保険会社等との間で保険契約を締結することを条件として当該保険会社等の特定関係者（金商法100条の3に規定する特定関係者および保険業法194条に規定する特殊関係者をいう）が当該保険契約に係る保険契約者または被保険者に対して信用を供与し，または信用の供与を

第3編

約していることを知りながら，当該保険契約者に対して当該保険契約の申込みをさせる行為（保険業法300条１項９号，同法施行規則234条１項３号）。

⑩　誤認させる商号・名称

保険契約者に対して，保険契約に係る保険の種類または保険会社等または外国保険会社等の商号もしくは名称を他のものと誤解させるおそれのあることを告げる行為（保険業法300条１項９号，同法施行規則234条１項５号）。

⑪　クーリングオフの不説明

保険料を一時に払い込むことを内容とする保険契約の締結の代理または媒介を行う際に，その顧客が行う当該保険契約の申込みが申込みの撤回等を行うことができない場合（注）に該当する場合において，当該顧客に対しその旨の説明を書面の交付により行わず，または当該顧客から当該書面を受領した旨の確認を署名もしくは押印を得ることにより行わずに当該保険契約の申込みをさせる行為（保険業法300条１項９号，同法施行規則234条１項６号）。

（注）保険業法309条１項１号～５号および保険業法施行令45条７号に掲げる場合（第３編❹(5)参照）ならびに当該保険契約の引受けを行う保険会社等または外国保険会社等が当該申込みの撤回等に応じることとしている場合を除きます。

⑫　銀行等の優越的地位の濫用の禁止

イ　保険募集人もしくは保険仲立人である銀行等またはその役職員が，当該銀行等が行う信用供与の条件として保険募集をする行為その他の当該銀行等の取引上の優越的な地位を不当に利用して保険募集をする行為（保険業法300条１項９号，同法施行規則234条１項７号）。

ロ　保険募集人もしくは保険仲立人である銀行等またはその役職員が，あらかじめ，顧客に対し，当該保険契約の締結の代理または媒介に係る取引が当該銀行等の当該顧客に関する業務に影響を与えない旨の説明を書面の交付により行わずに保険募集をする行為（保険業法300条１項９号，同法施行規則234条１項８号）。

ハ　保険募集人もしくは保険仲立人である銀行等の特定関係者またはその役職員が，自己との間で保険契約の締結の代理または媒介を行うことを条件として当該銀行等が当該保険契約に係る保険契約者または被保険者に対して信用を供与し，または信用の供与を約していることその他の取引上の優越的地位を不当に利用していることを知りながら保険募集をする行為（保険業法300条１項９号，同法施行規則234条１項13号）。

⑬　融資先（募集）規制（保険募集制限先規制）

イ　保険募集人もしくは保険仲立人である銀行等またはその役職員が，あらかじめ，顧客に対し，銀行等保険募集制限先等（❹(3)②イ参照）に該当するかどうかを確認する業務に関する説明を書面の交付により行わずに融資先（募集）規制（保険募集制限先規制）の対象商品（※）の締結の代理または媒介を行う行為（保険業法300条１項９号，同法施行規則234条１項９号）。

ロ　保険募集人もしくは保険仲立人である銀行等の特定関係者またはその役職員が，その保険契約者または被保険者が当該銀行等に係る銀行等保険募集制限先等に該当することを知りながら，保険契約（融資先（募集）規制（保険募集制限先規制）の対象外の商品の保険契約（当該保険契約に保険特約が付される場合にあっては，当該保険特約が当該保険契約の内容と関連性が高く，かつ，当該保険特約に係る保険料および保険金額が当該保険契約に係る保険料および保険金額と比べて妥当なものに限る）を除く）の締結の代理または媒介を行う行為（保険業法300条１項９号，同法施行規則234条１項14号）。

（※）たとえば，次に掲げる保険商品が融資先（募集）規制（保険募集制限先規制）の対象となります。

一時払終身保険（法人契約に限る），一時払養老保険（法人契約に限る），短満期平準払養老保険，個人向け賠償保険，定期保険，平準払終身保険，長期平準払養老保険，貯蓄性生存保険（死亡保障部分の大きもの），医療・介護保険，自動車保険，団体火災保険，団体傷害

保険　等

⑭　タイミング規制（第３次以降解禁商品）

イ　保険募集人もしくは保険仲立人である銀行等またはその役職員が，顧客が当該銀行等に対し資金（事業資金に限る）の貸付けの申込みを行っていることを知りながら，当該顧客またはその密接関係者（当該顧客が法人である場合の当該法人の代表者，または当該顧客が法人の代表者である場合の当該法人をいう）（当該銀行等が協同組織金融機関である場合にあっては，当該協同組織金融機関の会員または組合員である顧客または密接関係者を除く）に対し，融資先（募集）規制（保険募集制限先規制）の対象商品（金銭消費貸借契約，賃貸借契約その他の契約（事業に必要な資金に係るものを除く）に係る債務の履行を担保するための保険契約および既に締結されている保険契約（その締結の代理または媒介を当該銀行等の役職員が手数料その他の報酬を得て行ったものに限る）の更新または更改に係る保険契約を除く））の締結の代理または媒介を行う行為（保険業法300条１項９号，同法施行規則234条１項10号）。

顧客に資金需要があるにもかかわらず，保険募集を行うために意図的に貸付申込みをさせない場合については，「顧客が当該銀行等に対し資金の貸付けの申込みを行っている場合」とみなされます（監督指針Ⅱ－4－2－6－7）。

ロ　保険募集人もしくは保険仲立人である銀行等の特定関係者またはその役職員が，顧客が当該銀行等に対し資金（事業資金に限る）の貸付けの申込みをしていることを知りながら，当該顧客またはその密接関係者に対し，保険契約（⑬ロと同じもの）の締結の代理または媒介を行う行為（保険業法300条１項９号，同法施行規則234条１項15号）。

⑮　融資相談窓口（住宅関連信用生命保険）

生命保険募集人，少額短期保険募集人もしくは保険仲立人である銀行等またはその役職員が，保険業法施行規則212条１項１号に掲げる保険契約の締結の代理または媒介を行う際に，保険契約者に対し，当該保険契約者が当該保険契約に係る保険金が充てられるべき債務の返済に困窮した場合の当該銀行等における相談窓口およびその他の相談窓口の説明を書面の交付により行わずに当該保険契約の申込みをさせる行為（保険業法300条１項９号，同法施行規則234条１項11号）。

⑯　**個人情報保護措置**

イ　保険募集人としての銀行等が，その取り扱う個人である顧客に関する情報の安全管理，従業者の監督および当該情報の取扱いを委託する場合にはその委託先の監督について，当該情報の漏えい，滅失またはき損の防止を図るために必要かつ適切な措置を怠ること（保険業法294条の３第１項，同法施行規則227条の９）。

「必要かつ適切な措置」とは，金融分野における個人情報保護に関するガイドライン８条・９条および10条ならびに金融分野における個人情報保護に関するガイドラインの安全管理措置等についての実務指針Ⅰ，Ⅱ，Ⅲおよび別添２の規定に基づく措置です（監督指針Ⅱ－４－２－２(14)）。

ロ　その業務上取り扱う個人のセンシティブ情報を，当該業務の適切な運営の確保その他必要と認められる目的以外の目的のために利用しないことを確保するための措置を怠ること（保険業法294条の３第１項，同法施行規則227条の10）。

(7)　特定保険契約についての規制（保険業法300条の２）

❷(5)に述べたように，保険業法300条の２が特定保険契約（特定保険契約の定義は，第３編第３❷(5)参照）について金商法の規定を準用することにより，特定保険契約は金商法と同様の規制を受けます。

①　**特定投資家制度**

以下の金商法の特定投資家制度に関する規定は，保険会社等もしくは外国保険会社等または保険仲立人が行う特定保険契約または顧客のために特定保険契約の締結の媒介を行うことを内容とする契約の締結について準用されています（注）。

イ　特定投資家への告知義務（金商法34条，保険業法施行規則234条の３）

告知の際の「契約の種類」は，「特定保険契約等」（特定保険契約または顧客のために特定保険契約の締結の媒介を行うことを内容とする契約）となります。

ロ　特定投資家が特定投資家以外の顧客とみなされる場合（金商法34条の２，保険業法施行規則234条の５～７の３）

ハ　特定投資家以外の顧客である法人が特定投資家とみなされる場合（金商法34条の３，保険業法施行規則234条の８～10の２）

ニ　特定投資家以外の顧客である個人が特定投資家とみなされる場合（金商法34条の４，保険業法施行規則234条の11～14の３）

ホ　政令への委任（金商法34条の５）

ヘ　特定投資家についての適用除外（金商法45条，保険業法施行規則234条の28）

（注）金商法の各条文において内閣府令で定める事項については，金商法自体に係る内閣府令である業府令等ではなく，別途，保険業法施行規則が規定しています。

②　行為規制

以下の金商法の各規定は，保険会社等，外国保険会社等，保険募集人または保険仲立人が行う特定保険契約の締結またはその代理もしくは媒介について準用されます。

イ　広告等の規制（金商法37条，保険業法施行規則234条の15～20，保険業法施行令44条の５）

ロ　契約締結前の書面の交付（金商法37条の3，保険業法施行規則234条の21～24）

保険業法および保険業法施行規則で特定保険契約のみに要求される契約締結前交付書面の記載事項もあります。このような特定保険契約特有の記載事項としては，クーリングオフ（保険業法309条），保険契約者・被保険者が行うべき告知，保険責任の開始時期，保険料の支払猶予期間，契約の失効および失効後の復活，解約および解約返戻金，保険契約者保護機構に関する事項，その他顧客の注意を喚起すべき事項が挙げられます（保険業法施行規則234条の24第１項）。

記載事項は，「契約概要」と「注意喚起情報」に分類して記載する必要があります（監督指針Ⅱ－４－２－２(2)③）。書面の内容を十分に読むべき旨および顧客の判断に影響を及ぼすこととなる特に重要な記載事項を，書面の最初に平易に記載し，さらに，そのうち特に重要な商品の仕組みおよび損失のおそれについて12ポイント以上の大きさの文字を用いて記載する必要があります（保険業法施行規則234条の21第３項）。

契約締結前交付書面の交付に関し，あらかじめ，顧客の知識・経験・財産の状況および特定保険契約を締結する目的に照らし，書面の内容が当該顧客に理解されるために必要な方法および程度によって説明を行い，顧客から契約締結前交付書面の記載事項を了知した旨を十分に確認し，事後に確認状況を検証できる態勢が必要です（監督指針Ⅱ－４－２－２(2)③）。

契約締結前書面の交付を要しない場合は，既契約の変更で一定の要件を満たす場合です（保険業法規則234条の22第１項）。

なお，特定保険契約については契約締結前交付書面の届出は不要です。

ハ　契約締結時等の書面の交付（金商法37条の４）

特定保険契約が成立したとき，契約者に対して書面の交付が必要となります。特定保険契約特有の記載事項は，被保険者・保険金受取人の氏名，保険契約の種類および内容，保険の目的および価額，保険金額，保険期間の始期および終期，保険料およびその支払方法が挙げられます。

ただし，記載事項のうち，特定保険契約の成立後遅滞なく顧客に保険証券等を交付する場合にあっては，当該保険証券等に記載された事項は記載不要です（保険業法施行規則234条の25）。

書面の交付を要しない場合は，既契約の変更契約が成立した場合で一定の要件を満たす場合です（保険業法施行規則234条の26）。

ニ　禁止行為（金商法38条）

特定保険契約については，金商法38条８号の禁止行為に加えて，以下の行為が禁止されます。（保険業法施行規則234条の27）

⑴　保険業法施行規則234条１項各号に掲げる行為（第３編第３❹⑹参照） ⑵　生命保険募集人もしくは保険仲立人である銀行等またはその役職員が，運用実績連動型保険契約・変額保険契約の締結の代理または媒介を行う際に，保険契約者に対し，当該保険契約者が信用供与を受けて当該保険契約に基づく保険料の支払に充てる場合は，当該保険契約に基づく将来における保険金額および解約返戻金の額が資産の運用実績に基づいて変動することにより，その額が信用供与を受けた額およびその利子の合計額を下回り，信用供与を受けた額の返済に困窮するおそれがある旨の説明を書面の交付により行わず，または当該保険契約者から当該書面を受領した旨の確認を署名もしくは押印を得ることにより行わずに当該保険契約の申込みをさせる行為 ⑶　契約締結前交付書面または契約変更書面の交付に関し，あらかじめ，顧客（特定投資家を除く）に対して，記載事項について顧客の知識，経験，財産の状況および特定保険契約等を締結する目的に照らして当該顧客に理解されるために必要な方法および程度による説明をすることなく，特定保険契約の締結またはその代理もしくは媒介をする行為 ⑷　特定保険契約の締結または解約に関し，顧客（個人に限る）に迷惑を覚えさせるような時間に電話または訪問により勧誘する行為

ホ　損失補てんの禁止（金商法39条）

なお，損失が事故に起因するものであることについての確認の手続は特定保険契約にはありません。

へ　適合性の原則等（金商法40条）

特定保険契約の内容を適切に把握するための体制，顧客の属性等を的確に把握し得る顧客管理体制の確立，特定保険契約の内容が顧客の属性等に適合することの合理的根拠があるかどうかの検討・評価について，監督指針に規定があります（監督指針Ⅱ－4－4－1－3）。また，特定保険契約の不適当な販売・勧誘行為の例として，以下の行為が掲げられています（監督指針Ⅱ－4－4－1－3(4)）。

① 保険会社または保険募集人が，元本の安全性を重視するとしている顧客に対して，元本の棄損リスクがある商品を販売・勧誘する行為

② 上記①のような行為において，保険会社または保険募集人が，当該特定保険契約に適合するような取引目的への変更を，当該顧客にその変更の意味や理由を正確に理解させることなく求める行為

(8) 高齢者に対する保険募集

高齢者に対する保険募集を行うにあたっては，次に掲げる方策を行うことが求められます（監督指針Ⅱ－4－4－1－1(4)）。

① 保険募集時に親族等の同席を求める方法

② 保険募集時に複数の保険募集人による保険募集を行う方法

③ 保険契約の申込みの検討に必要な時間的余裕を確保するため，複数回の保険募集機会を設ける方法

④ 保険募集を行った者以外の者が保険契約申込の受付後に高齢者へ電話等を行うことにより，高齢者の意向に沿った商品内容等であることを確認する方法

上記の監督指針の規定を踏まえて，一般社団法人生命保険協会は，「高齢者向けの生命保険サービスに関するガイドライン」を定め，また，一般社団法人日本損害保険協会は，「高齢者に対する保険募集のガイドライン」を定めており，それぞれ高齢者に対して適切かつ十分な説明を行うことを求めています。

(9) 重要情報シートの活用

金融機関代理店においては，「顧客本位の業務運営に関する原則」のうち「重要な情報の分かりやすい提供」への対応として，重要情報シートの活用が期待されており，一般社団法人生命保険協会は，金融機関代理店において適切な情報提供・募集が行われることを目的として，投資信託等を併売している金融機関代理店が募集する外貨建て一時払定額保険（終身年金を除きます。）および外貨建て一時払変額保険を対象とする「金融機関代理店における重要情報シート作成ガイドライン」を定めています。重要情報シートは，顧客が金融機関代理店の取扱商品のラインナップや金融商品・サービスに関する重要な情報を一目で把握して，適切な選択・判断をすることが容易になるよう，金融商品・サービスに関する情報を簡潔に記載することが重要であるとされています。金融機関代理店において，重要情報シートは，投資リスクのある金融商品・サービスの提案・選別の場面において活用されることが想定されています。保険商品においては，たとえば，顧客の意向の把握後，意向に合致した商品群の中から個別商品に絞り込む過程において活用することが考えられています。また，顧客が他の金融商品にも関心がある場合には，当該商品の重要情報シートも並べて活用することが望ましいとされています。

【執筆協力】

・佐当　郁（弁護士）
・樋口　航（弁護士）
・山田　貴彦（弁護士）
・飛岡　和明（弁護士）
以上，アンダーソン・毛利・友常法律事務所外国法共同事業所属

☆　本書の内容等に関する追加情報および訂正等について　☆
本書の内容等につき発行後に追加情報のお知らせおよび誤記のの訂正等の必要が生じた場合には，当社ホームページに掲載いたします。
（ホームページ 書籍・DVD・定期刊行誌 メニュー下部の 追補・正誤表）

銀行業務検定試験　公式テキスト　**金融商品取引３級**　2024年６月受験用

2024年３月31日　第１刷発行

編　者　経済法令研究会
発行者　志茂満仁
発行所　㈱経済法令研究会
〒162-8421　東京都新宿区市谷本村町3-21
電話　代表03-3267-4811　制作03-3267-4897
https://www.khk.co.jp/

営業所／東京 03(3267)4812　大阪 06(6261)2911　名古屋 052(332)3511　福岡 092(411)0805

制作／経法ビジネス出版㈱・根岸孝栄　印刷／日本ハイコム㈱　製本／㈱ブックアート

ISBN 978-4-7668-4448-1